新訂 吾妻鏡 一

頼朝将軍記 1

治承四年 1180 ～ 元暦元年 1184

和泉書院

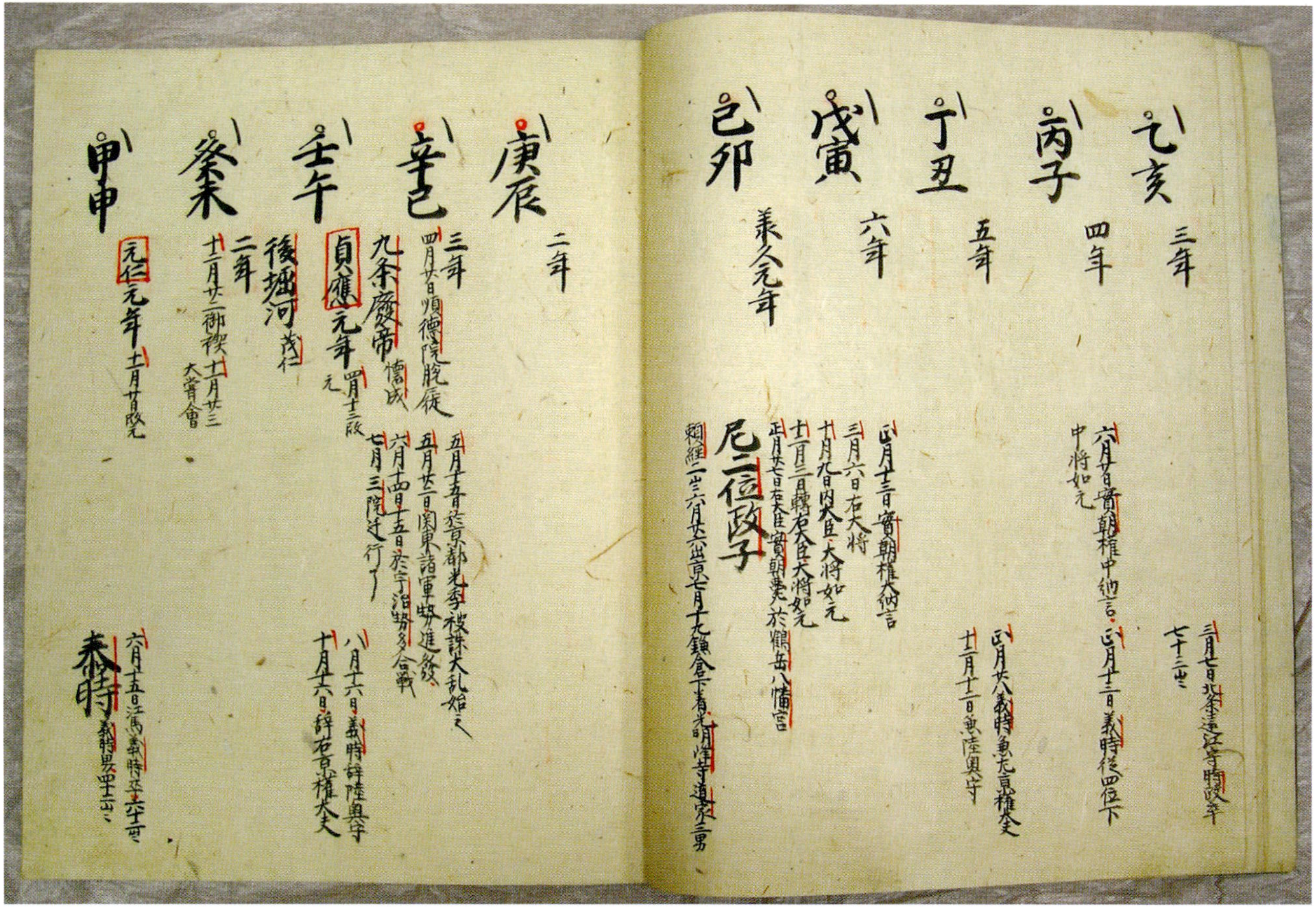

口絵１　吉川史料館（岩国市）所蔵　吾妻鏡年譜

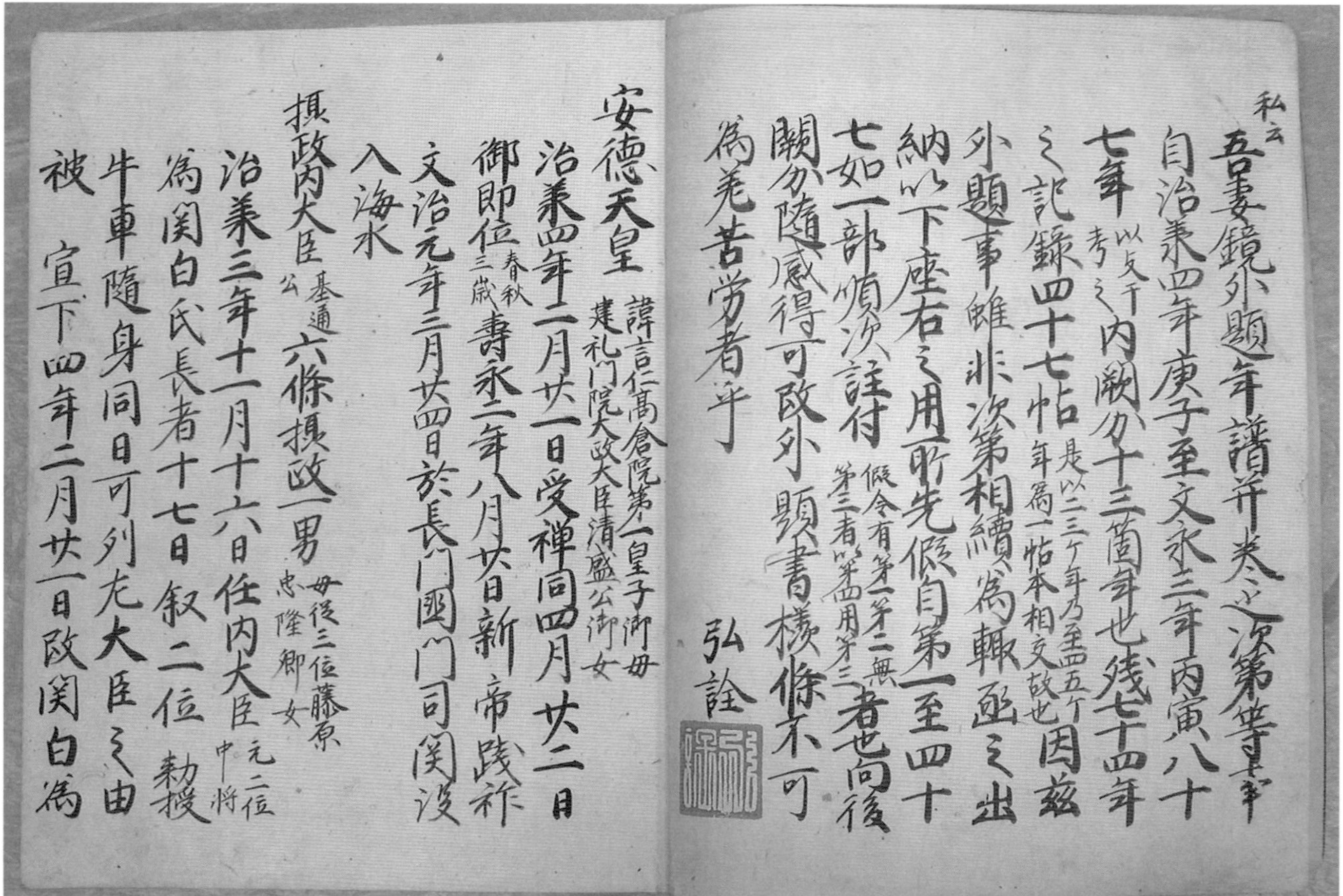

私云
吾妻鏡外題年譜并巻之次第等事
自治承四年庚子至文永三年丙寅八十
七年以干支考之内闕分十三箇年也残七十四年
之記録四十七帖是以二三ケ年乃至四五ケ年為一帖本相交故也因茲
外題事雖非次第相續為輙迎之出
納以下座右之用所先假自第一至四十
七如一部順次註付假令有第一第二無第三者以第四用第三者也向後
闕分随感得可改外題書様條不可
為差苦労者乎
弘詮

安徳天皇諱言仁　高倉院第一皇子　御母建礼門院　太政大臣清盛公御女
治承四年二月廿一日受禅　同四月廿二日
御即位三歳　春秋　壽永二年八月廿日新帝踐祚
文治元年三月廿四日於長門國門司関没
入海水
摂政内大臣基通公　六條摂政一男　母従三位藤原忠隆卿女
治承三年十一月十六日任内大臣元二位中将
為関白氏長者　十七日叙二位　勅授
牛車随身　同日可列左大臣之由
被宣下　四年二月廿一日改関白為

口絵２　吉川史料館（岩国市）所蔵　吾妻鏡　第一（右田弘詮巻首識語）

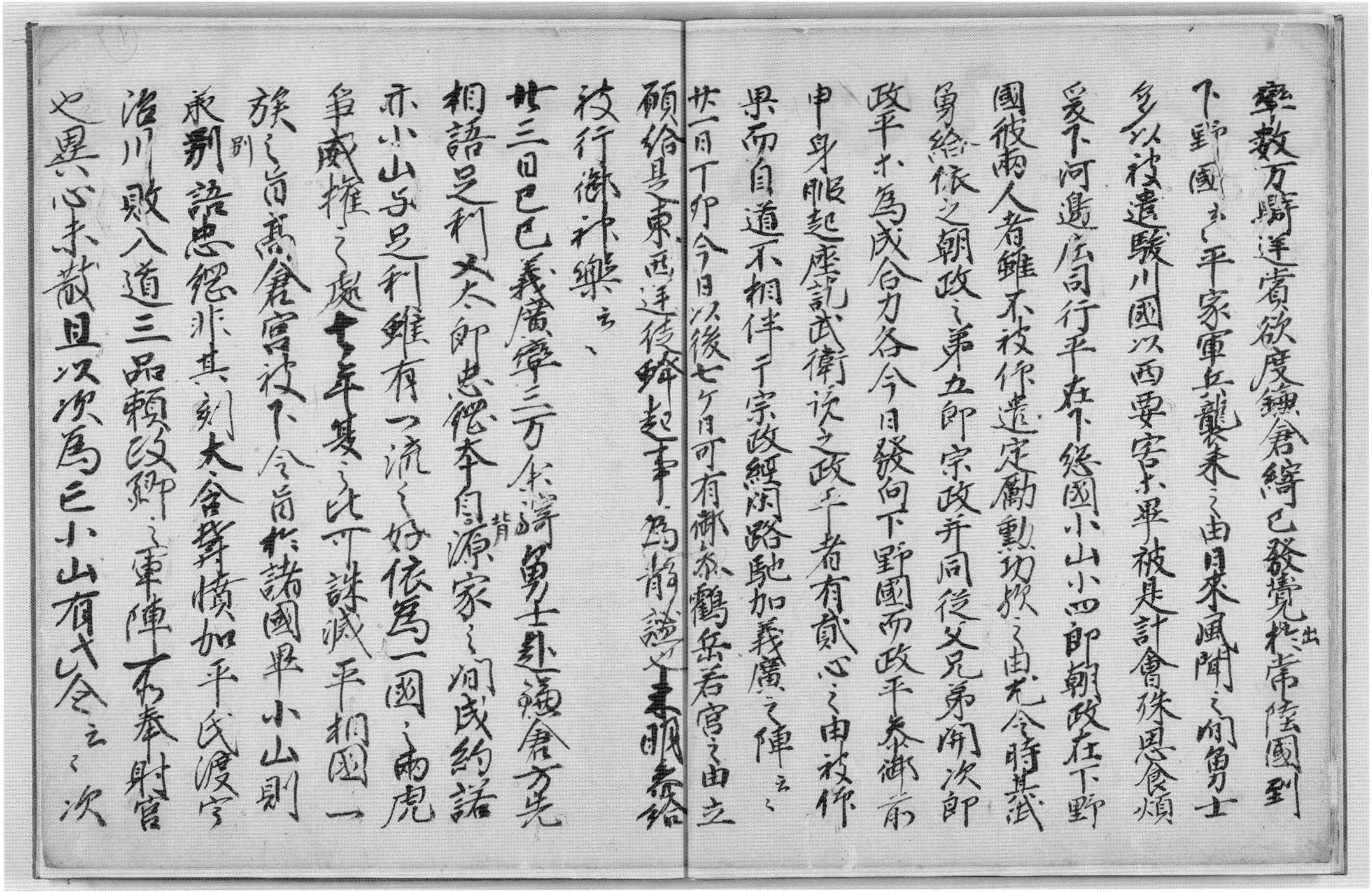

口絵３　東京大学史料編纂所所蔵　吾妻鏡　巻二（養和元年閏２月20日～23日条）

口絵解説

吉川史料館（岩国市）所蔵　吾妻鏡　全四十八冊

大永二年（一五二二）右田弘詮筆。袋綴装。青紙表紙。縦二七・二㎝、横二一・〇㎝。本書が底本に用いた最善本の『吾妻鏡』である。室町時代までに集められていた四十二冊本を入手した弘詮がさらに蒐集を続けて四十七冊分としたこの本は現存諸本中でもっとも豊富な記事を有するとともに、字句の誤りも集成系諸本中ではもっとも少ない。全冊一筆で写されており、校訂が施されている箇所はわずかであるが、附属する吾妻鏡年譜には朱書が多用されている。右田氏から毛利元就を経て吉川家に伝わったと推定されるが、伝来過程は不明。江戸時代を通じて、その存在は秘されていた。明治時代になって存在が明らかとなり、大正時代に和田英松・八代国治の校訂によって公刊され、昭和九年には重要文化財に指定されている。口絵には弘詮が編纂した吾妻鏡年譜の四丁裏・五丁表の部分（カラー）、第一冊の一丁裏・二丁表の右田弘詮の識語と頼朝将軍記の冒頭部分を掲げた。

東京大学史料編纂所所蔵　吾妻鏡　巻二　一冊

江戸時代前期書写。袋綴装。渋染紙表紙。縦二八・八㎝、横二二・二㎝。楮紙、一〇丁。巻二のみ、しかも養和元年（一一八一）正月一日より三月一日途中までの後欠の零本である。内容的には北条本に近いが、字句には若干の異同があり、北条本では失われている内題を有している。また、北条本が九行約十九字で書写されているのに対して、この本は十行約二十字で写されている。現在の北条本に集成される前の古い『吾妻鏡』の姿を留めている本である。口絵には、七丁裏・八丁表にあたる閏二月二十日後半から二十三日前半、いわゆる志太義広の乱の記事部分を掲げた。この本は、清元定本四冊とともに、昭和二十五年六月十二日に弘文荘より購入された。編者の調査で、この本の後欠部分そのものと清元定本一冊が天理大学附属天理図書館の吉田文庫に所蔵されていることが確認できたことから、この本が吉田家旧蔵本であるとわかった。

目次

例言

一、本書『吾妻鏡』は、鎌倉幕府によって編纂された歴史書で、治承四年（一一八〇）より文永三年（一二六六）の記事を有する。後世『東鑑』の称も用いられたが、本書では古くから用いられている『吾妻鏡』の名称を用いた。

一、本書の原本は伝来しておらず、すべて写本・刊本の形で伝来している。諸本中善本と思われる吉川史料館（岩国市）所蔵『吾妻鏡』（吉川本）を底本とし、国立公文書館所蔵『吾妻鏡』（北条本、略号㋭）、東京大学史料編纂所所蔵『東鑑』（島津本、略号㋛）、明治大学中央図書館所蔵『東鑑』（毛利本、略号㋲）を以て対校し、必要に応じて別に掲げる他の本を対校に用いた。なお、吉川本に存しない記事は、他の本を底本とし、その旨を示した。

一、本冊には、吾妻鏡年譜、治承四年から元暦元年（一一八四）までの記事を収めた。なお、寿永二年（一一八三）の記事は現存していない。また、参考として、北条本の巻首目録及び島津本・毛利本の吾妻鏡目録を収め、末尾には人名索引を付した。

一、本冊においては、上記の吉川本・北条本・島津本・毛利本のほか、東京大学史料編纂所所蔵『吾妻鏡』（清元定本、略号㋝）、同所蔵『吾妻鏡　巻第二』（編纂所本、略号㋬）、天理大学附属天理図書館所蔵『吾妻鏡』（吉田文庫本、略号㋵）、宮内庁書陵部所蔵『吾妻鏡抜書』（三条西本、略号㋚）、前田育徳会尊経閣文庫所蔵『東鑑抄』（略号㋮）に含まれる記事については、これを対校本に用いた。清元定本・編纂所本・吉田文庫本・三条西本・東鑑抄に含まれる記事の本冊所収分の年月日は以下の通りである。

清元定本　養和元年正月一日（部分）・十一日・十八日条（部分）、同年四月七日条（部分）、同年九月三日条、寿永元年二月十四日・十五日条、同年四月五日条、同年五月二十七日条、同年六月七日・八日条、元暦元年正月一日・十日・二十日・二十一日・二十三日・二十六日・二十九日条、同年二月四日～十五日・二十日（部分）・二十五日・二十七日条、同年三月十八日条、同年四月一日・十日・十六日条、同年八月十七日条（部分）、同年九月十四日条（部分）、同年十月二十日・二十四日条

編纂所本　養和元年正月一日～三月一日条（前半）

吉田文庫本　養和元年三月一日（後半）～十月六日条（前半）、十一月二十一日～寿永元年二月二日条（前半）

三条西本　元暦元年正月十日条・同年十月二十日条・同年十一月二十一日条

東鑑抄　元暦元年四月七日（末尾）～十二月七日・十六日条（部分）

一、底本の丁替りは、各丁表裏の終わりに当たる箇所に」を付して示し、且つ次の表裏の初めに当たる部分の行頭に、丁付け及び表裏を（1オ）（1ウ）の如く表示した。

一、底本ならびに対校本に用いられている文字は、原則として常用漢字体に改めた。ただし、常用漢字にないもの、あるいは慣用的に正字体・俗字体を用いている歴史用語等についてはその限りでない。文書や和歌に用いられている仮名表記は字母によらず、現行の仮名の字体に改めた。

一、校訂に当たって、本文中に読点（、）と並列点（・）を加えた。

一、尊敬を表す闕字はこれを省略した。

一、外題・別筆等の範囲は「」を以て示した。

一、朱書は『』を以て括った。朱の抹消符を用いて本文の文字を抹消している場合は、本文の右傍に『〻』を

付した。さらに朱の抹消符を摺り消している箇所はその部分に〈抹消符摺消〉と注記した。吾妻鏡年譜中の朱による囲み、傍線は二重線で、朱の合点は〽で示した。参考として掲げた北条本吾妻鏡第一冊の巻首目録及び島津本・毛利本吾妻鏡目録の系線はすべて朱線であるが、冒頭部分にのみ、〈朱線〉と注記した。

一、本文の文字が重ね書きされており、下の文字が判読可能な場合は、下の文字を左傍に「〔×之〕」の如く示した。上の文字と下の文字の大きさが異なり、下の文字が小書の場合は「〔×〈鞍馬〉〕」と示した。

一、底本の脱落を他の本で補う場合には、［ ］を以て囲んで本文中に入れ、その傍らに補入に用いた写本の略号を付した。私見による場合は、略号を付していない。

一、校訂者の加えた文字には、すべて〔 〕（ ）を付し、或いは○を冠して本文と区別しうるようにした。二種類の括弧のうち、前者は本文の校訂の注に用い、後者はそれ以外の参考または説明のための注に用いた。校訂に際しては、対校本による場合は、写本の略号を付し、私見による場合には略号を付していない。私見による校訂には、仮名本である八戸市立図書館所蔵『東鏡』〈南部本〉を参考にした場合もある。大書・小書・細字の違いは、例えば、底本の大書の「清盛」を北条本によって小書に改める必要がある場合には、「〔清盛ホ小書〕」、同じく底本の小書を私見により大書に改める必要がある場合には「〔清盛○大書〕」の如く示した。また、本文の表記等については、説明を要すると判断した場合には、その日の記事の末尾に○を以て説明を加えた。

一、人名・地名等は、原則として、毎月その初出の箇所に傍注を施して、読者の便宜に供した。

一、上部欄外には、本文中の主要な事項、その他を標記した。

一、下部欄外には、本文中に〔 〕を以て示した以外の諸本間の文字の異同を示した。対校本の抹消文字には、朱墨の別によらず、×を付し、追記文字については、墨書は「 」、朱書は『 』で括って示した。追筆による挿入符を用いた挿入は「・之」、同じく朱書による挿入符を用いた挿入は『・之』の如く表記した。追記文字を抹消している場合は追記文字を括って示した後に（抹消）と記した。底本と文字の大きさが著しく異なる場合には、該当部分の文字を示し、底本における通常の大きさの文字を対校本が小書きしている場合には（小書）、底本における注記の小書部分を通常の大きさの文字で記している場合には（大書）と表記して示した。底本の掲出部分を含めて小書部分を〈〉に入れた場合もある。引用の省略箇所は「…」を用いて示した。対校本にその文字がない場合は、ナシと記し、その部分が空いている場合には、アキと記した。対校本に付されている振り仮名、送り仮名、返り点などは省略した。

一、翻刻に際しては、公益財団法人吉川報效会吉川史料館、独立行政法人国立公文書館、東京大学史料編纂所に特別なご高配を得た。特に記して謝意を表したい。

一、本書は、平成二十五年度日本学術振興会科学研究費補助金（奨励研究）「近世大名家における中世テキストの利用と享受に関する研究」（研究代表者高橋秀樹）、及び平成二十五年度・同二十六年度東京大学史料編纂所一般共同研究「島津家本吾妻鏡の基礎的研究」（研究代表者高橋秀樹）の成果の一部である。

新訂吾妻鏡　一

頼朝将軍記1

治承四年（一一八〇）
〜元暦元年（一一八四）

（表紙題箋）

「吾妻鏡年譜」

（1オ）

『○』庚子〻 治承四年 〻十二月廿八日南都焼失、
〻人皇八十一代、四月廿二日即位、
安徳天皇 言仁、〻三歳、

『○』頼朝（源） 将軍 〻左馬頭〻義朝三男、
〻前右兵衛佐、〻卅四歳、
〻八月十七日討山木（平兼隆）、

『○』時政 後見 北条四郎、〻四十二歳、

『○』辛丑〻 養和元年 〻七月十四日改元、
〻閏二月四日平相国（清盛）入道薨、

〻八月十三〔二〕日〻頼家（源）誕生、

『○』壬寅〻 寿永元年 〻五月廿七日改元

〻十月九日頼朝復本位、従五位下、

癸卯〻 二年
〻八月廿日尊成立太子、
〻同日践祚、〻十一月十八日大嘗会（元暦元年）、

〻正月六日義仲（源）任征夷将軍、〻九月十八日九郎義経（源）聴院昇殿、
〻同廿日於近江粟津討死、〻八月十四日任伊与守（文治元年）、

『○』甲辰〻 元暦元年〻四月十六日改元、
後鳥羽尊成、五歳、

〻二月七日接〔摂〕州一谷合戦、
〻三月廿二〔七〕日頼朝任正四位下、

（1ウ）

『○』乙巳〽『上下』 文治元年〽八月十四日改元、 〽五月廿四日九郎義経腰越申状、〽四月廿七日頼朝叙従二位、『〻』平家追討賞、

〽三月廿四日安徳天王〔皇〕八歳入水於長門赤間、平氏一類悉滅亡、『○』丙午〽『上下』 二年

○丁未〽 三年

『○』戊申〽 四年 〽正月十三日頼朝叙正二位、

『○』己酉〽 五年 〽七月奥州進発、

九月三日泰衡〔藤原〕被誅了、

〽閏四月卅日前与州義経自殺、

於奥州衣河館、三十一歳、

（2オ）

『○』庚戌〽 建久元年〽四月十一日改元、 〽十一月頼朝上洛、『・』十二月帰鎌倉、

〽十一月頼朝任権大納言、

〽同廿四日右大将、

〽十二月四日辞両官、

『○』辛〳亥　二年

『○』壬〳子　三年　〳三月十三日後白河法皇崩御、六十七〔六〕歳、
〳八月九実〔源〕朝誕生、号千幡丸、
〳七月十二日頼朝任征夷将軍、

『○』癸〳丑　四年
〳三月廿一日那須野猟、〳十月廿八日佐々木定綱如元『、』
〳五月十六日富士野猟、復近江守護職、

『○』甲〳寅　五年
〳四月廿一日六代禅師『・』鎌倉下向、
〳六月東大寺四天皇〔王〕各造進、

（2ウ）
『○』乙〳卯　六年　〳三月十二日東大寺供養、
〳十二月二日土御門誕生、
〳三月頼朝上洛、〳六月鎌倉下向、

丙辰　七年

丁巳　八年

戊午　九年〽正月十一日後鳥羽脱屣、

〔○〕己未〽　正治元年〽四月廿七日改元、（以下、建久九年）
土御門　為仁、四歳、〽三月三日即位、
〽十月廿七日御禊、〽十一月
廿二大嘗会、

〽正月十三日頼朝薨、『・』五十三歳、
頼家　〽右近衛少将、〽十八歳、
〽正月廿六日続家督宣下、

（3オ）

〔○〕庚申〽　二年〽四月十五日『・』立皇太弟、

〽正月五日頼家叙従四位上、〽四月一日時政任遠江守、
〽十月廿六日右衛門督、〽同日従三位、
正月廿日梶原景時事、

〔○〕辛酉〽　建仁元年〽二月十三日改元、

〔一〕
〽正月廿三頼家叙正三位、
〽七月廿三従二位『・』征夷大将軍、（以下、建仁二年）
〽同廿七移住伊豆修善寺依病気、
〽八月廿七頼家譲長子一万公、
〽九月七日頼家出家、

〔○〕壬戌〽　二年

『○』癸亥〽 三年

千幡丸、十二歳、〽十一月廿七頼家誅平高清、
実朝 右近衛大将、正二位、右大臣、〽六代事、
〽十月廿四日右兵衛佐任征夷大将軍、

『○』甲子〽 元久元年〽正月廿日改元、

〽正月五日実朝従五位上、
〽七月十八日左金吾頼家薨、『・』廿三歳、

（3ウ）

『○』乙丑〽 二年
〽正月三日土御門元服、

〽正月五日実朝叙正五位下、
〽同廿九日任右近中将『・』兼加賀介、
〽六月廿一日畠山重忠事、

閏七月廿日時政出家、法名明盛、
（北条）義時 時政二男、『・』相模守、
〽四十二歳、〽于時従五位下、

『○』丙寅〽 建永元年〽四月廿七日改元、

〽二月廿二実朝従四位下、

『○』丁卯〽 承元元年〽十月廿五日改元、

〽正月五日従四位上、

〽正月五日義時従五位上、

『○』戊辰〽 二年
〽十二月廿五順徳院元服、
〽九月晦彗星西出、『・』十一月東出、

『○』己巳　三年　〽四月十日実朝従二位、
〽五月廿六右中将、

（4オ）
『○』庚午　四年

『○』辛未　建暦元年〽三月九日改元、　〽正月五日実朝正三位、
順徳守成、〽十一月廿五受禅、（以下、承元四年）
〽十二月廿八即位、
〽十二月廿二御禊、

『○』壬申　二年〽十一月十三大嘗会、　〽十二月十日実朝従二位、『・』
中将如元、

『○』癸酉　建保元年〽十二月六日改元、　〽三月四日和田義盛事、（五）（三）
〽二月廿七実朝正二位、
〽二月廿七義時正五位下、

○甲戌　二年　〽正月実朝兼美作権守、

（4ウ）

○乙亥〻 三年

〻〔正〕三月七〔六〕日北条遠江守時政卒、七十三歳、

○丙子〻 四年

〻六月廿日実朝権中納言『・』中将如元、

〻正月十三日義時従四位下、

○丁丑〻 五年

〻正月廿八義時兼左〔右〕京権大夫、

〻十二月十二日兼陸奥守、

○戊寅〻 六年

〻正月十三日実朝権大納言、

〻三月六日右〔左〕大将、

〻十月九日内大臣『・』大将如元、

〻十二月三〔二〕日転右大臣『・』大将如元、

○己卯〻 承久元年

〻正月廿七日右大臣実朝薨於鶴岳八幡宮、

尼二位政〔平〕子

〻頼経〔藤原〕、二歳、六月廿六出京、七月十九鎌倉下着、光明峰寺道家三男、

（5オ）

『○』庚辰〻 二年

『○』辛巳〃 三年〃四月廿日順徳院脱屣
九条廃帝懐成、
〃五月十五日『・』於京都光季(伊賀)被誅大乱始之、
〃五月廿二日『・』関東諸軍勢進発『・』
〃六月十四日『・』十五日『・』於宇治・勢多合戦、
〃七月三院遷行了、

○壬午〃 貞応元年〃四月十三改元、
後堀河茂仁、
〃八月十六日義時辞陸奥守、
〃十月十六日辞右京権大夫、

○癸未〃 二年〃(以下、貞応元年)十二月廿二御禊、〃十一月廿三大嘗会、〔二ナシ〕

○甲申〃 元仁元年〃十一月廿改元、
〃六月十五日〔三〕江馬義時卒『・』六十二歳、
泰時(北条) 義時男『・』四十二歳、

（5ウ）
○乙酉〃 嘉禄元年〃四月廿日改元、
〃七月十一日二位尼政子薨『・』六十九歳『・』法名如実、
頼経八歳、光明峰寺三男、
二位尼養子、
〃十二月廿九『・』元服、

○丙戌〃 二年
正月廿七〔三〕任征夷大将軍、
同日正五位下右小〔少〕将、

○・丁亥〽 安貞元年 〽十二月十日改元、 〽正月廿六日兼近江権介、

『○』戊子〽 二年 〽三月九日由比浜大追〔犬〕物、

『○』己丑〽 寛喜元年 〽三月五日改元、

（6オ）

『○』庚寅〽 二年 〽六月十八日時氏（北条）卒、廿八歳、

『○』辛卯〽 三年 〽十月十一日土御門崩御、三十七歳、 〽二月十二日四条誕生、 〽二月五日頼経従四位下〔上〕、 〽三月廿五日左中将、 〽四月八日正四位下、 〽十二月卅時房（北条）正五位下、

『○』壬辰〽 貞永元年 〽四月十五〔二〕日改元、 〽正月卅日頼経兼備後権守、 〽二月廿七従三位、 〽八月造式目五十ケ条、 〽四月十一日泰時正五位下、

○癸巳 天福元年 四月十五日改元、

四条秀仁、

正月廿八頼経権中納言、

甲午 文暦元年 十一月五日改元、

五月廿日廃帝崩御、

八月六日後堀川崩御、

十二月廿一頼経正三位辞中納言、

正月廿六時房従四位下、

（6ウ）

『○』乙未 嘉禎元年〔九〕八月十九日改元、

十月八頼経兼按察使、

十一月十九日従二位、

十一月廿二日任民部卿、（嘉禎二年）

『○』丙申 二年（以下、嘉禎元年）十月廿日御禊、十一月廿日大嘗会、

七月廿日頼経正二位、

二月卅時房修理大夫、

三月四日泰時従四位下、

十二月十八日泰時左京権大夫、

『○』丁酉 三年

○戊戌 暦仁元年 十一月廿三日改元、

二月十七頼経入洛、

閏二月廿七時房正四位下、

三月十八日泰時従四位上、

四月六日泰時辞武蔵守、

九月廿五日同辞左京権大夫、

○己亥〻 [延応]元年〻二月七日改元、
二月廿二日後鳥羽崩御於
隠岐国、六十歳、

〻九月九日泰時正四位下、
号前司入道、
」

（7オ）
○庚子〻 [仁治]元年〻七月十一〔六〕日改元、

〻正月廿四日時房卒、六十
六歳、

『○』辛丑〻 二年

『○』壬寅〻 三年
〻正月九日四条院俄崩御、
〻九月十二日順徳院崩于佐渡、

〻六月十五日江馬小次郎泰時卒、
六十歳、
経時（北条）〻十九歳、〻左近大夫将監、

『○』癸卯〻 [寛元]元年〻二月廿六
改元、
〻八月十日後深草立太子『・』時一歳
後差我〔嵯峨〕邦仁、

〻六月十二日正五位下、
〻七月廿七日武蔵守、

『○』甲辰〻 二年
〻正月五日大地震、

〻四月廿八日依父譲為将軍『・』同日元服『・』任右近少将、従五位下、
頼嗣（藤原） 頼経長男、 〻修理亮時氏卒、廿八歳、「不審」
〻四月廿一日元服、〻八月廿五日正五位下、
」

（7ウ）

『○』乙巳

三年

〻七月五日前将軍『・』出家、法名行智、廿八歳、

〻正月十七日頼嗣兼美濃権介、

『○』丙午

四年

〻正月廿九後差我〔嵯峨〕脱屣、

〻三月廿〔十〕一後深草即位、四歳、

〻七月十一日入道大納言帰洛、

〻十一月廿三日頼嗣従四位下、

〻閏四月一日経時卒『・』廿三歳、号中武州、

（北条）時頼時氏二男、〻二十歳、

〻于時左近大夫将監、

〻号最明寺殿、

『○』丁未

宝治元年

〻二月十〔廿〕八日改元、

後深草久仁、

〻二月廿三於浜犬追物、

〻三月三日於営中闘雞、

〻同十一日由比浜変血色、

〻同十二日大流星有声、長五丈許、

〻六月五日三浦一族事、

『○』戊申

二年

〻八月廿五頼嗣従四位上、

己酉

建長元年

〻二〔三〕月廿〔十〕八日改元、

〻五月廿五〔七〕日亀山誕生、

〻正月十二日頼嗣正四位下、

〻六月十四日転左近中将、

〻六月十四日時頼任相模守、廿三歳、

（北条）重時遷陸奥守『・』五十一歳、

（8オ）

『○』庚戌

二年

〻正月十三日頼嗣兼美濃権守、

辛亥　三年

〽正月廿二頼嗣正四位下、
〽六月廿三頼嗣従三位、

〽六月廿七時頼正五位下、

『○』壬子〽　四年

〽三月十九日出京『・』四月一日鎌倉入『・』即日任征夷大将軍、
宗尊〽十一歳、後差我子、（嵯峨）
〽三呂、（品）
〽四月三日三位中将頼嗣帰洛、

『○』癸丑〽　五年

『○』甲寅〽　六年

（8ウ）

乙卯　七年

〽十一月廿三時頼落飾、法名
道崇、

『○』丙辰〽　康元元年〽十月五日
改元、

〽八月十一日頼経薨、卅九歳、法名
行智、

〽二月十一日重時落飾、法名
親覚、
〽七月十八日陸奥守政村（北条）、武蔵守長時（北条）、
連署、

『○』丁巳 正嘉元年〃三月十四日改元、〃六月廿二日政村転相模守、

『○』戊午 二年 〃十二月十四日長時従五位上、

己未 正元元年 〃三月廿七日改元、
〃十一月廿六日後深草院脱屣、
〃十一月廿一日御禊『・』同廿六日大嘗会、
〃十二月廿八日亀山即位『・』十一歳、

(9オ)

『○』庚申 文応元年〃四月十三日改元、
亀山恒仁、

辛酉 弘長元年〃二月廿日改元、〃十一月三日重時卒『・』六十四歳、

壬戌 二年

」

『○』癸亥〻 三年

〻二月八日『・』一日千首和歌会、

〻十一月廿三日最明寺殿時頼卒、卅七歳『・』法名道崇、

時宗（北条） 時頼男『・』于時左馬権頭、十四歳、法光寺殿、

甲子 文永元年〻二月廿七日改元、

〻八月十一日連署、

〻七月二日長時出家、法名専阿、

〻八月廿一日長時卒、三十七歳、

〻十二月廿一日政村従四位上、

（9ウ）

『○』乙丑〻 二年 〻七月十一日伏見誕生、

〻九月十七日宗尊任中務卿、

〻三月廿八日政村任右京権大夫、

『○』丙寅〻 三年

〻七月四日将軍宗尊帰洛『・』同廿日京着、

惟康 〻三歳、

〻七月廿四日『・』任征夷将軍『・』同日従四位下、

（陰刻、印文「弘詮」）（右田）（朱印）

（表紙右上押紙）「ち」「西」　　（表紙右下押紙）「四十八冊」

（表紙題簽）「吾妻鏡第一」

（1オ）
吾妻鏡第一

庚子　治承四年四月九日以来、」

右田弘詮識語

（1ウ）
私云、
吾妻鏡外題・年譜幷巻之次第等事、自治承四年庚子至文永三年丙寅八十七年（以支干考之、）内、闕分十三箇年也、残七十四年之記録四十七帖、（是以二三ケ年乃至四五ケ年為一帖本相交故也、）因茲外題事、雖非次第相続、為輙函之出納以下座右之用所、先仮自第一至四十七如一部順次註付（仮令有第一・第二、無第三者、以第四用第三、）者也、向後闕分随感得可改外題、書様条不可為差苦労者乎、
（右田）弘詮（朱印）（陰刻、印文「弘詮」）」

安徳天皇

（2オ）
安徳天皇諱言仁、高倉院第一皇子、御母建礼門院（平徳子）、大政〔太〕大臣清盛（平）公御女、

治承四年二月廿一日受禅、同四月廿二日御即位、春秋三歳、寿永二年八月廿日新帝（後鳥羽天皇）践祚、文治元年三月廿四日於長門国門司関没入海水、[ホ]［八、］

摂政藤原基通

摂政内大臣、基通（藤原）公、六条摂政（藤原基実）一男、母従三位藤原忠隆卿女、

治承三年十一月十六日任内大臣元二位中将、為関白・氏長者、十七日叙二位、勅授・牛車・随身、同日可列左大臣［上］[ホ][シ][モ]之由被宣下、四年二月

（2ウ）
廿一日改関白為」摂政、勅授・兵仗如故之由宣下、四月廿一日叙従一位、御即位次、寿永元年四月廿四日賜内舎人［二人］[ホ][シ][モ]為随身、六月廿七日上表内大臣勅許、四年八月廿日更為摂政、法皇（後白河）詔、十一月廿一日停摂政、

後鳥羽天皇

後鳥羽院、諱尊成、同第四皇子、御母七条女院（藤原殖子）、修理大夫贈左大臣信隆（藤原）公女、

寿永二年八月廿日践祚、春秋四歳、元暦元年七月廿八日御即位、五、文治六

仁[ホ][シ][モ]―〈仁〉
高倉：門院[ホ][シ][モ]（大書）
御女[ホ][シ][モ]女
御即位[ホ][シ][モ]即位
関[ホ][シ][モ]浦
摂政[モ]政摂
通[ホ][モ]―〈通〉
公[ホ][シ][モ]ナシ
成[ホ][シ][モ]―〈成〉
同：院[ホ][シ][モ]（大書）
女院[ホ][シ][モ]院
修理大夫贈左大臣[ホ][シ][モ]〈贈左大臣〉修理大夫
公女[ホ]女[モ]母[シ]ナシ
御即位[ホ][シ][モ]即位
五[シ]ナシ

年正月三日御元服、十一、建久九年正月十一日御脱屣、承久三年七月
日遷御鳥羽殿、同八日落御飾、御法名［良然］㋛㋲、同十三日遷」御隠岐国、延応
元年二月廿二日崩御、六十、五月廿九日追号顕徳院、仁治三年七月八
日改顕徳院為後鳥羽院、

（3オ）

摂政藤原師家

摂政内大臣師家（藤原）公、菩提院禅閤（藤原基房）三男、母前太政大臣忠雅（藤原）公御女、
寿永二年十一月廿一日任内大臣元大納言、為摂政幷氏長者、十二月一日
勅授帯剣、八日叙従二位、［聴㋭㋛㋲牛車賜兵仗、元暦元年正月六日叙正
二位］、廿二日停摂政・内大臣、貞永元年九月六日出家、嘉禎四年
四月四日薨、

摂政藤原基通

摂政前内大臣基通公、第二度、
元暦元年正月廿二日還着、文治」二年三月十二日停摂政、三年三月

（3ウ）

摂政藤原兼実

一日給随身兵仗、
摂政左大臣〔右㋭㋛㋲〕兼実（藤原）公、法性寺関白（藤原忠通）三男、母家女房加賀、大宮大進仲光（藤原）女、

十一㋛ナシ
屣㋭㋛㋲履
殿㋭㋛㋲院
飾㋭㋛㋲餝
六十㋛ナシ
剣㋭釼
師家㋭㋲師―〈家〉㋛
〈師家〉
太㋲大
公㋭㋛㋲ナシ
御女㋭㋛㋲女
元大納言㋛㋲（大書）
幷㋛（小書）
基通㋭㋲基―〈通〉㋛
〈基通〉
公㋭㋛㋲ナシ
第二度㋭㋛（小書）
二年㋛元年
兼実㋭㋲兼―〈実〉㋛
〈兼実〉
公㋭㋛㋲ナシ

文治元年十二月廿八日被下内覧宣旨、二年三月十二日為摂政并氏長者、十六日列左大臣上、賜随身聴牛車、十月十七日上表左大臣〔右[ホ][シ][モ]〕、五年十二月十四日任大〔太[ホ]〕政大臣、建久元年四月十九日上表大〔太[ホ][モ]〕政大臣、二年十一月十七日改摂政為関白準〔准[ホ][シ][モ]〕摂政、七年十一月廿五日停関白、建仁二年正月廿八日出家、法名円証、承元々年四月五日薨、年五十九、」

関白藤原基通

（4オ）

関白前内大臣基通公、第三度、

建久七年十一月廿五日更為関白、九年正月十一日改関白為摂政、

土御門天皇

土御門院、諱為仁、後鳥羽院第一皇子、御母承明〔源在子〕門院、内大臣通〔源〕親公女、実法印能円女、

元久二年正月三日御元服、十一、承元四年十一月廿五日御脱屣、承久三年七月十三日遷御阿波国、十一月一日遷土佐国、後日遷御阿波国云々、寛喜三年月日落御飾、御法名、同十月十一日崩御、三十七、

摂政藤原基通

摂政前内大臣基通公、第四度、

（4ウ）

建仁二年十一月廿七日停摂政、建永元年三月」十九日賜兵仗随身、

宣旨[ホ][シ][モ]宣下
并[シ]（小書）
氏[ホ]×氏「氏」

準摂政[ホ]准摂改「政歟」

々年[シ]元年

基…度[ホ][シ]（小書）
通[ホ][モ]｜〈通〉
公[ホ][シ][モ]ナシ

正[ホ][シ][モ]ナシ
十一[ホ][シ][モ]ナシ
仁[ホ][モ]｜〈仁〉
後…門院[ホ][シ][モ]（大書）
実[シ]実〈八〉
円女[シ]円〈カ〉女
屣[ホ][シ][モ]履

云々[シ]云云
落御飾[ホ]落餝[シ][モ]落飾
基通[ホ][モ]基｜〈通〉[シ]〈基通〉
公第四度[ホ][シ][モ]ナシ

十九[ホ][シ][モ]九

承元二年十一月五日出家、(法名行理、)天福元年五月廿九日薨、(年七十四、)

以上、当将軍一代(自治承四年至正治元年、)帝王・摂政・関白奉載一処也、

征夷大将軍源頼朝

征夷大将軍正二位源朝臣頼朝(于時前右兵衛佐、)

従四位下行左馬頭兼播磨守(源)義朝三男、母熱田大宮司散位藤原季範女、

治承四年庚子

○この一行、[ホ][シ][モ]は「征夷大将軍…」の前行にあり。

四月小

源頼政以仁王に平氏討滅の挙兵を勧む

九日、辛卯、入道源三位頼政卿可討滅平相国禅門清盛(〔清盛[ホ][シ][モ]小書〕)由、日者有用意

(5オ)

事、然而以私計略、太依難遂宿意、」今日「([ホ][シ][モ])入夜相具子息伊豆守(源)仲綱等、

潜」参「([ホ][シ][モ])于一院(後白河法皇)第二宮(以仁王)之」三条高倉御所、催前右兵衛佐(源)頼朝已下源氏等、

以仁王令旨を下す

討彼氏族、可令執天下「([ホ][シ][モ])給」之由申行之、仍仰散位(藤原)宗信、被下令旨、而

源義盛令旨を帯して東国に向かう

陸奥十郎(源)義盛(廷尉為(源)義末子、)折節在京之間、帯此令旨向東国、先相触前兵衛

摂政関白[ホ][シ][モ]摂関
頼朝[ホ][モ]頼〵〈朝〉[シ]〈頼朝〉
于…女[ホ][シ][モ](大書)
播[ホ][シ]幡
母熱田大宮司[ホ][シ][モ]〈熱田大宮司〉母
庚子[ホ][シ](小書)
已[ホ][シ][モ]以
討[ホ][シ][モ]誅
申[ホ][シ][モ]ナシ
行之[モ]行云

義盛八条院蔵人に補せられ行家に改名す

行家令旨を源頼朝の北条館に持参す

頼朝披閲す

行家甲斐信濃国に向かう

頼朝の経歴

北条時政の出自

頼朝時政に令旨を披露す

以仁王令旨

佐之後、可伝其外源氏等之趣、所[被](ホシモ)仰含也、義盛補八条院(暲子内親王)蔵人、名字改行家、

廿七日、壬申(己酉)、高倉宮令旨、今日到着于前武衛将軍伊豆国北条館、八条院蔵人行家所持来也、武衛装束水干、先奉遥拝男山(山城国)方之後、披閲之給、侍中者為相触甲斐・信濃両国源氏等、則首途云々、武衛為前左(右ホ)衛(モ)門督(藤原)信頼縁坐、去永暦元年三月十一日配当国之後、」(5ウ)歎而送二十年春秋、愁而積四八余星霜也、而頃年之間、平相国禅閤恣管領天下、刑罰近臣、剰奉遷仙洞於鳥羽之離宮、上皇御憤頻悩叡慮御、当于此[時](ホシモ)令旨到来、仍[欲](ホシモ)挙義兵、寔是天与取時至行道歟、(謂ホシモ)爰上総介平直方朝臣五代孫北条四郎時政主者、当国豪傑也、以武衛為聟君、専顕無二忠節、因茲最前招彼主、令披令旨給、

下　東海・東山・北陸三道諸国源氏幷群兵等所、

　応早追討清盛法師幷従類叛逆輩事、

東(ホシモ)ナシ

之後(ホシモ)謹令

両国(ホシモ)ナシ

首途云々(ホシモ)下向彼国

星(ホ)早「×旱」「星」

頃(ホ)項『頃歟』

閤(モ)閣

是(ホシモ)惟

総(ホシモ)野

因(ホ)固「因」

幷(シ)（小書）

幷(シ)（小書）

右、前伊豆守正五位下源朝臣仲綱宣、奉」

（6オ）

最勝王勅称、清盛法師幷宗（平）盛等以威勢起凶徒、亡国家、悩乱百官万
民、虜掠五畿七道、幽閉皇院、流罪公臣、断命流身、沈淵込楼、盗
賊（財[ホ]）領国、奪官授職、無功許賞、非罪配過、或召鉤於諸寺之高僧、禁
獄於修学僧（之脱カ）徒、或給下於叡岳絹米、相具謀叛粮米、（断[ホ][シ][モ]）新百皇之諸（跡[ホ][シ][モ]）、切
一人之頸、違逆帝皇、破滅仏法、絶古代者也、于時天地悉悲、臣民
皆愁、仍吾為一院第二皇子、尋天武天皇帝旧儀、追討王位推取之
輩、訪上宮太子（廐戸王）古跡、打亡仏法破滅之類矣、唯非憑人力之構、偏所
仰」天道之扶也、因之如有帝王三宝神明之冥感、何忽無四岳合力之

（6ウ）

志、然則源家之人、藤氏之人、昌（兼[ホ][シ][モ]）三道諸国之間堪勇士者、同令与力
追討、若於不同心者、准清盛法師従類、可行死流追禁之罪過、若於
有勝功者、先預国之使節、御即位之後、必随思可賜勧賞也、諸国宜
承知、依宣行之、

称[ホ]併「称」[シ][モ]併
幷[シ][モ]（小書）
徒[シ]従
虜[モ]慮
畿[ホ]幾『畿』
閉[ホ]閇
込[シ]入
鉤[ホ][モ]釣[シ]拘
百皇[ホ][シ][モ]百王
頸[ホ][シ][モ]頭
尋天[ホ]「・尋」天
天皇帝[ホ]皇事「子カ」
[シ][モ]皇事
矣[ホ]（小書）
有勝功[ホ]「・有」勝切
「功」
節[ホ][シ][モ]兼

治承四年四月九日　　　前伊豆守正五位下源朝臣

日㋛㋲ナシ

○以仁王令旨は、延慶本・長門本平家物語及び源平盛衰記所収の本文と異同が多いが、校訂には反映させていない。

五月大

下河辺行平頼朝に頼政の挙兵準備を告ぐ

十日、辛酉、下河辺庄司行平進使者於武衛(源頼朝)、告申入道三品(源頼政)用意事云々、」

者㋭㋛㋲ナシ
云々㋛云云

以仁王配流宣下

(7オ)
十五日、丙寅、陰、可被配高倉宮(以仁王)之旨被宣下、上卿三条大納言実房(藤原)〔実房㋭㋛〕、職(㋲小書)事蔵人右少弁行隆(藤原)云々、是被下平家追討令旨事、依令露顕也、仍今

配高倉宮㋭㋲配流茂仁王於土左国㋛配流茂仁王於土佐国
卿㋛郷
云々㋛云云

検非違使の追捕以前に頼政の知らせを受け以仁王逃げ去る

日戌剋検非違使兼綱(源)・光長(源)等相卒〔率㋭㋛㋲〕随兵、参彼[三条](㋭㋛㋲)高倉御所、先之得入道三品[之](㋭㋛㋲)告、逃出御、廷尉等雖追捕御所中、遂不令見給、此間長

以仁王の侍長谷部信連奮戦す

兵衛尉信連(長谷部)取太刀相戦、光長郎等五六輩為之被疵、其後光長搦取信連

兵㋲岳

検非違使信連を捕う

及家司一両・女房三人帰去云々、

云々㋛云云

検非違使以仁王亭を捜索す

十六日、丁卯、[晴](㋭㋛㋲)、今朝廷尉等猶囲宮御所、破天井、放板敷、雖奉

囲㋭㋛㋲圍

平頼盛以仁王の若宮を八条院より六波羅に迎え取る

（7ウ）求不見給、而宮御息若宮、八条院(暲子内親王)女房三位局女盛章(高階)〔盛章女㋭㋛㋲〕腹、御」座八条院之間、池中納言頼〔頼(平)盛〔盛㋭㋛㋲小書〕為入道相国(平清盛)使卒〔率㋭㋛㋲〕精兵参八条御所、奉取若宮帰六波羅、此間洛中騒動城外狼藉不可勝計云々、

以仁王園城寺に入るとの風聞あり　頼政自邸に火を放ち園城寺に参る

十九日、庚午、雨降、高倉宮去十五日密々入御三井寺、衆徒於法輪院構御所之由風聞京都、仍源三位入道近衛河原亭自放火、相卒〔率㋭㋛㋲〕子姪・家人等、参向宮御方〔云々㋭㋲〕、

園城寺衆徒城郭を構え平氏追討を僉議す

廿三日、甲戌、雨降、三井寺衆徒等構城深溝、可追討平氏之由僉儀〔議〕云々〔㋭㋛㋲〕、

頼政の中山堂等焼亡す

廿四日、乙亥、入道三品中山堂幷山庄等焼亡、」

以仁王等興福寺衆徒を恃み奈良に下向す　平知盛同維盛等と宇治に於て合戦す

（8オ）廿六日、丁丑、快晴、卯剋宮令赴南都給、三井寺無勢之間、依令恃奈良衆徒給也、三位入道一族幷寺衆徒等候御共、仍左兵衛〔衛門㋭㋛㋲〕督知盛(平)朝臣・権亮少将維盛(平)朝臣已下入道相国子孫卒〔率㋭㋛㋲〕二万騎官兵追競、於宇治(山城国)辺合戦、

頼政父子等討取らる

三位入道、同子息仲綱(源)・仲宗(源)〔家〕・兼綱(源)、及足利判官代義房等梟首、

腹㋭㋛㋲（大書）　座㋭㋛㋲坐
云々㋛云云
密㋛蜜
三位㋭三『・位』
云々㋛云云
云々㋭㋲之云々㋛之云云
幷㋛（小書）　晴㋭㋛㋲霽　剋㋲刻　赴㋭起「赴」　給㋭㋛㋲御　奈良衆徒給㋭㋛㋲奈良御
已下㋛㋲已上
仲綱仲宗兼綱㋭㋛㋲〈仲綱兼綱仲宗〉

以仁王死去す

三品禅門首非彼面之由謳謌云々、宮又於光明山鳥居前有御事、御年三十云々、

官兵三室戸寺を焼き払う

院御所に於て同意の輩への攻撃を定む

廿七日、戊寅、官兵等焼払宇治御室戸、是三井寺衆徒依構城郭也、同日国々源氏[并]([ホ][シ][モ])興福・園城両寺衆徒中応件令旨之輩、悉以可被攻撃之

（8ウ）

旨、於仙洞」有其沙汰云々、

六月小

頼朝三善康信の使者康清と対面す

康信源氏追討を伝え奥州への逃亡を勧む

十九日、庚子、散位康信(三善)使者参着于北条(伊豆国)也、武衛(源頼朝)於閑所対面給、使者申云、去月廿六日高倉宮(以仁王)有御事之後、請彼令旨之源氏等皆以可被追討之旨有其沙汰、君者正統也、殊可有怖畏歟、早可遁奥州方給之由所存

頼朝と康信との関係

也者、此康信之母者、武衛乳母妹也、依彼好、其志偏有源家、〔在[シ][モ]〕凌山河、毎月進三ケ度一旬各一度、使者申洛中子細、而今可被追〇(討)源氏之由事、依為殊重事、相語弟康清(三善)、称所労、止出仕、所差進也云々、」

頼朝康清に礼状を持たす

（9オ）

廿三日、〔二[ホ][シ][モ]〕癸卯、康清帰洛、武衛遣委細御書、被感仰康信之功、大和判

之[ホ][シ][モ]ナシ
謌[ホ][シ][モ]歌
云々[シ]云云
云々[シ]云云
并[シ](小書)
件[ホ][シ][モ]仲綱
云々[シ]云云
云[ホ][モ]云々
也者[ホ][シ][モ]也
之母[ホ][シ][モ]母
凌山河[ホ][シ][モ]陵山川
ケ[シ]箇
之[ホ][シ][モ]ナシ
弟[ホ][シ][モ]ナシ
差[ホ][シ][モ]着
云々[シ]云云
大[ホ]太

頼朝盛長を使者として累代の御家人に書状を遣わす

三浦義澄千葉胤頼北条に参向す

両人去月の宇治合戦に参加し下向遅引す

頼朝両人と密談す

覚淵頼朝の北条亭に参る

頼朝法華経読誦の中断に就き相談す

官代邦通(藤原)右筆、又被加御筆幷御判之、〔云々[ホ][モ]〕
廿四日、乙巳、入道(頼政)源三品敗北之後、可被追討国々源氏之条、康信申状不可被処浮言之間、遮欲廻平氏追討籌策、仍遣御書、被招累代御家人等、藤九郎盛長(安達)為御使、又被相副小中太光家(中原)云々、
廿七日、戊申、三浦次郎義澄義明二男・千葉六郎大夫胤頼常胤六男等参向北条、日来祗候京都、去月中旬之比、欲下向之刻、依宇治(山城国)合戦等事、為官兵被抑留」之間、于今遅引、為散数月恐欝参入之由申之、日来依番役所在京也、武衛対面件両人給、御閑談移剋、他人不聞之、

(9ウ)

七月大

五日、乙卯、天霽、風静、昨日遣御書、被召走湯山(伊豆国)住侶文陽房覚淵、今日参向北条(伊豆国)御亭、武衛(源頼朝)被談仰于件龍象云、吾有挟心底而法華経令読誦、終一千部之功後、宜顕其中丹之由、雖有兼日素願、縡已火急之

通[ホ][シ][モ]道
又[ホ][シ][モ]ナシ
判之[シ]判云云
品[ホ][シ][モ]位
之条[ホ][シ][モ]条

討[ホ][シ][モ]罰

云々[シ]云云

次郎[ホ]次『・郎』

治[ホ]「治」懸[シ]治懸合
[モ]懸

対[モ]ナシ
剋[ホ][シ][モ]刻

象云[ホ]×馬×之「象
而」[シ][モ]象而
挟[ホ][シ][モ]挿
令[ホ][シ][モ]之

間、殆難延及後日、仍転読分八百部故欲敬白仏陀、如何者、[覚淵申[ホ][シ][モ]
云、雖不満一千部、被啓白条、不可背冥慮者」、則供香華於仏前、敬
(10オ)白其旨趣、」先唱表白云、君者忝八幡大菩薩氏人、法華八軸持者也、
稟八幡太郎(源義家)遺跡、如旧相従東八箇国勇士、令対治八逆凶徒八条入道相(平清盛)
国一族給之条、在掌裡、是併可依此経八百部読誦之加被云々、武衛殊
感嘆欽仰給、事訖賜施物、判官代邦通(藤原)取之、及晩導師退出、至門外之
程、更召返云、〔之[ホ][シ][モ]〕世上無為之時、於蛭島(伊豆国)者可為今日布施之由仰覚淵、頻
有喜悦之気退出云々、

○[ホ][シ][モ]は改行して「君者…」以下を記す。

十日、庚申、藤九郎(安達)盛長申云、従厳命之趣、先相模国内進奉之輩多
之、而波多野右馬允義常・山内首藤瀧口三郎経俊等者曾以不応恩喚、
(10ウ)剰吐」条々過言云々、
廿三日、癸酉、有佐伯昌助者、是筑前国住吉社神官也、[去年][ホ][シ][モ]五月三

転読分を以て覚淵表白を唱う

覚淵に施物を給う

蛭島の寄進を約す

盛長波多野義常山内経俊の不同意を報ず

佐伯昌助昌守の経歴

敬[ホ][シ][モ]啓
香華[ホ][モ]香花　敬[ホ][シ][モ]啓
箇[ホ][モ]ケ
裡[ホ]裏　云々[シ]云云
代[ホ][シ][モ]ナシ
可[ホ][シ][モ]ナシ
喜悦[ホ]『・喜』悦　出[ホ][シ][モ]去
右[モ]左　義[シ][モ]茂
云々[シ]云云

日配流伊豆国、先是同社官昌〔祠ホシモ〕守治承二年正月三日配当国云々、而彼昌〔佐伯〕助弟住吉小大夫昌長〔佐伯〕初参武衛、又永江蔵人大中臣頼隆同初参、是太神宮祠官後胤也、近年在波多野右馬允義常之許、近日有背主人事参上云々、此両人奉為源家、兼日顕陰徳之上、各募神職之間、為被仰御祈禱事、〔令ホシモ〕之聴門下祗候給云々、

云々シ云云　右モ左　日ホシモ曾　背ホ向輩「背」シモ向背　云々シ云云　云々シ云云

佐伯昌長大中臣頼隆頼朝に初参し門下の祗候を聴さる

八月小

(11オ)二日、壬午、相模国住人大庭三郎景親以下、依去五月合戦事、令在京之東士等多以下着云々、

云々シ云云

大庭景親等の在京武士東国に下着す

四日、甲申、散位平兼隆前廷尉、号山木判官、〔者ホシモ〕伊豆国流人也、依〔父ホシモ〕和泉守信兼之訴、配于当国山木郷、漸歴年序之後、仮平相国〔清盛〕禅閤之権、耀威於郡郷、是本自依為平家一流氏族也、然間、且為国敵、且令挿私意趣給之故、先試可〔被ホシモ〕誅兼隆也、而件居所為要害之地、前途後路共以可令

閤モ閣　耀ホシモ輝

平兼隆の経歴

頼朝兼隆誅伐を決し地形図作成のため邦通を遣わす

藤原邦通の経歴

邦通山木居所に逗留し地形を図絵す

頼朝時政を招き絵図を以て指南す

煩人馬之間、令図絵彼地形、為得其意、兼日密［々］㋭㋛㋲被遣邦通(藤原)、々々者洛陽放遊客也、有因縁、盛長(安達)依挙申、候武衛(源頼朝)、而求事之次、向兼隆之(11ウ)館、酒宴」郢曲之際、兼隆入興、数日逗留之間、如思至山川村里、悉［以］㋭㋛㋲令図絵訖、今日帰参、武衛招北条殿(時政)於閑所、置彼絵図於中、軍士之可競赴之道路、可有進退用意之所［々］㋭㋛㋲、皆以令指南之給、凡見画図之体、正如莅其境云々、

卜筮により山木討ちの日時を定む

頼朝諸士を一人ずつ召し合戦の事を議す

六日、丙戌、召邦通・昌長(佐伯)等於御前有卜筮、又以［来］㋭㋛㋲十七日寅［卯］㋭㋛剋㋲、点可被誅兼隆之日時訖、其後工藤介茂光(狩野)・土肥次郎実平・岡崎四郎義実・宇佐美三郎助茂・天野藤内遠景・佐々木三郎盛綱・加藤次景(12オ)廉以下、当時経廻士之内、殊以重御恩軽身命之勇士等各一人、次」第召抜閑所、令議合戦間事給、雖未口外、偏依恃汝、被仰合之由、毎人被竭慇懃御詞之間、皆喜一身抜群之御芳志、面々欲励勇敢、是於人雖被禁独歩之思、到家門草創之期、令求諸人之一揆給御計也、然而［於］㋭㋛

通㋭㋛㋲道　々々㋛邦道
求㋲ナシ
之給㋭㋛㋲給
云々㋛云云
通㋭㋛㋲道
剋㋲刻　岡㋛㋲岳
殊以㋭㋛㋲以殊　恩㋭㋛㋲旨
恃㋭将「恃」㋲特
懃㋛勤　面々㋛面面
到㋭㋛㋲至　揆㋭㋛㋲族

[モ]真実密事者、北条殿之外無知之人云々、

佐々木秀義の経歴

九日、己丑、有近江国住人佐々木源三秀義者、平治逆乱時、候左典厩(源義朝)御方、於戦場竭兵略、而武衛坐事之後、不奉忘旧好兮、不諛平家権勢之故、得替相伝地佐々木庄(近江国)之間、相卒〔率[ホ][シ][モ]〕子息等、恃秀〔秀[ホ][シ][モ]〕衡(藤原)秀義姨母夫也、赴奥州、(12ウ)至相模国之刻、渋谷庄司重国感秀義勇敢之」余、留置之間、住当国既送二十年畢、此間、於子息定綱・盛綱等者、所候于武衛之門下也、而

景親秀義に藤原忠清との対面の様子を語る

今日大庭三郎景親招秀義〔談[ホ][シ][モ]〕云、景親在京之時、対面上総介忠清(藤原)平家侍、之際、〔忠清[ホ][シ][モ]〕得〔披[ホ][シ][モ]〕一封之状、令読聴于景親、是長田入道(忠致)状也、其詞云、北条四郎・比企掃部允等為前武衛於大将軍、欲顕叛逆之志〔者[ホ][シ][モ]〕、読終忠清云、斯事絶常篇、高倉宮(以仁王)御事之後、諸国源氏安否可糺行之由、沙汰最中此状至着〔到[ホ][シ][モ]〕、定有子細歟、早可覧相国禅閤之状〔也[ホ][シ][モ]〕云々、景親答云、北条者已為彼御縁者之間、不知其意、掃部允者早世者也〔者[ホ]〕、景(13オ)親聞之以降、意潜」周章、与貴客有年来芳約之故也、仍今又漏脱之、

云々[シ]云云
兮[シ][モ]アキ
之刻[ホ][シ][モ]刻
留置[ホ][シ][モ]令之留置
際[ホ][シ][モ]間
之状[ホ][シ][モ]書状
清云[ホ][シ][モ]清之
閤[モ]閣
云々[シ]云云
御[ホ][シ][モ]ナシ
允者[ホ][モ]允去

秀義嫡男定綱を以て景親の言談を頼朝に報ず

定綱秀義の使者として北条館に参る

頼朝定綱の参上と秀義の報を優賞す

頼朝十七日以前の参向を岡崎義実に命ず

定綱一旦の帰宅を申請す

頼朝十六日の帰参を命ず

渋谷重国宛書状を定綱に託す

賢息佐々木太郎等被候于武衛御方歟、尤可有用意事也云々、秀義心中

驚騒之外無他、不能委細談話、帰畢云々、

十日、庚寅、秀義以嫡男佐々木太郎定綱（近年在宇都宮（下野国）、此間来渋谷）、昨日景親所談之

趣申送武衛云々、

十一日、辛卯、定綱為父秀義使、参着北条、景親申状具以上啓之処、

仰云、斯事四月以来、丹府動中者也、仍近日欲表素意之間、可遣召之

処参上、尤可有優賞、兼亦秀義最前告申、大〔太㋭㋛㋲〕以神妙云々、」

（13ウ）

十二日、壬辰、可被征兼隆事、以来十七日被定其期、而殊被恃思食岡

崎四郎義実・同与一義忠之間、十七日以前[相]（㋭㋛㋲）伴土肥次郎実平可参向

之由、今日被仰遣義実之許云々、

十三日、癸巳、定綱申明暁可帰[華]（㋭）之由、武衛雖令留之給、相具甲冑

等、称可参上、仍賜身暇、仰曰、令誅兼隆、欲備義兵之始、来十六日

必可帰参者、又付定綱被遣御書於渋谷庄司重国、是則被恃思食之趣

云々㋛云云

畢㋛㋲半

云々㋛云云

都㋭㋛㋲津

云々㋛云云

云々㋛云云

岡㋛㋲岳

云々㋛云云

華㋭華『畢歟』㋛㋲畢

也、

明日の合戦無為のために昌長天曹地府祭を修す

十六日、丙申、自昨日雨降、終日不休止、為明日合戦無為被始行御祈(14オ)禱、住吉[小](㋭㋛㋲)大夫昌長奉仕天曹地府」祭、武衛自取御鏡、授昌長給云々、

頼隆千度祓を修す

永江蔵人頼隆(大中臣)勤一千度御抜(祓㋭㋛㋲)云々、

佐々木兄弟の不参により山木討ちの日時変更を検討す

佐々木兄弟今日可参着之由被仰含之処、不参兮暮畢、弥無人数之間、明暁可被誅兼隆事、聊有御猶預[予]、十八日者、自御幼稚之当初、奉安置正観音像、被専放生事、歴多年也、今更難犯之、十九日者、露顕不可有其疑、

頼朝佐々木兄弟への口外を後悔す

而渋谷庄司重国当時為恩仕平家、佐々木与渋谷亦同意者也、感一旦之志、無左右被仰含密事於彼輩之条、依今日不参、頻後悔、令労御心中給云々、

三島社神事盛長奉幣使として社参す

(14ウ)十七日、丁酉、快晴、三島社(伊豆国)神事也、藤九郎盛長為奉」幣御使社参、無程帰参、神事已前也、

佐々木兄弟参着す

未剋佐々木太郎定綱・同次郎経高・同三郎盛綱・同四郎高綱兄弟四人参着、定綱・経高駕疲馬、盛綱・高綱歩行也、

頼朝感涙す

武衛召覧其体、御感涙頻浮顔面給、[依](㋭㋛㋲)汝等遅参、不遂今暁合戦、遺恨万

者㋭㋛㋲ナシ
之条㋭㋛㋲条　云々㋛云云
御使㋛使者
已㋭㋛㋲以　剋㋛㋲刻

定綱等遅参を詫ぶ

盛長の僮僕に兼隆の雑色を生け捕らす

山木討ちを士卒に命ず

時政牛鍬大路を避け蛭島融を行く事を提案す

頼朝事の草創により閑路を拒み大道を採る

祈禱のため昌長を軍士に副う

時政定綱兄弟に信遠討伐を命ず

端之由被仰、洪水之間不意遅留之旨、定綱［等］㋭㋛㋲謝申之云々、戌剋藤九
郎盛長僮僕於釜殿生虜兼隆雑色男、但依仰也、此男日来嫁殿内下女之
間、夜々参入、而今夜勇士等群集殿中之儀、不相似先々之形勢、定加
推量歟之由、依有御思慮、如此云々、然間、非可期明日、各早向山
（15オ）木、可決雌雄、」以今度合戦可量生涯之吉凶之由被仰、亦合戦之際、先
可放火、故欲覧其烟云々、士卒已競起、北条殿被申云、今日三島神事
也、群参之輩下向之間、定満衢歟、仍廻牛鍬大路者為往反者可被咎之
［間］㋭㋛㋲、可行蛭島［融］㋭㋛㋲歟者、武衛被報［仰］㋭㋛㋲曰、所思然也、但為事之草
創、難用間路〔閑㋭㋛㋲〕、将又於蛭島辺者、騎馬之儀不可叶、只可為大道者、又
被副住吉小大夫昌長（着腹巻）、於軍士、是依致御祈禱也、盛綱・景廉者承可
候宿直之由、留御座右、然後蕀木北行、到于肥田原、北条殿扣駕、対
（15ウ）定綱云、兼隆後見堤権守信遠在山木北」方、勝勇士也、与兼隆同時不
誅戮者可有事煩歟、各兄弟者可襲信遠、可令付案内者云々、定綱等申

云々㋛云云　剋㋲刻
依㋭㋛㋲被
先々之㋭㋛㋲先々
云々㋛云云
烟㋭㋲煙　云々㋛云云　卒㋭㋛㋲率　云㋭㋛㋲之
辺㋭㋛㋲道
副㋭別「副」㋛㋲別
扣㋭㋛㋲招
堤㋭×提「堤」
襲㋭龔『襲歟』㋛龔　云々㋛云云

定綱高綱時政の雑色を連れ信遠宅の裏に廻る
経高前庭より進み平氏討伐の最前の一矢を放つ
信遠の郎従等応戦す
定綱高綱信遠を討ち取る
時政等兼隆館に矢を放つ
兼隆の郎従応戦す
定綱兄弟山木攻めに加わる
頼朝縁に出で御厩舎人を樹上に昇らす
放火の煙見えざるにより宿直の武士を山木に赴かす
長刀を景廉に給い兼隆の首持参を命ず

領状云々、子剋牛鍬東行、定綱兄弟留于信遠宅前田頭歟〔訖㋭㋛㋲〕、定綱・高綱者相具案内者、北条殿雑色、字源藤太、廻信遠宅後、経高者進於前庭、先発矢、是源家征平氏最前一箭也、于時明月及午、殆不異白昼、信遠郎従等見経高之競到射之、信遠亦取太刀向坤方立逢之、経高棄弓取太刀、向艮相戦之間、両方武勇炳焉也、経高中矢、其刻定綱・高綱自後西来〔面㋭㋛㋲〕、討取(16オ)信遠畢、北条殿已下進於兼隆館前天」満坂之辺、発矢石、而兼隆郎従多以為拝三島社神事参詣、其後到留黄瀬河宿逍遥、然而[所]㋭残留之壮士等争死挑戦、此間、定綱兄弟討信遠[之後]㋭㋛㋲馳加之、爰武衛発軍兵之後、出御縁、令想合戦事給、又為令見放火之烟、以御厩舎人江太・新平次雖令昇于樹上、良久不能見烟之間、召為宿直所被留置之加藤次景廉・佐々木三郎盛綱・堀藤次親家等、被仰云、速赴山木可遂合戦云々、手自取長刀賜景廉、討兼隆之首可持参之旨被仰含云々、仍各奔(16ウ)向於蛭島通之堤、三輩[皆]㋭㋛㋲不及騎馬、盛綱・景廉任」厳命、入彼館、

云々㋛云云
剋㋲刻
綱兄㋭経兄
月㋭年『月歟』
炳㋭掲『×竭×歟』㋛㋲竭
来㋭㋛㋲来加
取㋭㋛㋲被
已㋭㋛㋲以
到㋭㋛㋲至
河㋭㋛㋲川
所㋛㋲可
烟㋭㋲煙
樹上㋭㋛㋲樹之上
烟㋭煙
云々㋛云云
取㋭被「取イ」㋛㋲被
云々㋛云云

盛綱等兼隆を討ち郎従等を誅戮して館に火を放つ
頼朝縁より兼隆主従の首を覧る
頼朝毎日の勤行懈怠せん事を嘆く
御台所経師法音尼に日々の所作を託す事を提案す
尼に目録を遣わし尼領状す
所作目録

獲兼隆首、郎従等同不免誅戮、放火於室屋、悉以焼亡、暁天〔帰〕[肆]([ホ][モ])参士
卒等群居庭上、武衛於縁覧兼隆主従之頸云々、
十八日、戊戌、武衛年来之間、不論浄不浄、有毎日御勤行等、而自今
以後、令交戦場給之程、定可有不意御怠慢之由被歎仰、爰伊豆国有貴〔号〕
([ホ][シ][モ])法音之尼、是御台所(北条時政女)御経師、為一生不犯之者云々、仍可被仰付日々御
所作於件禅尼之旨、御台所令申之給、即被遣目録、尼申領状云々、
(17オ)
心経十九巻」
八幡　若宮　熱田　八剣　大筥根　能善
駒形　走湯権現　礼殿　三島第二、第三、
熊野権現　若王子　住吉　富士大菩薩
祇薗　天道　北斗　観音各一巻、可法楽云々、
観音経一巻　寿命経一巻　毘沙門経一巻
薬師呪廿一返〔反[ホ]〕　尊勝陀羅尼七返〔反[ホ]〕　毘沙門呪一百八返〔反[ホ]〕
治承四年八月

亡[ホ][シ][モ]失
暁天[ホ][シ][モ]既暁天
肆[シ]群
卒[ホ][シ][モ]率
云々[シ]云云
論浄[ホ][シ][モ]論諍
不浄[ホ][シ][モ]不
等[ホ]等『・怠字落歟』
国[ホ][シ][モ]山
云々[シ]云云
云々[シ]云云
剣[ホ][モ]釼
礼殿[ホ]×礼×殿「雷電」[シ][モ]雷電
第二第三[ホ][モ]第三第二[シ]ナシ
薗[シ][モ]園
各一…云々[シ]ナシ
門経一巻[ホ][シ][モ]門経三巻

已上、為御願成就御子孫繁栄也、

阿弥陀仏名千百返〔反ホ〕一千反者奉為父祖頓証菩提之〔之ホモナシ〕、百反者左兵衛尉藤原(鎌田)正清得道也、

○諸本「心経十九巻」と「八幡」以下を同じ高さとする。内容により「八幡」以下を一字下げた。

已上…也ホモ（小書）シナシ　御願ホモ御所願　栄ホモ昌　一千…道也シナシ　千反モ千返　百反モ百返

中原知親の非法停止を伊豆国蒲屋御厨に下知す

(17ウ)

十九日、己亥、兼隆親戚史大夫知親(中原)在当国蒲屋御厨、日者張行非法、令悩乱土民之間、可停止其儀之趣、武衛令加下知給、邦通為奉行、是関東事施行之始也、其状云、

通ホシ道

関東施行の初め

源頼朝下文

下　蒲屋御厨住民等所

厨モ屋

可早停止史大夫知親奉行事、

右、至于東国者、諸国一同庄公皆可為御沙汰之旨、親王宣旨状明鏡也者、住民等存其旨、可安堵者也、仍所仰故以下、

治承四年八月十九日

走湯山衆徒武士の往還狼藉を訴う

(18オ)

又此間、自土肥辺参北条之勇士等以走湯山為往還路、仍多見狼藉之

頼朝荘園寄進を約し衆徒の訴えを宥む

由、彼山衆徒等参訴之間、武衛今日被遣御自筆御書、被宥仰之、世上属無為之後、伊豆一所・相模一所可被奉寄庄園於当山、凡於関東可奉耀権現御威光之趣[被]（㋭㋛㋲）載之、因茲衆徒等忽以慰憤者也、

御台所走湯山の坊に渡御し寄宿す

及晩御台所渡御于走湯山文陽房覚淵之坊、邦通・昌長等候御共、世上落居之程、潜可令寄宿此所給云々、

三浦一族遅参す

廿日、庚子、三浦介義明一族已下兼日雖有進奉輩、于今遅参、是或隔海路兮凌風波、或僻遠路兮泥艱難之故也、

頼朝伊豆相模の御家人のみを率い土肥郷に赴く

仍武衛先相卒〔率㋭㋛㋲〕伊豆・相模両」（18ウ）国御家人許、出伊豆国令赴于相模国土肥郷給也、

扈従の輩

扈従輩、

北条四郎　子息三郎（宗時）　同四郎（義時）
平六時定（北条）　藤九郎盛長　工藤介茂光
子息五郎親光　宇佐美三郎助茂　土肥次郎実平
同弥太郎遠平　土屋三郎宗遠　同次郎義清
同弥二郎忠光　岡崎四郎義実　同余一義忠

寄㋭㋛㋲ナシ　園㋲国
耀㋭㋛㋲輝　以㋭㋛㋲ナシ　者㋭㋛㋲ナシ
通㋭㋛㋲道　潜㋭㋛㋲ナシ
進㋭㋛㋲重
兮㋛号　兮㋛号
同次郎㋭㋛㋲次郎　弥二㋭㋛㋲弥次　岡㋛㋲岳　余㋭×余「与」㋛㋲与

佐々木太郎定綱　同次郎経高　同三郎盛綱
同四郎高綱　天野藤内遠景　同六郎政景
宇佐美平太政光　同平次実政　大庭平太景義
豊田五郎景俊　新田四郎忠常　加藤五景員　五景[ホ][シ][モ]五郎景
同藤太光員　同藤次景廉　堀藤次親宗〔家[ホ][シ][モ]〕　次景[ホ][シ][モ]次郎景
(19オ)
同平四郎助政　天野平内光家」　中村太郎景平
同次郎盛平　鮫島四郎宗家　七郎武者宣親
大見平次家秀　近藤七国平　平佐古太郎為重　平次[ホ][シ][モ]平二
那古谷橘二頼時　沢六郎宗家　義勝房成尋　橘二[ホ][シ][モ]橘次　勝[モ]藤
中四郎惟重(中原)　中八惟平(中原)　新藤次俊長(鎌田)
小中太光家(中原)
是皆侍〔将[ホ][シ][モ]〕之所恃也、各受命忘家忘親云々、　云々[シ]云云
○底本は「扈従輩」の下に「北条殿」以下をつなげて記す。[ホ][シ][モ]により三段

で示した。

三浦一族三浦を出て参向す

廿二日、壬寅、三浦二郎義澄・同十郎義連・大多和〔三[ホ][シ][モ]〕二郎義久・子息義成・和田太郎義盛・同次郎義茂・同三郎宗実・多々良三郎重春・同四郎明宗・筑井二郎義行相卒〔率[ホ][シ][モ]〕数輩精兵、出三浦参向云々、

○[ホ][シ][モ]は人名部分を三段で記す。

頼朝三百騎を率いて石橋山に陣す

以仁王令旨を旗の横上に付く

景親以下平家被官三千余騎一谷を隔てて陣す

(19ウ)
廿三日、癸卯、陰、入夜甚雨如抜〔沃[ホ][シ][モ]〕、今日寅剋武衛相卒〔率[ホ][シ][モ]〕北」条殿父子・盛長・茂光・実平以下三百騎、陣于相模国石橋山給、此間、以件令旨被付御旗横上、中四郎惟重持之、又頼隆付白幣於上箭候御後、爰同国住人大庭三郎景親・俣野五郎景久・河村三郎義秀・渋谷庄司重国・糟谷権守盛久・海老名源八季貞・曾我太郎助信・瀧口三郎経俊(山内)・毛利太郎景行・長尾新五為宗・同新六定景・原宗三郎景房・同四郎義行幷熊谷次郎直実以下平家被官之輩卒〔率[ホ][シ][モ]〕三千騎精兵、同在石橋辺、両陣隔一谷
(20オ)
也、景親士卒[之][ホ][シ][モ]中、飯田五郎家義依奉通志於武衛、雖擬馳」参、景

三浦二郎[ホ][シ][モ]三浦次郎
宗[ホ][シ][モ]義
義行[ホ][シ][モ]義行以下
云々[シ]云云
剋[モ]刻
横上[シ][モ]上横
又[ホ][シ][モ]父
幣[モ]弊
谷[ホ][シ][モ]屋
八[ホ][シ][モ]三
次郎[ホ][シ][モ]二郎
直[ホ]真『直歟』
騎[ホ][シ][モ]余騎
橋[ホ]橋『・山歟』[シ][モ]橋山
陣[ホ][シ][モ]陣之際
卒[ホ][シ][モ]率

伊東祐親三百余騎を率いて頼朝陣の後山に宿す
三浦一族丸子河辺に宿し景親党類の家を焼き払う
景親等三浦一族の加勢を恐れ頼朝の陣を急襲す
佐那田義忠等戦死す
飯田家義頼朝を逃さんとし六騎を分けて景親に戦わすに頼朝椙山の内に逃る
頼朝椙山内堀口辺に陣す景親軍到るにより後峯に逃る
加藤景廉等奮戦す

親従軍列道路之間、不意在彼軍、又伊東二郎祐親法師卒〔率[ホ][シ][モ]〕三百余騎、宿于武衛陣之後山兮欲奉襲之、三浦輩者依及晩天、宿丸子河辺、遣郎従等、焼失景親之党類家室、其烟聳半天、景親等遥見之、知三浦輩所為之由歟〔訖[ホ][シ][モ]〕、相議云、今日已雖臨黄昏、可遂合戦、期明日者三浦衆馳加、[定][ホ][シ][モ]難喪敗歟之由群議、事訖数千強兵襲攻武衛之陣、而計源家従兵、雖難比彼大軍、皆依重旧好、只乞効死、然間、佐那田余一義忠幷武藤三郎及郎従豊三家康等殞命、景親弥乗勝、至暁天武衛令逃」(20ウ)于椙山之中給、于時疾風悩心、暴雨労身、景親奉追之発矢石之処、家義乍相交景親陣中、為奉遁武衛、引分我衆六騎、戦于景親、以此隙令入椙山給云々、

廿四日、甲辰、武衛陣椙山内堀口辺給、大庭三郎景親相卒〔率[ホ][シ][モ]〕三千余騎重競走、武衛令逃後峯給、此間加藤次景廉・大見平次実政留于[将之][ホ][シ][モ]御後、防禦景親、[而][ホ][シ][モ]景廉父加藤五景員・実政[兄][ホ][シ][モ]大見平太政光各依思

列[ホ]別「列」[シ][モ]別
彼軍[ホ][シ][モ]彼陣
又[ホ][シ][モ]亦
兮[ホ][シ]号[モ]号「兮」
襲[ホ]龔「襲歟」
晩[ホ][シ][モ]暁
室[ホ][シ][モ]屋
烟[ホ]煙
遥[ホ]逢「遥」[シ][モ]逢
雖難[ホ]雖「難」[シ][モ]雖
余[シ]与
至[ホ]聖「至歟」
云々[シ]云云
陣[ホ][シ][モ]陣于
峯[モ]峰
次実政[ホ]次実政『二字不審』

頼朝百発百中の芸を振るい戦う
景廉頼朝の馬を引き深山に入らんとす
近づく景親の群兵に矢を発す
時政等景親と戦う
時政疲労のため頼朝に従わず
景員等頼朝を追い山に登る
頼朝景員等の参着を待つ
景員等頼朝の共を乞うも実平これを説き伏す

子憐弟、不重前〔進[ホ][シ][モ]〕路、扣駕発矢、此外加藤太光員・佐々木四郎高綱・天
(21オ)野藤内遠景・同平内光家・堀藤次親家」・同平四郎助政同並轡攻戦、
景員以下乗馬多中箭斃死、武衛又廻駕、振百発百中之芸、被相戦及
度々、其矢莫必不飲羽、所射殺之者多之、箭既窮之間、景廉取御駕之
轡奉引深山之処、景親群兵近来于四五段際、仍高綱・遠景・々廉等数
返〔反[ホ]〕還令〔合[ホ][シ][モ]〕発矢、北条殿父子三人、亦与景親等依令攻戦給、筋力漸疲兮不
能登峰嶺之間、不奉従武衛、爰景員・光員・景廉・祐茂(宇佐美)・親家・実政
等申可候御共之由、北条殿敢以不可然、早々可奉尋武衛之旨被命之
(21ウ)間、各奔走挙〔攀[シ]〕登数町険阻之処、武」衛者令立臥木之上給、実平候其傍、
武衛令待悦此輩之参着給、実平云、各無為参上雖可喜之、[令]([ホ][シ][モ])卒〔率[ホ][シ][モ]〕人数
給者、御隠居于此山定難遂歟、於御一身者縦渉旬月、実平加計略可奉
陰〔隠[ホ][シ][モ]〕云々、而此輩皆申可候御共之由、又有御許容之気、実平重申云、令〔今[ホ][シ][モ]〕
別離者後大幸也、公私全命、廻計於外者、盍雪会稽之恥哉云々、依之

平四郎[ホ][シ][モ]四郎　並[ホ][シ][モ]幷
箭[ホ][シ][モ]矢　斃死[ホ]斃『弊歟』[シ][モ]斃
殺之[シ][モ]殺　多之[ホ]多々[シ][モ]多　箭[ホ]以前「箭歟」
々[シ][モ]景
還[ホ]×遠「還」　令[ホ][シ][モ]合　兮[ホ][シ][モ]号
峰[ホ][シ][モ]峯
御[シ]衛　々[ホ][シ][モ]ナシ　之旨[ホ][シ][モ]旨　之間[ホ][シ][モ]間
奔[ホ][シ][モ]ナシ
待[ホ]特「待」[シ][モ]特
云々[シ]云云　申云[ホ][シ][モ]申之

家義頼朝の念珠を拾い持参す

皆分散、悲涙遮眼、行歩失道云々、其後家義奉尋御跡参上、所持参武衛御念珠也、是今暁戦之時、令落路頭給、日来持給之間、於狩倉辺相模国之輩多以奉見」(22オ)御念珠也、仍周章給之処、家義求出之、御感及再

時政義時湯坂路を経て甲斐に赴かんとす

三、而家義申可候御共之由、実平如前諫申之間、泣退去者〔詑㋭㋛㋲〕、又北条殿・同四郎主等者経筥根御坂〔湯㋭㋛㋲〕、欲赴甲斐国、同三郎者自土肥山降桑

北条宗時平井久重に射取らる

原、[経]〔㋭㋛㋲〕平井郷之処、於早河辺被囲于祐親法師軍兵、為小平井名主紀六久重被射取者〔詑㋭㋛㋲〕、

狩野茂光自殺す

茂光者依行歩不進退自殺云々、恃之陣〔将㋭㋛㋲〕与彼等之戦場隔山谷之間、無拠于吭疵〔吮㋭㋲〕〔疽カ〕、哀慟千万云々、景親追武衛之跡、捜求嶺

梶原景時頼朝を見逃す

渓、于時有梶原平三景時者、慥雖知御在所、存有情之過〔慮㋭㋛㋲〕、此[山]〔㋭㋛㋲〕称無人跡、曳景親之手登傍峯、

頼朝正観音像を岩窟に安置す

此間武」(22ウ)衛取御髻中正観音像、被奉安于或岩窟、実平奉問其素意、仰曰、伝首於景親等之日、見此本尊、非源氏太〔大㋭㋛㋲〕将軍所及〔為㋭㋛㋲〕之由、人定可貽誹云々、

仏像の由緒

件尊像者武衛三歳之昔、乳母令参籠清水寺、祈嬰児之将来、懇篤歴二七箇日、蒙霊夢之告、忽然彼二〔得㋭㋛〕

道云々㋛道云云
持参㋲持
戦㋭㋛㋲合戦
落㋭㋛㋲落于
持給㋭㋛㋲持経
相模㋲模相
見㋭㋛㋲見之

前㋭㋛㋲先

早㋭㋲草
囲㋭㋲圍
小平㋭㋛㋲小草
紀㋭紀『紀歟』㋛㋲紀
云々㋛云云
之陣㋭㋛㋲立陣
与㋭㋛㋲而

吭㋛吃
云々㋛云云

岩㋭巖
素㋭㋛㋲御
曰㋭㋛㋲云
之由㋭㋛㋲由
寺㋛者
児之㋭㋛㋲児云
箇㋲ケ
然㋭㋛㋲然而

時政椙山に参着す

永実駄餉を持参し時政に頼朝の安否を尋ぬ

永実時政の虚言を見抜く

永実頼朝の御前に参り駄餉を献ず

実平永実を筥根山別当に推挙し頼朝これを許諾す

頼朝等筥根山永実宅に入る

別当行実と源氏の因縁

寸㋲銀正観音像、所奉帰敬也云々、及晩北条殿参着椙山陣給、爰筥根山別当行実差弟僧永実、令持御駄餉、奉尋武衛、而先奉遇北条殿、問武衛御事、北条殿曰、将者不遁景親之囲給者、永実云、客者若為試半〔羊㋭〕僧

(23オ)

之短慮給歟、特〔将㋭㋛㋲〕令亡給者、客者不」可存之人也者、于時北条殿頗笑而相具之、持参〔参将㋭㋛㋲〕〔之〕御前給、永実献件駄餉、公私臨餓之時也、直已千金云々、実平云、世上属無為者、永実宜被撰補筥根山別当職者、武衛亦諾之給、其後以永実為仕承、密々至筥根山給、行実之宿房者参詣緇素群集之間、隠密事称無其便、奉入永実之宅、謂此行実者、父良尋之時、於六条廷尉禅室〔源為義〕并左典厩等聊有其好、因茲行実於京都得父之譲、令補当山別当職下向之刻、廷尉禅室賜下文於行実備〔称㋭㋛㋲〕、東国輩、行実若

(23ウ)

相催者可従者、左典厩御下文」云、駿河・伊豆家人等、行実令相催者可従者、然間、武衛自御坐于北条之比、致御祈禱、専存忠貞、聞石橋合戦敗北之由、独含愁歎云々、弟等雖有数、守武芸之器、差進永実

寸㋲十

着㋭㋛㋲着于

問…殿㋭㋛㋲ナシ

囲㋭㋲圍

半㋭羊「永歟」㋛㋲永

僧之㋭㋛㋲僧

笑㋭㋛㋲咲

持参㋭㋛参将立㋲参将立「之」

云々㋛云云

至㋭㋛㋲到

房㋭㋛㋲坊

素㋭索「素歟」

令㋭㋛念㋲念「令」

云㋭之

坐㋲座

忠貞㋭㋲忠貞云々㋛忠貞云云

含㋭㋛㋲ナシ

云々㋛云云

有㋭㋛㋲ナシ

三浦一族頼朝の敗北を知り三浦に戻る

由井浦に於て畠山重忠と戦う

重忠退去し義澄等三浦に帰る

景親方々の関を固む

景久駿河国目代橘遠茂を伴い甲斐に赴く

景久等の弓弦鼠に飡い切らる

安田義定等景久と波志多山に於て合戦す

景久逐電す

云々、三浦輩出城来于丸子河辺、自去夜相待暁天、欲参向之処、合戦已敗北之間、慮外馳帰、於其路次由井浦、与畠山次郎重忠数剋挑戦、多々良三郎重春幷郎従石井五郎等殞命、又重忠郎従五十余騎〔騎[ホ][シ][モ]ナシ〕輩梟首之間、重忠退去、義澄以下又帰三浦、此間上総権介広常弟金田小大夫頼次卒〔率[ホ][シ][モ]〕七十余騎加義澄云々、」

(24オ)廿五日、乙巳、大庭三郎景親為塞武衛前途、分軍兵、関固方々之衢、俣野五郎景久相具駿河国目代橘遠茂軍勢、為襲武田(信義)・一条(忠頼)[等]〔[ホ][シ][モ]〕源氏、赴甲斐国、而昨日及昏黒之間、宿富士北麓之処、景久幷郎従所帯百余張弓弦、為鼠被飡切畢、仍失思慮之剋、安田三郎義定・工藤庄司景光・同子息小三〔次[ホ][シ][モ]〕郎行光・市河別当行房聞於石橋被遂合戦事、自甲州発向之間、於波志太[山]〔[ホ][シ][モ]〕相逢景久等、各廻轡飛矢、攻責景久、挑戦移刻、景久等依絶弓弦、雖取太刀、不能禦矢石、多以中之、安田以下之(24ウ)家人等又不免」剣刃、然而景久令雌伏逐電云々、

于[ホ][モ]爾
浦[ホ][シ][モ]浜　剋[モ]刻
五郎[ホ][シ][モ]五
帰[ホ][シ][モ]ナシ
十[ホ][シ][モ]千
塞[ホ][シ][モ]ナシ　関[ホ]開
剋[ホ][シ][モ]刻
河[ホ][シ][モ]川
波[ホ][シ][モ]彼　移[ホ][シ][モ]ナシ
以下[ホ][シ][モ]已下
剣[ホ]鈒　云々[シ]云云

行実弟良暹悪徒を率い頼朝を襲わんとす

行実頼朝に告げこれを逃す

実平永実土肥郷に赴く

時政南光房を伴い甲斐国に向かう

時政途中より頼朝を追い土肥に向かう

重忠三浦一族を襲わんがため河越重頼等に来会を求む

武衛御坐筥根山之間、行実之弟智蔵房良暹以故前廷尉兼隆之祈禱師背兄弟（行実・永実）等、忽聚悪徒、欲奉襲武衛、永実聞此事、告申武衛与兄行実之間、行実計申云、於良暹之武勇者、強雖非可怖、及奉謀之儀者、景親等定伝聞之、競馳合力歟、早可令遁給者、仍召具山案内者、実平幷永実等往〔経[ホ][シ][モ]〕筥根通、赴土肥郷給、北条殿者為達事由於源氏等被向甲斐国、行実差同宿南光房奉送之、相伴件僧、経山臥之巡路、赴甲州給、（25オ）而不見」定武衛到着之所者、雖欲催具源氏等、彼以不許容歟、然者猶追御後令参上、自御居所更為御使可顔向之由、心中令思案之、立還又尋土肥方給、南光者赴本山云々、

○底本は「令雌伏逐電云々」と「武衛御坐」以下をつなげて記す。[ホ][シ][モ]により改行して示す。

廿六日、丙午、武蔵国畠山次郎重忠、且為報平氏重恩、且為雪由比浦会稽、欲襲三浦之輩、仍相具当国党々、可来会之由、触遣河越太郎重

間[ホ][シ][モ]際
房[ホ][モ]頭[シ]坊
故[ホ][シ][モ]ナシ
兄弟[ホ][シ][モ]ナシ
筥[ホ][モ]ナシ
件[ホ][シ][モ]ナシ
以不[シ][モ]以下
追[ホ][シ][モ]進
顔[ホ]頤[シ][モ]顧
云々[シ]云云
比[ホ][シ][モ]井
之由[ホ][シ][モ]由

三浦一族これを聞き衣笠城に引き籠もる

重頼等衣笠城を攻め義澄等応戦す

義明子孫を逃し城に留まらん事を述ぶ

義澄等命に従い離散す

景親重国に孫佐々木兄弟の咎を責む

重国自身と孫義清の功績を述べ景親を説き伏す

頼、是重頼於秩父家雖為次男縁〔流[ホ][シ][モ]〕、相継家督、依従彼党等、及此儀
云々、江戸太郎重長同与之、今日卯剋此事風聞于三浦之間、一族悉以
（25ウ）引籠于当所衣笠城、各」張陣、東木戸口大手、次郎義澄・十郎義連、西
木戸和田太郎義盛・金田大夫頼次、中陣長江太郎義景・大多和三郎義
久等也、及辰剋河越太郎重頼・中山次郎重実・江戸太郎重長、金子・
村山輩以下数千騎攻来、義澄等雖相戦、昨由比戦、今両日合戦、力疲矢
尽、臨半更捨城逃去、欲相具義明、々々云、吾[為]（[ホ][シ][モ]）源家累代家人、幸
逢于其貴種再興之秋也、盍喜之哉、所保已八旬有余也、計余算不幾、
今投老命於武衛、欲募子孫之勲功、汝等急退去兮可奉尋彼疲亡〔存[ホ][シ][モ]〕、吾独
（26オ）残留城郭、模多軍之勢、令見重頼云々、義澄」以下涕泣、雖失度、任
命憖以離散者〔者[ホ][シ][モ]ナシ〕、亦景親行向渋谷庄司重国許云、佐々木太郎定綱兄弟四
人属武衛奉射平家畢、其科不足宥、然者尋出彼身之程、於妻子等者可
為囚人者、重国答云、件輩者依有年来芳約、加扶持歟〔訖[ホ][シ][モ]〕、而今重旧好而

剋[モ]刻
次郎[ホ]次良「郎」
大多[ホ][シ]太多
剋[モ]刻
以[ホ][シ][モ]已
々々[シ]云云
秋[ホ][シ][モ]代
退[モ]進
留[ホ][シ][モ]留于　模[シ][モ]換　云々[シ]云云
散[ホ][シ][モ]訖　亦[ホ][シ][モ]又
加[シ]如

参源家事無拠于加制禁歟、重国就貴殿之催、相具外孫佐々木五郎義清
向石橋之処、不思其功、可召禁定綱以下妻子之由蒙命、更所非本懐也
云〔者[ホ][シ][モ]〕、景親伏理、帰去之後、入夜定綱・盛綱・高綱等出筥根深山之処、
（26ウ）行逢醍醐禅師全成、相伴之到于重国渋谷之館、」重国乍喜憚世上之聴、
招于庫蔵之内、密々肴〔羞[ホ][シ][モ]〕膳勧酒、此間次郎経高者被討取歟之由重国問
之、定綱等[云]([ホ][シ][モ])、令誘引之処、称有存念不伴来者、重国云、存子息之
儀已年久、去比参武衛之間、重国一旦雖加制不叙用之、遂令参畢、合
戦敗漬〔績[ホ][シ][モ]〕之今、恥重国心中不来歟者、則遣郎従等於方々令相尋云々、重
国有情、聞者莫不感云々、
廿七日、丁未、朝間小雨、申剋以後風雨殊甚、辰剋三浦介義明年八十九、
為河越太郎重頼・江戸太郎重長等被討取、齢八旬余、依無人于扶持
也、義澄等者赴安房」国、北条殿・同四郎主・岡崎四郎義実・近藤七（27オ）
国平等自土肥郷岩浦令乗船、又指房州解纜、而於海上並舟船、相逢于

以[ホ][シ][モ]已
更[ホ][シ][モ]今更
逢[ホ]達「逢歟」
蔵[ホ][シ][モ]倉
勧酒[ホ][シ][モ]動
次[ホ][シ][モ]二
問之[ホ]問云「之」[シ][モ]問云
国云[ホ][シ][モ]国之
感云々[シ]感云云
申剋[モ]申刻
以[ホ][シ][モ]已
辰剋[モ]辰刻
岡[シ][モ]岳

定綱等全成を伴い渋谷館に到る
重国蔵の内に於て酒膳を勧む
義明討ち取らる
義澄等安房に赴く
時政等土肥郷より乗船して安房を目指し海上に於て三浦一族と逢う

景親三浦を攻む

三浦之輩、牙〔互[ホ][シ]〕述心事伊欝云々、此間景親卒〔率[ホ][シ][モ]〕数千騎、雖攻来三浦、義澄等渡海之後也、仍帰去云々、加藤五景員幷子息光員・景廉等去廿四日以後三ケ日之間、在筥根深山、各粮絶魂疲、[心][ホ][シ][モ]神悩〔惘[ホ][シ][モ]〕然、就中景員衰老之間、行歩進退苦〔谷[ホ][シ][モ]〕也、于時訓両息云、吾齢老也、縦雖開愁眉、不可有延寿之計、汝等以壮年之身、徒莫損〔殞[ホ][シ][モ]〕命、弃置吾於此山、[可][ホ][シ][モ]奉尋源

加藤光員兄弟父景員を走湯山に送り甲斐国に赴く

光員等伊豆国府に到るも土人に追い払わる

(27ウ)家者、然間、光員等周章雖断腸、送老父於走湯山、於此山景員遂出家云[々][ホ][モ]」兄弟赴甲斐国、今夜亥剋到着于伊豆国府抜〔祓 土[ホ][シ][モ]〕出之処、土人等怪之、追奔之間、光員・景廉共以分散、牙〔互[ホ][シ]〕不知行方云々、

光員兄弟駿河国大岡牧に於て再会す

廿八日、戊申、光員・景廉兄弟於駿河国大岡牧各相逢、悲涙更湿襟、

頼朝真鶴より乗船し安房国に赴く

然後引籠富士麓云々、武衛自土肥真名鶴崎乗船、赴安房国方給、実平

土肥遠平を使として御台所の許に遣わす

仰土肥住人貞恒、粧小舟云々、自此所以土肥弥太郎遠平為御使被進御台所御方、被申別離以後愁緒云々、

頼朝等安房国に着く

廿九日、己酉、武衛相具実平、掉扁舟令着于安房国平北郡獵島給、北

来[ホ][シ][モ]来于
ケ[シ]箇
云[ホ]×之「云」[シ][モ]也
老也[ホ]老也「矣」[シ][モ]
老矣
寿[ホ][シ][モ]命
於…云々[シ]アキ
剋[モ]刻
到[ホ][シ][モ]ナシ
云々[シ]云云
岡[シ][モ]岳
悲[モ]非
麓[ホ][シ][モ]山麓
云々[シ]云云
名[ホ][シ][モ]ナシ
緒云々[シ]緒云云
掉[シ][モ]棹
扁舟[モ]扁「・舟」

時政等これを迎う

（28オ）条殿以下人々拝迎之、数日欝念」一時散開云々、　　云々㋛云云

九月大

頼朝広常の許への渡御を時政等と相談す

安西景益に安房国在庁官人を率いて参上する事を命ず

一日、庚戌、武衛（源頼朝）可有渡御于上総介広常許之由被仰合北条殿（時政）以下、各申可然之由、爰安房国住人安西三郎景益者御幼稚之当初殊奉昵近者也、仍最前被遣御書、其趣、令旨厳密之上者、相催在庁等、可令参上、又於当国中京下之輩者悉以可搦進之由也、

昵㋛㋲怩　之輩㋭㋛㋲輩

御台所伊豆山より秋戸郷に遷る

遠平真鶴より参着し子細を御台所に告ぐ

二日、辛亥、御台所（北条時政女）自伊豆山遷秋戸郷給、不奉知武衛安否、独漂悲涙（28ウ）給之処、今日申剋土肥弥太郎遠平」為御使自真名鶴崎（相模国）参［着］（㋭㋛㋲）、雖申日来子細、不被知御乗船後事、悲喜計会云々、

剋㋲刻　知㋭㋛㋲知食　云々㋛云云

三日、壬子、景親（大庭）乍為源家普（譜㋭㋛㋲）代御家人、今度於所々奉射之次第、一旦匪守平氏命、造意企已似有別儀、但令一味彼凶徒之輩者武蔵・相模住人許也、其内、於三浦・仲（中㋭㋛㋲）村者今在御共、然者景親謀計有何事哉之由

代㋭㋛㋲第　許㋭㋛㋲計　於㋭㋛㋲猶

小山下河辺豊島葛西に御書を遣わし参向を命ず

有其沙汰、仍被遣御書於小山四郎朝政・下河辺庄司行平・豊島権守清元・葛西三郎清重等、是各相語有志之輩、可参向之由也、就中清重於（29オ）源家抽忠節者也、而其居所在江戸・河越等中間、進退定難治歟、」早経海路、可参会之旨、有慇懃之仰云々、

豊島朝経の妻女に綿衣の調進を命ず

又可調進綿衣之由、被仰豊島右馬允朝経之妻女云々、朝経在京留守之間也、

上総に向かう路次の民屋に宿す

今日自平北郡（安房国）赴広常居所給、漸臨昏黒之間、止宿于路次民屋給之処、

義澄頼朝を襲わんとする長狭常伴を討つ

当国住人長狭六郎常伴、其志依在平家、今夜擬襲此御旅館、而三浦次郎義澄為国郡案内者窃聞彼用意、遮襲之、暫雖相戦、常伴遂敗北云々、

景益一族在庁官人を率いて頼朝の旅亭に参上す

四日、癸丑、安西三郎景益依給御書、相具一族并在庁両三輩参上于御旅亭、

景益広常の許への直参を諫む

景益申云、無左右有入御于広常許之条不可然、如長狭六郎之謀（29ウ）者猶満」衢歟、先遣御使、為御迎可参上之由、可被仰云々、

頼朝景益宅に渡御し義盛を広常に盛長を常胤に遣わす

仍自路次更被廻御駕、渡御于景益之宅、被遣和田小太郎義盛於広常之許、以藤九郎盛長（安達）遣千葉介常胤之許、各可参上之趣云々、

清元[モ]清光
忠[ホ][シ][モ]貞
懃[シ]勤　云々[シ]云云
云々[シ]云云　平[ホ][シ][モ]ナシ
狭[モ]狹
次[ホ][シ][モ]二
暫[ホ]蹔『暫歟』　云々[シ]云云
并[シ]（小書）
狭[モ]狹
小[ホ][シ][モ]ナシ
云々[ホ][シ][モ]也

頼朝洲崎明神に参詣し御願書を奉る

五日、甲寅、有御参洲崎明神〔安房国〕宝前、凝丹祈給、所遣召之健士悉令帰往
者可奉寄功田貢神威之由、被奉御願書云々、

義盛広常の許より戻る

六日、乙卯、及晩義盛帰参、申談〔云、談[ホ][シ][モ]〕云千葉[介][ホ][シ][モ]常胤之後、可参上之由、
広常申之云々、

木曾義仲の経歴

(30オ)
七日、丙辰、源氏木曾冠者義仲主者帯刀先生義賢」二男也、義賢去〔者[ホ][シ][モ]〕
久寿二年八月於武蔵国大倉館為鎌倉悪源太義〔源〕平主被討亡、于時義仲為
三歳嬰児[也][ホ][シ][モ]、乳母夫仲三〔中[ホ][シ][モ]〕権守兼遠〔中原〕懐之、遁下〔下[ホ][シ][モ]ナシ〕于信乃国木曾、令養育

義仲頼朝の挙兵を聞き加わらんとす

之、成人之今、武略稟性、征平氏可興家之由有存念、而前武衛於石橋
已被始合戦之由達遠聞、忽相加欲顕素意、爰平家方人有小〔小[ホ][シ][モ]ナシ〕笠原平五頼

平家方人と木曾方人合戦す

直者、今日相具軍士、擬襲木曾、々々方人村山七郎義直并栗田寺別当
大法師範覚等聞此事、相逢于当国市原、決勝負、両方合戦半日已暮、

笠原頼直逃亡し越後国に赴く

(30ウ)
然義直箭窮頗雌伏、遣飛脚於木曾之陣、告事由、仍木曾卒来大〔率[ホ][シ][モ]〕」軍、
競到之処、頼直怖其威勢逃亡、為加城四郎長茂赴越後国云々、

之由[ホ][シ][モ]由
云々[シ]云云

帰[ホ][シ][モ]ナシ

云々[シ]云云

乃[ホ][シ][モ]濃
木曾[ホ][シ][モ]ナシ

々々[シ]木曾

来[ホ][シ][モ]ナシ
之[ホ]×云×々
加[ホ][シ][モ]ナシ
云々[シ]云云

時政使節として甲斐国を進発し信濃国に到る

八日、丁巳、北条殿為使節進発甲斐国給、相伴彼国源氏等、到信乃国、於帰伏之輩者早相具之、到〔至[ホ][シ][モ]〕驕奢之族者可加誅戮之旨、依含厳命也、

盛長常胤の許より戻り対面の様子を語る

九日、戊午、盛長自千葉帰参、申云、至常胤之門前、案内之処、不経幾程招請客亭、常胤兼以在彼座、子息胤正〔千葉〕・胤頼〔千葉〕等在座傍、常胤具雖聞盛長之所述、暫不発言、只如眠、而件両息同音云、武衛興虎牙跡、(31オ)鎮狼唳給、綺〔綷[ホ][シ][モ]〕最初有其召、服応何及猶」予儀哉、早可被献状之奉者、常胤之心中領状更無異儀、令興源家中絶跡給之条、感涙遮眼、非言語之所覃也、其後有盃酒、次当時御居所非指要害地、又非御曩跡、速可令出相模国鎌倉給、常胤相卒〔率[ホ][シ][モ]〕門客等、為御迎可参向之由申之、

常胤頼朝に相模国鎌倉に赴く事を勧む

甲斐源氏頼朝の挙兵を聞き平家方人を討たんがため信濃国に進発す

十日、己未、甲斐国源氏武田太郎信義・一条二郎忠頼以下聞石橋合戦事、奉尋武衛、欲参向于駿河国、而平氏方人等在信乃国云々、仍先発向彼国、去夜止宿于諏方上宮庵沢之辺、及深更青女一人来于一条次郎

乃[ホ][シ][モ]濃
之処[ホ][シ][モ]処
幾[モ]呪　請[ホ][シ][モ]請于
件[ホ]伴　云[ホ]×之「云」
猶[ホ][シ][モ]ナシ　献状[ホ][シ][モ]献領状
也[ホ][シ][モ]也者
申之[ホ][シ][モ]申也
二[ホ][シ][モ]次　以[ホ][シ][モ]已
乃[ホ][シ][モ]濃

諏訪社大祝の妻女忠頼の陣に到り夫の夢想を告ぐ

忠頼野太刀等を妻女に与う

夢告により出陣す

菅冠者を攻め自殺せしむ

諏訪両社に田園を寄進す

神慮により再三寄進状を書き誤る

（31ウ）忠頼之陣、称有可申事、忠頼乍怪、招于」火炉頭謁之、女云、吾者当宮大祝篤光妻也、為夫之使参来、篤光申源家御祈禱、為抽丹誠参籠社頭、既三ケ日不出里亭、爰只今夢想、着梶葉文直垂、駕芦毛馬之勇士一騎、称源氏方人、指西揚鞭畢、是偏大明神之所示給也、何無其恃哉、覚[之]（㋭㋛㋲）後、雖可[令]（㋭㋛㋲）参啓、侍社頭之間、令差進云々、忠頼殊信仰、自取野剣一腰・腹巻一領、与彼妻、依此告、則出陣、襲到于平氏方人菅冠者伊那郡（信濃国）大田切郷之城、冠者聞之、未戦放火於館自殺之間、各陣于根上河原、相議云、去夜有祝夢想、今思、菅冠者滅亡預明神之罰歟、」（32オ）然者、奉寄附田園於両社、追可申事由於前武衛歟者、皆不及異議、召執筆人令書寄進[状]（㋭㋛㋲）、上宮分、当国平出・宮所両郷也、下宮分、龍市一郷也、而筆者誤書加岡仁谷郷、此名字衆人未覚悟、称不可然之由、再三雖令書改、毎度載両郷名字之間、任其旨訖、相尋古老之処、号岡仁谷之所在之者、信義・忠頼等握掌、上下宮不可有勝劣之神

炉頭㋭爐『・頭』㋛爐
頭
宮㋭霊『宮歟』
ケ㋛箇
芦㋭㋛㋲葦
称…指㋭㋛㋲ナシ
差㋭㋛㋲着
云々㋛云云
取㋭㋛㋲求出
剣㋭釼
到于㋭㋛㋲到
議㋭㋛㋲儀
人㋭㋛㋲ナシ
悟称㋭㋛㋲称悟
之由㋭㋛㋲由
岡㋛㋲岳
握㋭摭「拊」㋛㋲拊

信義忠頼諏訪社に帰敬す

慮已炳焉、弥催強盛信、帰敬礼拝、其後於平家［有］[ホ][シ][モ]志之由風聞［之］[ホ][シ][モ]輩者、多以令紕断云々、

炳[ホ][シ][モ]掲　令[ホ][シ][モ]ナシ　云々[シ]云云

頼朝安房国丸御厨を巡見す

丸御厨の由緒

（32ウ）十一日、庚申、武衛巡見安房国丸御厨給、丸五郎信俊為」案内者候御共、当所者御曩祖予州（源頼義）禅門平東夷給之昔、最初朝恩也、左典厩（源義朝）令請廷（源為義）尉禅門御譲給之時、又最初之地也、而為被祈申武衛御昇進事、以御敷地去平治元年六月一日奉寄伊勢太神宮給、果而同廿八日補蔵人給、而今懐旧之余、令莅其所給之処、廿余年往事、更催数行哀涙云々、為御厨之所、必尊神之及恵光給歟、仍無障碍于宿望者、当国中立（新[ホ][シ][モ]）祈御厨、重以可寄附彼神之由、有御願書、所被染御自筆也、云々、

頼朝自筆の願書を書き新御厨の立荘寄進を約す

之時[ホ][シ][モ]時　哀涙[モ]涙哀　云々[シ]云云　之所[シ]之処　碍[ホ][モ]㝵

洲崎宮に神田を寄進す

（33オ）十二日、辛酉、令奉寄神田於洲崎宮給、御寄進状、」今日被送進社頭云々、

云々[シ]云云

頼朝安房国を出で上総国に赴く

広常遅参す

十三日、壬戌、出安房国令赴上総国給、所従之精兵及三百余騎、而広常聚軍士等之間、猶遅参云々、今日千葉介常胤相具子息親類、欲参于

出[ホ][シ][モ]於　云々[シ]云云

常胤胤頼等に命じ下総国目代を襲う

胤頼目代の首を獲る

忠盛の婿藤原親政常胤を襲わんとす

成胤親政を生け捕る

信義等信濃国の凶徒を討ち甲斐国に戻る

時政逸見山に着き頼朝の仰せを示す

頼朝下総国に向かう

常胤子息等を率い国府に参会す

源家、爰東六郎大夫胤頼談父云、当国目代者平家方人也、吾[等]㋭㋛㋲一族悉出境参源家、定可挟凶害、先可誅之歟云々、常胤早行向可追討之旨加下知、仍胤頼幷甥小大郎〔太㋭㋛㋲〕成胤相具郎従等、競襲彼所、目代元自有勢者也、令数十許輩防戦、于時北風頻扇之間、成胤廻僕従等於館後令放（33ウ）火、家屋焼亡、目代為遁火難、已」忘防[戦]㋭㋛㋲、此間胤頼獲其首、

十四日、癸亥、下総国千田庄領家判官代親政（藤原）者、刑部卿忠盛（平）朝臣聟也、平相国（清盛）禅閤通其志之間、聞目代被誅之由、卒〔率㋭㋛㋲〕軍兵欲襲常胤、依之常胤孫子小太郎成胤相戦、遂生虜親政訖、

十五日、甲子、武田太郎信義・一条次郎忠頼以下討得信乃国中凶徒、去夜帰甲斐国、宿于逸見山、而今日北条殿到着其所給、被示仰趣於各〔客㋭㋛㋲〕等云々、

十七日、丙寅、不待広常参入、令向下総国給、千葉介常胤相具子息太（34オ）郎胤正・次郎師常号相馬、・三郎胤盛〔成㋭㋛㋲〕武者、・四郎」〔石㋭㋛㋲〕胤信大須賀、・五郎胤道国分、・

大㋛太

挟㋭㋛挿　凶㋲凶吉　云々㋛云云

成胤㋭㋛㋲成頼

十㋭㋛㋲千

刑㋛形　卿㋭㋛㋲郷

志㋲忠

以㋭㋛㋲已　乃㋭㋛㋲濃

云々㋛云云

常胤四人親政を覧せ駄餉を献ず

六郎大夫胤頼東、・嫡孫小大郎〔太ホシモ〕成胤等参会于下総国府、従軍及三百余騎也、常胤先召覧囚人千田判官代親政、次献駄餉、武衛令招常胤於座右給、須以司馬為父之由被仰云々、常胤相伴一弱冠、進御前云、以之可被用今日御贈物云々、是陸奥六郎義隆男、号毛利冠者頼（源）隆也、着紺村濃鎧直垂、［加］ホシモ小具足、跪常胤之傍、見其気色給、尤可謂源氏之胤子、仍感之、忽請常胤之座上給、父義隆者去平治元年十二月於天台山龍花越（近江国）、奉為［故］ホシモ左典厩弃命、于時頼隆産生之後、僅五十余日也、而被処件縁坐、」永暦元年二月仰常胤配下総国云々、

常胤源頼隆を引き合わす

頼隆父義隆の経歴

（34ウ）

十九日、戊辰、上総権介広常催具当国周東・周西・伊南・伊北・庁南・庁北輩等、卒〔率ホシモ〕二万騎、参上隅田河辺、武衛頗瞋彼遅参、敢以無許容之気、広常潜以如〔為ホシモ〕、当時者卒士皆莫非平相国禅閤之管領、爰武衛為流人輙被挙義兵之間、其形勢無高峻相者、直討取之、可献平家者、仍内雖挿二図之存念、外備帰伏之儀参、然者得此数万合力、可被感悦歟

上総介広常二万騎を率い隅田川に参上す
頼朝広常の遅参を咎む

孫ホ弥『孫歟』
府ホ符
云々シ云云
云々シ云云
鎧ホシモナシ
花ホシモ華
云々シ云云
当モ常
卒士ホシモ率士
莫ホ曾「・無」シモ曾
閤モ閣
形ホ刑
峻ホシモ喚

広常頼朝の人柄を測り和順す

将門秀郷の故事

土屋宗遠使者として甲斐国に向かう

甲斐源氏に黄瀬川への参会の命を伝う

維盛摂政基通より馬を賜る

御厩案主を使者と為す

正盛忠実より馬を賜る古例に倣う

[之]（㋭㋛㋲）由思儲之処、有被咎遅参之気、是殆叶人主之体也、依之忽変害　是㋭㋛色㋲也

（35オ）心、奉和順云々、陸奥鎮守」府前将軍従五位下平朝臣良将男将門虜領　云々㋛云云

東国、企叛逆之昔、藤原秀郷偽称可列門客之由而〔而㋭㋛㋲ナシ〕入彼陣之処、将門喜

悦之余、不肆所梳之髪、即引入烏帽子謁之、秀郷見其軽骨、存可誅罰　罰之㋭㋛㋲罰也

之趣退出、如本意獲其首云々、　云々㋛云云

廿日、己巳、土屋三郎宗遠為御使向甲斐国、安房・上総・下総、以上

三ケ国軍士悉以参向、仍又相具上野・下野・武蔵等国々精兵、至駿河　ケ㋭㋛箇　軍士㋭㋛㋲軍士兵

国、可相待平氏之発向、早以北条殿為先達、可被来向黄瀬河辺之旨、　辺㋭㋛㋲ナシ

可相触武田太郎信義以下源氏等之由云々、」　等㋭㋛㋲ナシ　云々㋛云云

（35ウ）廿二日、辛未、左近小〔少㋭㋛㋲〕将惟盛（平）朝臣為襲源家欲進発東国之間、摂政（藤原基通）家被

遣御馬、御厩案主兵衛志清方為御使、羽林出逢御使、請取御馬云々、　云々㋛云云

去嘉承二年十二月十九日彼高祖父正盛（平）朝臣于時因幡守、奉宣旨、為追討対馬　父㋭㋛㋲ナシ　討㋭㋛㋲罰

守源義親発向之日、参殿下（藤原忠実）申暇、退出之後、被遣御馬於彼家、御使御

時政甲斐源氏石禾御厨に宿す

宗遠より頼朝の仰せを聞き評議す

厩案主兵衛志為貞也、依件古例、今及此儀歟、

廿四日、癸酉、北条殿幷甲斐国源氏等去逸見山来宿于石示〔禾〕(甲斐国)御厨之処、今日子剋宗遠馳着、伝仰之旨、仍武田太郎信義・一条二郎忠頼已下群集、可参会于」(36オ)駿河国之由、各凝評議云々、

頼朝使者を遣わし江戸重長に参向を命ず

廿八日、丁丑、遣御使被召江戸太郎重長、依景親之催、遂石橋合戦、雖有其謂、守令旨可奉相従、重能(畠山)・有重(小山田)折節在京、於武蔵国者当時汝已為棟梁、専被恃思食之上者、催具便宜勇士等、可予参之由云々、

葛西清重に江戸重長追討を命ず

廿九日、戊寅、所奉従之軍兵、当参二万七千余騎也、甲斐国源氏幷常陸・下野・上野等国輩参加之、段〔者仮[ホ][シ][モ]〕令可及五万騎云々、而江戸太郎重長依令与景親、于今不参之間、試昨日雖被遣御書、猶追討可宜之趣有沙汰、被遣中四郎惟重於葛西三郎清重之許、可見」(36ウ)大井(武蔵国)要害之由、偽而令誘引重長、可討追〔進[ホ][シ][モ]〕之旨、所被仰也、江戸・葛西雖為一族、清重依不存貳、如此云々、

佐那田義忠の母に使を送り遺児等を御在所に招き寄す

又被遣専使於佐那田余一義忠母(中村宗平女)之許、是義忠石橋合

示[ホ]示「楽」
剋[モ]刻
宗遠[ホ]宗遠「土屋也」
之[ホ][シ][モ]ナシ
云々[シ]云云
者[ホ][シ][モ]ナシ
云々[シ]云云
二[ホ][シ][モ]已一
輩[ホ][シ][モ]軍
云々[シ]云云
大[ホ][モ]太
云々[シ]云云
余[シ][モ]与

維盛関東に進発す

景親の報を受け日来沙汰有り

新田義重上野国寺尾城に引き籠もり軍兵を集む

足利俊綱源氏方の府中の民屋を焼き払う

駿河国目代遠茂甲斐源氏の襲来に備え興津に陣す

戦時、忽奉命於将殞亡、殊令感給之故也、彼幼息等在遺跡、而景親以
下相模・伊豆両国凶徒等、奉成阿党於源家之余、定挟害心歟之由、賢
慮思食疑之間、為令安全、早可送進于当時御在所（下総国）之由、被仰遣

云々、今日小松少将（平維盛）進発関東、薩摩守忠度（平）・三河守知度（平）等従之云々、

是石橋合戦事、景親八月廿八日飛脚九月二日入洛之間、日来有沙汰、
首途云々、」

（37オ）卅日、己卯、新田大炊助源義重入道法名上西、臨東国未一揆之時、以故陸（源義家）
奥守嫡孫、挟自立志之間、武衛雖遣御書、不能返報、引籠上野国寺尾

城、聚軍兵、又足利太郎俊綱為平家方人焼払同国府中民居、是属源家
輩令居住之故也、

十月小

一日、庚辰、甲斐国源氏等相具精兵競来之由、風聞于駿河国、仍当国

以㋭㋛㋲已
等㋭㋛㋲輩
奉成㋭㋛㋲成
挟㋭㋛㋲挿
云々㋛云云
三㋭㋛㋲参
洛㋛落
挟㋭㋛㋲挿

頼朝の舎弟全成醍醐寺より下向し鷺沼の旅館に到着す

頼朝武蔵国に赴く

豊島葛西足立等参向す

頼朝の乳母寒河尼子息を連れて隅田宿に参上す

子息を召し出し首服を加え烏帽子を授く

常胤子息等を上総国に遣わし伊北常仲を追討す

日代橘遠茂催遠江・駿河[両](ホシモ)国之軍士、儲于興津(駿河国)之辺云々、於石橋合

(37ウ)戦之時令分散之輩今日多以参向于武衛(源頼朝)鷺沼(下総国)御旅館、又醍醐」禅師全成

同有光儀、被下令旨之由於京都伝聞之、潜於本寺〔出(ホ)(シ)(モ)〕、以修行之体下向之

由被申之、武衛泣令感其志給云々、

二日、辛巳、武衛相乗于常胤(千葉)・広常(上総介)等之舟楫、済太井・隅田両河、精

兵及三万余騎、赴武蔵国、豊島権守清元・葛西三郎清重等最前参上、

又足立右馬允遠元兼日依受命、為御使参向〔迎(ホ)(シ)(モ)〕云々、今日武衛御乳母子〔故

(ホ)(シ)(モ)〕八田武者宗綱息女小山下野大掾政〔光(ホ)(シ)(モ)〕元妻、号寒河尼、相具鐘愛末子、参向隅田宿、則召御

前、令談往事給、以彼子息可令致昵近奉公之由望申、仍召出之、自加

(38オ)首服給、取御烏」帽子授之給、号小山七郎宗朝後改朝光、今年十四歳也

云々、

○(ホ)(シ)(モ)は改行して「今日」以下を記す。

三日、壬午、千葉介常胤含厳命遣子息・郎従等於上総国、追討伊北庄

云々(シ)云云

云々(シ)云云

元(ホ)(シ)(モ)光

云々(シ)云云
母(ホ)(シ)(モ)女

掾(ホ)様(シ)烝(モ)極
寒(ホ)(シ)(モ)塞

也(シ)(モ)ナシ

云々(シ)云云

司常仲、伊南新介常景男、伴類[悉](ホシモ)獲之、千葉小太郎胤正専竭功勲〔勲功ホシモ〕、彼常仲依　南ホシモ西　彼モナシ

為長佐(常伴)六郎外甥、所被誅之〔也ホシモ〕云々、　云々シ云云

重忠重頼重長等参上す

四日、癸未、畠山次郎重忠参会長井渡、河越太郎重頼・江戸太郎重長

頼朝三浦一族に憤りを収めるように命ず

又参上、〔此ホシモ〕類輩討三浦介義明者也、而義澄(三浦)以下子息・門葉多以候御共励

武功、重長等者雖奉射源家、不被抽賞有勢之輩者、綺〔綷ホシモ〕難成歟、存忠直

(38ウ)

者更不可[貽](ホシモ)憤之旨、兼以被仰含于三浦一」党、彼等申無異心之趣、

秩父党三浦党合眼列座す

仍各相互合眼、列座者也、　互モ牙

江戸重長に武蔵国諸雑事の沙汰を命ず

五日、甲申、武蔵国諸雑事等、仰在庁官人幷諸郡司等、可令致沙汰之

旨、所被仰付江戸太郎重長也、　旨ホシモ間　太モ大

頼朝相模国に着く

六日、乙酉、着御于相模国、畠山次郎重忠為先陣、千葉介常胤候御

民屋を宿館と定む

後、凡扈従軍士不知幾千万、楚忽之間、未及営作沙汰、以民屋被定御

宿館云々、

鶴岡八幡宮を遥拝し義朝の亀谷旧跡に監臨す

七日、丙戌、先奉遥拝鶴岡八幡宮給、次鑑覧〔監ホシモ〕『ゝ』臨故(源義朝)左典廐之亀谷御旧跡　鶴岡ホシモ鶴岳　跡モ迹

給、即点当所、可被建御亭之由、雖有其沙汰、地形非広、又岡崎四郎
義実為奉訪彼没後、建一梵宇、仍被停其儀云々、」

足立遠元の郡郷領掌を認む

(39オ)
八日、丁亥、足立右馬允遠元日来有労之上、応最前召、参上之間、領
掌邦〔郡[ホ][シ][モ]〕郷事不可有違失之旨、被仰云々、

御亭の作事を始む

兼道の山内宅を移築す

九日、戊子、為大庭平太景義奉行被始御亭作事、但依難致合期沙汰、
暫点知家事兼道、山内宅、被移建之、此屋、正暦年中建立之後、未遇
回禄之災、晴明〔安倍〕朝臣押鎮宅之符之故也、

御台所鎌倉に入御す

十一日、庚寅、卯剋御台所〔北条時政女〕入御鎌倉、景義奉迎之、去夜自伊豆国阿岐
戸郷、雖令到着給、依日次不宜、止宿稲瀬河辺民居給云々、又走湯山

良暹参着す

住侶専光房良暹依兼日御契約参着、是武衛年来御師檀也、」

鶴岡八幡宮を小林郷の北山に遷す

良暹を別当職に補し景義に宮寺の執行を命ず

(39ウ)
十二日、辛卯、快晴、寅剋為崇祖宗、点小林郷之北山、構宮廟、被奉
遷鶴岡宮於此所、以専光房暫為別当職、令景義執行宮寺事、武衛此間
潔斎給、当宮御在所、本新両所用捨、賢愚〔慮 猶[ホ][シ][モ]〕従危之間、任神鑒、於宝前

岡崎[シ][モ]岳崎
四郎[ホ][シ][モ]平四郎
云々[シ]云云
来[ホ][シ][モ]者
云々[シ]云云
兼道[ホ]兼丨〈道〉[シ][モ]（大書）
建之此[ホ]建立之比[モ]
建立之此
災[ホ][シ][モ]（大書）
鎮宅之[ホ][シ][モ]宅鎮
符[ホ]府「符」[シ][モ]府
卯剋[モ]卯刻
宜[モ]宣
云々[シ]云云
房[ホ][シ][モ]坊
寅剋[モ]寅刻
岡[シ][モ]岳
房[ホ][シ][モ]坊
斎[ホ][シ][モ]斉
危[ホ][シ][モ]危経

鶴岡八幡宮の由緒

自令取探鬮給、治定当砌訖、然而未及花構之飾、先作茅茨之営、本社者後冷泉院御宇、伊与守源朝臣頼義奉勅定、征伐安倍貞任之時、有丹祈之旨、康平六年秋八月潜勧請石清水、建瑞籬於当国由比郷、今号下若宮、永保元年二月陸奥守同朝臣義家加修復、今又奉遷小林郷、致蘋蘩礼奠云々、」

鬮㋭㋛㋲ナシ　当砌㋲砌当　未㋛来　飾㋭㋛㋲餝　茨㋭㋛㋲芝　勧㋭動　号㋭㋛㋲号之　云々㋛云云

義仲信濃国を出で上野国に入る

（40オ）十三日、壬辰、木曾冠者義仲（源）尋亡父義賢主之芳躅、出信乃国、入上野国、仍住人等漸和順之間、為俊綱（足利）雖煩民間、不可成恐怖思之由、加下知云々、

乃㋭㋛㋲濃　俊綱㋭俊綱「足利太郎也」

甲斐源氏北条父子駿河国に赴く

又甲斐国源氏幷北条殿（時政・義時）父子赴駿河[国]㋭㋛㋲、今日暮兮止宿大石駅云々、

云々㋛云云　兮㋭号「兮」㋛㋲号

駿河国目代襲来の告げにより富士野に向かう

戌剋駿河目代以長田入道（忠致）之計廻富士野襲来之由有先之告〔其告㋭㋛㋲〕、仍相逢途中、可遂合戦之[旨]㋭㋛㋲群議、

云々㋛云云　剋㋲刻

甲斐源氏富士北麓に向かう

武田太郎信義・次郎忠頼（一条）・三郎兼頼（板垣兼信）・兵衛尉有義（武田）・安田三郎義定・逸見冠者光長・河内五郎義長・伊沢五郎信光等越富士[北]㋭㋛㋲麓若彦路、

群㋭×郡「群歟」

光員等甲斐国より駿河国に到る

爰加藤太光員・同藤次景廉、石橋合戦以（40ウ）後、逃去于甲斐国方、而今相具此人々、至」駿州云々、

至㋭㋛㋲到　云々㋛云云

甲斐源氏駿河国目代と鉢田辺に於て合戦す

遠茂の首を富士野に梟す

頼朝初めて鎌倉亭に入御す

鶴岡八幡宮に於て長日勤行を始む

相模国桑原郷を供料所として寄進す

頼朝駿河国に進発す

維盛駿河国手越駅に着く

頼朝相模国府六所宮に到る

早河荘を箱根権現に寄進す

十四日、癸巳、午剋武田・安田人々経神野幷春田路、到鉢田辺、駿河目代卒〔率㋭㋛㋲〕多勢、赴甲州之処、不意相逢于此所、境連山峰、道峙盤〔磐㋭㋛㋲〕石之間、不得進於前、不得退於後、然而信光主相具景廉等、進先登、兵法励力攻戦、遠茂暫時雖廻防禦之構、遂長田入道子息二人梟首、遠茂為[囚]㋭㋛㋲人、従軍舍〔夭㋭㋛㋲〕寿、被疵者不知其員、列後之輩不能発箭、悉以逃亡、酉剋梟彼頸於富士野傍伊提之辺云々、

(41オ)

十五日、甲午、武衛始入御鎌倉御亭、此間為景義」奉行所令修理也、

十六日、乙未、為武衛御願於鶴岡若宮被始長日勤行、所謂法華・仁王・最勝王等鎮護国家三部妙典、其外大般若経・観音経・薬師経・寿命経等也、供僧奉仕之、[以]㋭㋛㋲相模国桑原郷為御供料所、又今日[令]㋭㋛㋲進発駿河国給、平氏大将軍小松少将惟盛朝臣卒〔率㋭㋛㋲〕数万騎、去十三日到着駿河国手越駅之由、依有其告也、今夜到于相模国府六所宮給、於此所被奉寄当国早河庄於筥根権現、其御下文相副御自筆御消息、差雑色鶴太

剋㋲刻

不㋲子 于㋭㋛〈爾〉㋲爾 峰㋛峯

然㋭㋛㋲ナシ

箭㋭㋛㋲矢

剋㋲刻 云々㋛云云

岡㋛㋲岳

部㋛郎 観音㋭㋛㋲観世音

到着㋭㋛㋲到着于

到于㋭㋛㋲至于 府㋭符 給㋭㋛㋲ナシ

太㋲大

源頼朝寄進状

波多野義常自殺す
子息有常殃いを逃る
義常父義通の経歴

(41ウ)郎、被遣別当行実之許、御書之趣、在知〔存忠節㋭㋛㋲〕之由、前々知食之間、敢」無
疎簡之儀、殊以可凝丹祈之由也、御下文云、

奉寄

筥根権現御神領事、

相模国早河本庄

於筥根別当沙汰、早可被知行也、

右、件御庄者、為前兵衛佐源頼朝沙汰、所寄進也、全以不可有其
妨、仍為後日沙汰、註文書、以申、

治承四年十月十六日

○㋭㋛㋲は「奉寄」と「白(筥)根権現御神領事」を一行に記す。

十七日、丙申、為誅波多野右馬允義常、被遣軍士之処、義常聞此事、
(42オ)彼討手下河辺庄司行平等」未到以前、於松田郷(相模国)自殺、子息有常者在景
義之許、遁此殃、義常姨母者中宮大夫進朝長(源)、母儀、典膳大夫久経(中原)為子、仍父義通

敢㋭取「敢」㋛㋲取
筥㋭白『筥歟』
筥㋭白「筥」㋛㋲白
件御庄㋭㋛㋲件於御庄
為前兵衛佐㋭㋛㋲前兵衛佐為
朝㋭㋲—
註㋭㋛㋲注
典膳㋭典「・膳」㋛㋲典
経㋛㋲経膳

就妹公之好、始候左典厩之処、有不和之儀、去保元三年春之比、俄辞
洛陽、居住波多野郷（相模国）云「々」[ホ][モ]、
十八日、丁酉、大庭三郎景親為加平家之陣、伴一千騎、欲発向之処、
前武衛引卒〔率[ホ][シ][モ]〕二十万騎精兵、越足柄給之間、景親失前途、逃去于河村山（相模国）
云々、今日伊豆山専当捧衆徒状馳参路次、兵革之間、軍兵等以当山結
縁〔界[ホ][シ][モ]〕之地為往反路之間、狼藉不可断絶歟、為之如何々々〔云[ホ][シ]〕、仍可停止諸人
（42ウ）濫吹之旨、下御書被宥」仰、其状云、
謹請　走湯山大衆解状旨
早可令『ゝゝ』停止彼山狼藉等可令喜悦御祈禱次第事、
右、所致祈念、法力已以令成就畢、是無他念、偏仰権現御利生旨
也、不可致狼藉事、彼山、是新皇（以仁王）幷兵衛佐殿御祈禱所也、仍乱悪之
輩不可乱入、故所仰下知如件、
治承四年十月十八日

景親河村山に逃げる

伊豆山専当衆徒の解状を捧げ武士の狼藉停止を訴う

頼朝濫妨停止を命ず

源頼朝下知状

和[シ]慮[モ]アキ
云々[シ]云云
伴[ホ][シ][モ]件
引[ホ][シ][モ]ナシ
之間[ホ][シ][モ]間
失[ホ]先「失」[シ][モ]先
去[ホ][シ][モ]亡
云々[シ]云云
止[ホ][シ][モ]ナシ
可令[ホ][シ][モ]令
是[モ]足

頼朝黄瀬川に着く
甲斐信濃源氏時政参会す
頼朝駿河国目代の伴党を覧る
合戦報告を聞く
勲功賞を仰す
荻野俊重曾我祐信参上す
実平宗遠盃酒を献ず
時政以下に馬等を給う
松田亭の修理を中村宗平に命ず

及晩着御黄瀬河、以来廿四日被定箭合之期、爰甲斐・信乃源氏幷北条殿相卒（率[ホ][シ][モ]）二万騎、任兼日芳約、」（43オ）被参会于此所、武衛謁給、各先依篤光夢想及菅冠者等事、奉附其所於諏方上下社事、面々申之、寄進事、尤叶御素意之由、殊被感仰之、[次]（[ホ][シ][モ]）与駿河目代合戦事、其伴党生虜十八人召覧之、又同時合戦之際、加藤太光員討取目代遠茂、生虜郎等一人、藤次景廉討同郎等二人、[生]（[ホ][シ][モ]）虜一人[之]（[ホ][シ][モ]）由申之、工藤庄司景光於波志太山、与景久（保野）攻戦、竭忠節之旨言上、皆被仰可行賞之趣、于時令与景親奉射源家之輩、後悔銷魂云々、仍荻野五郎俊重・曾我太郎祐信等束（43ウ）手参上云々、入夜実平（土肥）・宗遠（土屋）等献盃酒、[此間]（[ホ][シ][モ]）北条殿」父子已下伊豆・相模人々各賜御馬・御直垂等、其後、以実平為御使可修理松田御亭故中宮大夫進旧宅、之由、被仰中村庄司宗平云々、

○[ホ][シ][モ]は改行して「今日伊豆山」以下を記す。諸本「右、所致」以下を行頭に揃えるが、内容により一字下げた。

乃[ホ][シ][モ]濃　幷[シ]（小書）
此所[シ]此処
之際[ホ][シ][モ]間　生虜郎等[ホ][シ][モ]郎等生虜
志[ホ][シ][モ]ナシ
射[ホ]付「射」[モ]付

天野遠景伊東祐親を生け捕り黄瀬川の旅亭に相具す

祐親の身柄を婿義澄に預く

子息祐泰身の暇を賜り上洛す

加々美長清京都より参着し下向の次第を頼朝に語る

十九日、戊戌、伊東次郎祐親法師為属小松羽林浮船於伊豆国鯉名泊、
擬廻海上之間、天野藤内遠景窃得之、令生虜、今日相具参黄瀬河御旅
亭、而祐親法師聟三浦次郎義澄参御前、申預之、罪名落居之程、[被]㋭㋛
㋲仰召預于義澄之由、先年之比、祐親法師欲奉度武衛之時、祐親二男九
郎祐泰依告申之、[令]㋭㋛㋲遁其難給歟、〔訖㋭㋛㋲〕優其功可有勧賞之由、召行之処、
(44オ)
祐泰申云、「父已為御怨敵為囚人、其子争蒙賞乎、早可申身暇者、為
加平氏上洛云々、世以美談之、其後、加々美次郎長清参着、去八月上
旬出京、於路次発病之間、一両月休息美濃国神地辺、去月相扶、先下
着甲斐国之処、一族皆参之由承之、則揚鞭、兄秋山太郎(光朝)者猶在京之旨
申之、此間兄弟共属知盛(平)卿、在京都、而八月以後、頻有関東下向之
志、仍寄事於老母病痾、雖申身暇、不許、爰高橋判官盛綱為鷹装束招
請之次、談話世上雑事、得其便、愁不被許下向事、盛綱聞之、向持仏
(44ウ)
堂之方合手、殆慚[愧]㋭㋛㋲云、「当家之運因斯時」者歟、於源氏人々者、家

東㋭×豆「東」
窃㋭㋛㋲窺
参㋭㋛㋲参上
泰依㋛親依
勧㋭勤
卿㋛㋲郷
志㋭㋛㋲者

頼朝駿河国賀島に到る

維盛等富士川西岸に陣す

平家軍水鳥の羽音に驚く

忠清等の勧めにより平家軍帰洛す

飯田家義父子平家を追走す

家義子息伊藤武者次郎に討取らる

家義伊藤を討取る

頼朝維盛追撃を士卒に命ず

礼猶可被怖畏、剰亦如抑留下国事、頗似服仕家人、則称可送短札、献状於彼卿云、加々美下向事、早可被仰左右[歟]㋭㋛㋲云々、卿翻盛綱状裏有返報、其詞云、加々美甲州下向事、被聞食候歟〔訖㋭㋛㋲〕、但兵革連続之時、遠向尤背御本懐、亦〔忩㋭㋲〕可帰洛之由、可令相触給之趣所候也云々、

廿日、己亥、武衛令到駿河国賀島給、又左少將惟盛・薩摩守忠度（平）・参河守知度（平）等陣于富士河西岸、〔而㋭㋛㋲ナシ〕而及半更武田太郎信義廻兵略、潜襲件（45オ）陣後面之処、[所]㋭㋛㋲集于富士沼之水鳥等群立、其羽音偏成軍勢」之粧、依之平氏等驚騒、爰上総介忠清（藤原）等相談云、東国之士卒悉属前武衛、吾等懃出洛陽、於途中已難遁囲、速令帰洛、可構謀於外云々、羽林以下任其詞、不待天曙、俄以（×似）帰洛畢、于時飯田五郎家義・同子息太郎等渡河追奔平氏従軍之間、伊勢国住人伊藤武者次郎（景綱の男）返合相戦、飯田太郎忽被討取、家義又討伊藤云々、印東次郎常義者於鮫島被誅云々、

廿一日、庚子、為追攻小松羽林被命可上洛之由於士卒等、而常胤・義

彼卿㋭彼卿「知盛」㋛㋲彼郷　卿翻㋛郷翻　裏㋲裡

報㋭㋛㋲ナシ

亦㋛急

上総㋭㋛㋲次将上総　之士卒㋭㋛㋲士率

途中㋭㋛㋲中途　囲㋭圍　云々㋛云云　以下㋭㋛㋲已下

五郎㋭㋛㋲太郎

追㋲進

討取㋭㋛㋲射取　藤云々㋛藤云云　誅云々㋛誅云云

之㋭㋛ナシ㋲アキ　卒㋭㋛㋲率

常胤等頼朝を諌め佐竹討伐を進言す

（45ウ）澄・広常等諌申云、常陸国佐竹太郎」義政幷同冠者秀義等、乍相卒〔率㋭㋛〕数
百㋲軍兵、未帰伏、就中秀義父四郎隆義、当時従平家在京、其外驕者猶
多境内、然者先平東夷之後、可至関西云々、依之令還宿黄瀬河給、以

頼朝黄瀬川宿に帰る

守護のため義定を遠江国に信義を駿河国に遣わす

安田三郎義定為守護遠江国被差遣、以武田太郎信義所被置駿河国也、

義経頼朝の宿所を訪ぬ

今日弱冠一人彳御旅宿之砌、称可奉謁鎌倉殿之由、実平・宗遠・義実
等怪之、不能執啓、移刻之処、武衛自令聞此事給、思年齢之程、奥州

頼朝義経に対面す

九郎歟、早可有御対面者、仍実平請彼人、果而義経（源）［主］㋭㋛㋲也、即参進御
（46オ）前、互談往事、催懐旧之涙、就中白河院御宇永」保三年九月曾祖陸奥

義家義光兄弟の故事を引く

守源朝臣義家〔義家㋭㋛㋲小書〕於奥州与将軍三郎武者〔衡㋭㋛㋲〕（清原）・同四郎家衡（清原）等遂合戦、于時左兵
衛尉義光（源）候京都、伝聞此事、辞朝廷警衛之当官、解置弦袋於殿上、潜
下向奥州、加于兄軍陣之後、忽被亡敵訖、今来臨尤協彼佳例之由、被
感仰云々、此主者、去平治二年［正月］㋭㋛㋲」、於襁褓之内、逢父（源義朝）喪之後、依

義経の経歴

継父一条大蔵卿長成（藤原）〔長成㋭㋛㋲小書〕之扶持、為出家登山鞍馬〔鞍馬㋭㋛㋲小書〕（×鞍馬）、至成人［之］㋭㋛㋲時、頻催会

幷㋛（小書）
軍兵未㋭輩兵「・武」衛㋛㋲輩兵衛
彳㋭㋛㋲ナシ　宿㋭㋛㋲館
刻㋭㋛剋
喪㋭虐「喪」㋲虐
卿㋛郷

稽之思、手自加首服、恃（藤原）秀衡之猛勢、下向于奥州、歴多年也、而今伝
聞武衛被遂宿望之由、欲進発之処、秀衡強抑留之間、密々遁出彼館首
（46ウ）途、秀衡」失愓惜之術、追而奉付（佐藤）継信・（佐藤）忠信兄弟之勇士云々、秉燭之
程、御湯殿、令詣三島社給、御祈願已成就、偏依明神冥助之由、御信
仰之余、点当国内、奉寄神領給、則於宝前令書御寄進状給、其詞云、

頼朝三島社に参詣す
宝前に於て寄進状を書く
源頼朝寄進状

伊豆国御園、河原谷・長崎、
可早奉免敷地三島大明神、
右、件御園者、為御祈禱安堵公平、所寄進如件、
治承四年十月廿一日
源朝臣

家義伊藤武者次郎の首を持参す
神事を憚りし家義の配慮勲功を讃う

（47オ）廿二日、辛丑、飯田五郎家義持参平氏家人伊藤武者」次郎首、申合戦
次第幷子息太郎討死之由、昨日依御神拝事、故不参之由云々、武衛被
感仰家義云、本朝無双之勇士也、於石橋乍相伴景親、戦景親奉遁歟、（訖[ホ][シ]）

之処[ホ][シ][モ]処
抑留[モ]仰留
密[シ]蜜
件御[ホ][シ][モ]件郷
義[ホ][シ][モ]能
幷[シ]（小書）
死之由[ホ][シ][モ]死由
義[ホ][シ][モ]能
双之[ホ][シ][モ]双
景親[ホ]景親「大庭三郎」

相模国府に着き初めて勲功賞を行う

時政以下を本領に安堵し新恩を給す

義澄を三浦介と為し行平を下河辺荘司と為す

景義の身柄を広常に預く

河村義秀等敗将の所領を収公し身柄を諸御家人に預く

頼朝松田亭に入御す

今(モ)又竭此勲功、末代不可有如此類者、諸人無異心云々、　　云々㋛云云

廿三日、壬寅、着于相模国府給、始被行勲功賞、北条殿及信義・義　　府㋭符
定・常胤・義澄・広常・義盛(和田)・実平・盛長(安達)・宗遠・義実・親光(狩野)・定(佐々木)
綱・経高(佐々木)・盛綱(佐々木)・高綱(佐々木)・景光・遠景・景義・祐茂(宇佐美)・行房(市河)・景員(加藤)入道・
実政(大見)・家秀(大見)・家義以下、或安堵本領、或令浴新恩、亦義澄為三浦介、　　浴㋲治
(47ウ)
行平如元可為下河辺庄司之由被仰云々、大庭三郎景親遂以[為](ホシモ)降
[人](ホシモ)参此所、即被召預上総権介広常、長尾新五郎(郎ホシモナシ)為家(宗ホシモ)召預岡崎四郎義　　岡㋛㋲岳
実、同新六定景被召預義澄、河村三郎義秀被収公河村郷(相模国)、被預景義、
又瀧口三郎経俊(山内)召放山内庄(相模国)、被召預実平、此外石橋合戦余党雖有数
輩、及刑法之者僅十之一歟云々、　　者㋭㋛㋲ナシ　云々㋛云云

○㋭㋛は人名部分を六段組で記す。

廿五日、甲辰、入御松田御亭(相模国)、此所中村庄司奉仰、[日来](ホシモ)所加修理
也、侍廿五箇間萱葺屋也云々、　　箇㋭㋲ケ

景義に義秀の斬罪を命ず

廿六日、乙巳、大庭平太景義囚人河村三郎義秀可行斬罪之由被仰含

之ホシモナシ

景親を固瀬川に於て処刑す

景久密かに上洛す

（48オ）云々、今日於固瀬河辺景親梟首、弟」五郎景久者、志猶在平家之間、

於モ猶

潜上洛云々、

云々シ云云

佐竹秀義追討のため常陸国に進発す

廿七日、丙午、進発常陸国給、是為追討佐竹冠者秀義也、今日為御衰

日之由、人々雖傾申、去四月廿七日令旨到着、仍領掌東国給之間、不

傾シ預モ願
廿ホ×十「廿」シモ十

可及日次沙汰、於此事者、可被用廿七日云々、

此ホシモ如此
云々シ云云

十一月大

維盛以下帰洛す

二日、庚戌、今日小松少将惟（平）盛朝臣以下平将無功而入洛［云々ホシモ］、

二シモ一
而ホシモナシ

頼朝常陸国府に着く

四日、壬子、武（源頼朝）衛着常陸国府給、佐竹者権威及境外、郎従満国中、然

府ホ符

常胤等の宿老佐竹討伐を群議す

者莫楚忽之儀、熟有計策、可被加誅罰之由、常（千葉）胤・広（上総介）常・義（三浦）澄・実（土肥）平

広常を佐竹の許に遣わす

（48ウ）以下宿老之類」凝群議、先日度彼［為ホシモ］輩之存案、以縁者遣上総権介広常、

以下ホシモ已下
議ホシモ儀

義政参上を約す

被案内之処、太郎義（佐竹）政者申即可参之由、冠者秀（佐竹）義者、其従兵軼於義

太モ大
軼ホ軼「軽」

秀義金砂城に引き籠もる

政、亦父四郎隆義〔佐竹〕在平家方、旁有思慮、無左右[称]〔ホシモ〕不可参上、引込常陸国金砂城、

義政広常の誘引により大矢橋辺に参る

然而義政者依広常誘引、参于大矢橋辺之間、

頼朝広常に命じて義政を誅す

武衛退件家人等於外、招其主一人於橋中央矢、令広常誅之、令太速也〔令ホシモナシ〕、従軍或傾首帰伏、或戦足逃走、

行平等秀義を攻む

其後為攻撃秀義被遣軍兵、所謂下河辺庄司行平・同四郎政義・土肥次郎実平・和田太郎義盛・土屋三郎宗遠・佐々木太郎定綱・同三郎盛綱・熊谷次郎」直実・平山武者所季重以下輩也、（49オ）相卒〔率ホシモ〕数千強兵競至、

秀義金砂城の防備を固む

佐竹冠者於金砂築城壁、固要害、兼以備防戦之儀、敢不揺心、動干戈、発矢石、

頼朝軍苦戦す

彼城郭者構高嶺也、御方軍兵者進於麓渓谷、故両方在所已如天地、然間自城飛来矢石中御方壮士、自御方所射之矢者、大難〔太ホシモ〕覃于山岳之上、又岩石塞路、人馬共失行歩、因茲軍士徒費心府、迷兵法、雖然、不能退去、憖以挟箭相窺之[間]〔ホシモ〕、日既入西、月又出東云々、

実平等使者を遣わし頼朝に戦況を告ぐ

五日、癸丑、寅剋実平・宗遠等進使者於武衛、申云、佐竹所構之塞非

隆(ホ)(シ)(モ)澄　有(ホ)(シ)(モ)在　込常陸国(ホ)(シ)(モ)込于当国　矢(ホ)(シ)(モ)ナシ　足逃走(ホ)(シ)(モ)之逃是　至(ホ)(シ)(モ)望　干(シ)(モ)于　嶺(ホ)(シ)(モ)山頂　石(ホ)(シ)(モ)多以　岩(ホ)巌　挟(モ)狹　云々(シ)云云　剋(モ)刻

（49ウ）人力之可敗、其内所籠之兵者、又莫不一」以当千、能可被廻賢慮者、依之及被召老軍等之意見、広常申云、秀義叔父有佐竹蔵人者、智謀勝人、欲心越世也、可被行賞之旨有恩約者、定加秀義滅亡之計歟者、依之許容其儀、然則被遣広常於侍中之許、侍中喜広常之来臨、倒衣相逢之、広常云、近日東国之親疎、莫不奉帰往于武衛、而秀義主独為怨敵、太無所拠事也、雖骨肉、客何令与彼不義哉、早参武衛、討取秀義、可令領掌件遺跡者、侍中忽和順、本自[為]㋭㋛㋲案内者之間、相具広常、廻金砂城之後、作時声、其音殆響城郭、是所不図也、仍秀義及郎（50オ）従等忘」防禦之術、周章横行、広常弥得力攻戦之間、逃亡云々、秀義暗跡[云々]㋭㋲、

六日、甲寅、[丑剋]㋭㋛㋲広常入秀義逃亡之跡、焼払城壁、其後分遣軍兵等於方々道路捜求秀義主之処、入深山、赴奥州花園城之由風聞云々、

七日、乙卯、広常以下士卒帰参御[旅]㋭㋛㋲館、申合戦次第及秀義逐電、城

宿老を召し意見を聴取す広常佐竹義弘の誘引を提案す

頼朝広常を義弘の許に遣わす

義弘和順す

義弘等金砂城の後ろに廻り鬨の声を作る秀義周章し逃亡す

広常城壁を焼き払い秀義を捜索す

広常等帰参し合戦の次第等を報ず

可敗㋭㋛㋲敗

蔵人者㋭㋲蔵人々々者㋛蔵人蔵人者

有㋭㋛㋲ナシ　依之㋭㋛㋲依令

然㋭㋛㋲給

怨㋭㋛㋲仇

客㋭客「容」

声㋭㋛㋲音　音㋭㋛㋲声　仍㋭㋛㋲ナシ　云々秀義暗跡㋭×云×々秀義暗跡云々㋛云云秀義暗跡云云㋲云々秀義暗跡云々

剋㋲刻

云々㋛云云

卒㋭㋛㋲率

熊谷直実平山季重勲功を賞せらる

義弘の祇候を許す

義広行家常陸国府に参り頼朝に謁す

秀義所領を軍士の勲功賞に充つ

佐竹の家人を生け捕り庭中に召し出す

頼朝この男に落涙の理由等を問う

岩瀬与一太郎頼朝の一族討伐を非難し合力を勧む

郭放火等事、軍兵之中、熊谷次郎直実・平山武者所季重殊有勲功、於所々進先登、更不顧身命、多獲凶徒首、仍其賞可抽傍輩之旨、直被仰(50ウ)下云々、又佐竹蔵人参上、可候門下之由望申、即令許容給、有」功之故也、今日志太三郎先生義広・十郎蔵人行家(源)等参国府謁申[云々][ホ][シ][モ]、

八日、丙辰、被収公秀義領所常陸国奥七郎(郡[ホ][シ][モ])并太田・糟田・[酒][ホ][シ][モ]出等所々被充行軍士之勲功(賞[ホ][シ][モ])党云々、又所逃亡之佐竹家人十許輩出来之由風聞之間、令広常・義盛生虜、皆被召出庭中、若可挟害心之族在其中者(否[ホ][シ][モ])、覧其顔色、可度給之処、着紺直垂上下之男、頻垂面落涙之間、令問由緒給、依思故佐竹事、継頸無所拠之由申云々(之[ホ][シ][モ])、仰云、有所存者、彼誅伏之刻、何不棄命畢者(乎[ホ][シ][モ])、申云、彼時者、家人等不参其橋上、只主(51オ)人一身被召出、梟首之間、」存後日事逐電、而今参上、雖非精兵之本意、相構伺拝謁之次、有可申事故也云々、重尋其旨給、申云、[閣][ホ][シ][モ]平家追討之計、被亡御一族之条、太不可也、於国敵者天下勇士可奉合一

先登[ホ][モ]先登々々[シ]先登先登

府[ホ]符

并[シ]（小書）

挟[ホ][シ][モ]挿

可度[ホ][シ][モ]令度

仰云[ホ][シ][モ]仰曰

申云[ホ][シ][モ]答申云

橋上[ホ][シ][モ]橋之上

揆之力、而被誅無誤一門者、御身之上讎敵、仰誰人可被対治哉、将又御子孫守護可為何人哉、此事能可被廻御案、如当時者、諸人只成怖畏、不可有真実帰往之志、定亦可被貽誹於後代者歟云々、無被仰之旨令入給、広常申云、件男存謀反之条無其疑、早可被誅之由云々、被仰宥不可然之旨云々、剰列御家人、兮〔号ホシモ〕岩瀬与一太郎是也、今日武衛赴鎌倉給、」(51ウ)以便路入御小栗十郎重成小栗〔常陸国〕ホシモ[御]厨八田館云々、

十日、戊午、以武蔵国丸子庄賜葛西三郎清重、今夜御止宿彼宅、清重令妻女備御膳、但不申其実、為入御結構、自他所招青女之由言上云々、

十二日、庚申、到武蔵国、荻野五郎俊重被斬罪、ホシモ[日]者候御共、雖似有其功、石橋合戦之時、令同道景親〔意ホシモ〕(大庭)、殊現無道之間、今不被糺先非者、依難懲後輩、如此云々、

十四日、壬戌、土肥二郎実平向武蔵国内寺社、是諸人乱入清浄地、致

広常誅罰を求むるも与一太郎を赦し御家人と為す

頼朝鎌倉への帰路重成の八田館に入御す

武蔵国丸子荘を葛西清重に給う

頼朝清重宅に宿す

頼朝武蔵国に到る

荻野俊重を斬罪に処す

実平を武蔵国の寺社に遣わし境内での狼藉停止を命ず

仰宥不…旨云々ホシ
モ仰不…旨被宥之

剰ホ刻「剰」シモ刻
是也ホシモ是也云々

云々シナシ

入御ホシモ御
結ホシモ給

輩ホ×奉「輩」シモ奉
云々シ云云

二ホシモ次

狼藉之由依有訴、可令停止之旨、加下知之故也、」

武蔵国威光寺領の税を免除す

(52オ)十五日、癸亥、武蔵国威光寺者、依為源家数代御祈禱所、院主僧増円相承之、僧坊・寺領如元被奉免云々、

僧増[ホ][シ][モ]僧々
免[ホ][シ][モ]免之
云々[シ]云云

頼朝鎌倉に帰り着く
曾我祐信を厚免す
義盛を侍所別当に補す

十七日、乙丑、令還着鎌倉給、今日曾我太郎祐信蒙厚免、又和田小太郎義盛補侍所別当、是去八月石橋合戦之後、令赴安房国給之時、御安否未定之処、義盛望申此職之間、有御許諾、仍今闍上首被仰云々、

云々[シ]云云

武蔵国威光寺を弟全成に与え祈禱を命ず

十九日、丁卯、武蔵国長尾寺者武衛被奉避弟禅師全成、仍今日令安堵本坊、任例可抽祈禱忠之由、為被仰付、召出住侶等、所謂慈教房増円・慈音房観海・法乗房弁朗等也、」

弟[ホ][シ][モ]舎弟
教房[ホ][シ][モ]教坊
増[ホ]憎『僧歟』[シ][モ]僧
音房[ホ][シ][モ]音坊
乗房[ホ][シ][モ]乗坊

景義義常子息の厚免を請う
義常遺領松田郷を景義に給う

(52ウ)廿日、戊辰、大庭平太景義相具右馬允義常(波多野)之子息参上、望厚免、是景義之外甥也、仍暫被仰可預置之由、義常遺領之内松田郷(相模国)、景義拝領云々、

云々[シ]云云

廿六日、甲戌、山内瀧口三郎経俊可被処斬罪之由、内々有其沙汰、彼

山内経俊の母尼参上し経俊の赦免を請う

頼朝山内尼に石橋合戦着用の鎧を見す

鎧の袖に立つ経俊の矢の銘を読み聞かす

尼涙を流して退出す

頼朝老母に免じて経俊の死罪を赦す

老母武衛御乳母也、(也ホシモナシ)聞之、為救愛息之命、泣参上、申云、資通(山内)入道仕八幡殿(源義家)、為廷尉禅室(源為義)御乳母以降、代々之間、竭微忠於源家不可勝計、就中俊通(山内)臨平治戦場、曝骸於六条河原訖、而経俊令与景親之条、其科責而雖有余、是一旦所憚平家之後聞也、凡張軍陣於石橋辺之者、多預恩赦歟、(53オ)経俊盍被」優曩時之功哉者、武衛無殊御旨、可進所預置鎧之由、被仰実平、々々持参之、開唐櫃蓋取出之、置于山内尼前、是石橋合戦之日、経俊箭所立于此御鎧袖也、件箭巻口之上、注瀧口三郎藤原経俊、自此字之際切其箆、乍立御鎧袖、于今被置之、太以炳焉也、仍直令読聞給、尼不能重申子細、拭双涙退出、兼依鑒彼事給(後ホシモ)、被残此箭云々、於経俊罪科者、雖難遁刑法、優老母之悲歎、募先祖之労効、忽被宥梟罪云々、

仕モ任
之間ホシモ間
赦ホ赭「赦」モ赭
盍ホシモ凡盍
々々シ実平
唐ホシモナシ
巻口シモ口巻
炳ホシモ掲
出シ去
歎シモ欲
募ホ慕
宥ホ×宿「宥」
云々シ云云

十二月小

知盛近江国に下向し山本義経等と合戦す

義経等逃亡す

重衡等東国進発の路次より帰洛す

頼朝定兼を上総国より召す

鶴岡八幡宮供僧に補す

山本義経鎌倉に参着す

（53ウ）一日、己卯、左兵衛督平知盛卿卒〔率㋭㋛㋲〕数千官兵、下向近江国、而〔与㋭㋛㋲〕源氏山本前兵衛尉義経・同弟柏木冠者義兼等合戦、義経以下棄命忘身〔棄身忘命㋭㋛㋲〕雖挑戦、知盛卿[以]（㋭㋛㋲）多勢之計放火、焼廻彼等館幷郎従宅之間、義経・義兼失度

逃亡、是去八月於東国源家挙義兵之由伝聞之以降、雖卜居於近国、偏存関東一味之儀、頻忽緒平（清盛）相国禅閤威之故、今及此攻云々、

二日、庚辰、今日蔵人頭重衡（平）朝臣・淡路守清房（平）・肥後守貞能（平）等指東国発向、是為襲源家也、但自路次帰洛云々、」

（54オ）四日、壬午、阿闍梨定兼依召自上総国参上鎌倉、是去安元々年四月廿六日当国流人也、而有知法之聞、当時鎌倉中無可然碩徳之間、仰広常（上総介）所被召出也、今日則被補鶴岡供僧職云々、

十日、戊子、山本兵衛尉義経参着鎌倉、以土肥次郎（実平）啓案内云、日来運志於関東之由、達平家之聴、触事成阿党之〔之㋭㋛㋲ナシ〕、刻去一〔剰㋭㋛㋲〕日遂被攻落城郭之間、任素意参上、被追討彼凶徒之日、必可奉一方先登者、最前参向尤

卿㋛郷
柏㋛栢　以下㋭㋛㋲已下
卿㋛郷　幷㋛㋲（小書）
闍㋲闇　云々㋛云云
云々㋛ナシ
々㋛元
岡㋛㋲岳　云々㋛云云
次㋭㋛㋲二　云㋭㋛㋲之

頼朝関東の祗候を許す
義経の経歴

清盛重衡を園城寺に遣わす
重衡衆徒と合戦す

頼朝大蔵郷の新造亭に移徙す

広常宅より新造亭に入御す

供奉人

神妙、於今者、可被聴関東祗候之旨被仰云々、此義経者、自刑部丞義（源）（54ウ）光以降、相継五代之跡、弓馬之両芸、人」之所聴也、而依平家之讒、去安元二年十二月卅日配流佐度〔渡[ホ][シ][モ]〕国、去年適預勅免之処、今又依彼攻牢籠、結宿意之条、更無御疑云々、

十一日、己丑、平相国禅閤遣重衡朝臣於園城寺、与寺院衆徒遂合戦、是当寺僧侶、去五月之比、候三条宮（以仁王）之故也、南都同可被亡滅云々、凡此事、日来無沙汰之処、前武衛（源頼朝）依彼令旨、於関東被遂合戦之間、衆徒定奉与歟之由、禅閤廻思慮、及此儀云々、

十二日、庚寅、天晴、風静、亥剋前武衛将軍新造御亭有御移徙〔徙[ホ][シ][モ]〕之儀、（55オ）為景義（大庭）奉行、去十月有事始、令営」作于大蔵卿〔郷[シ]〕也、時剋自上総[権][ホ][シ][モ]介広常之宅入御[新亭][ホ][シ][モ]、御水干、御騎馬、（石禾栗毛）、和田小太郎義盛候最前、加々美次郎長清候御駕左、毛呂冠者季光在同右、北条殿（時政）・同四郎主（義時）・足利冠者義兼・山名冠者義範・千葉介常胤・同太郎胤正、同六郎大夫

被聴[ホ][モ]被聞　丞[シ][モ]烝
預[ホ][シ][モ]預于　勅[モ]頼
云々[シ]云云
閤[モ]閣
之故[シ][モ]故　亡滅[ホ][シ][モ]滅亡
亥[ホ]充　剋[モ]刻
令[ホ][シ][モ]ナシ　蔵[ホ][シ][モ]倉　時剋[シ][モ]時刻
左[ホ][シ][モ]左方　同右[モ]同在
千[モ]竹　太[モ]大

供奉人侍所に対座す
義盛中央に候し着到す
御家人等宿館を構う
園城寺平家のために焼き払わる
武蔵国住人本知行地主職執行の下知を蒙る
鶴岡八幡宮に鳥居を立つ
長日最勝王経講読を始む
頼朝参詣す
橘公長父子鎌倉に参着す

胤頼・藤九郎盛長(安達)・土肥二郎実平・岡崎四郎義実・工藤庄司景光・宇佐美三郎助茂・土屋三郎宗遠・佐々木太郎定綱・同三郎盛綱以下供奉、畠山次郎重忠[候](㋭㋛㋲)最末、入御于寝殿之後、御共輩参侍所、十八ケ間、二行対座、義盛候其中央、着到云々、凡出仕之者二百十一人云々、又御(55ウ)家人等」同構宿館、自爾以降、東国皆見其有道、推而為鎌倉主、所辺鄙而海人野叟之外素卜居之類少之、正当于此時、閭巷直路、村里授号、加之家屋並甍、門扉輾軒云々、今日園城寺為平家焼失、金[堂以下堂舎](㋭㋛㋲)塔廟幷大小[乗](㋭㋛㋲)経巻・顕密聖教、大略以化灰燼云々、

十四日、壬辰、武蔵国住人多以本知行地主職如本可執行之由蒙下知、北条殿幷土肥次郎実平為奉行、邦通(藤原)書下之云々、

十六日、甲午、鶴岡若宮被立鳥居、亦被始行長日最勝王経講読、武衛(56オ)令詣給、装束水干、駕龍蹄」給云々、

十九日、丁酉、右馬允橘公長参着鎌倉、相具子息橘太公忠・橘二公

二 ㋭㋛㋲次　岡 ㋛㋲岳
太 ㋲大
ケ ㋛箇
中央 ㋛㋲中大　二百 ㋭㋛㋲三百
所 ㋭㋛㋲所素
素 ㋭㋛㋲ナシ　時 ㋭㋲時間
号 ㋛㋲兮　云々 ㋛云云
幷 ㋛㋲(小書)　密 ㋛蜜
幷 ㋛(小書)　云々 ㋛云云
岡 ㋛㋲岳　読 ㋭㋛㋲讃
東 ㋭㋛㋲ナシ　云々 ㋛云云
橘二 ㋭㋛㋲橘次

去二日宗盛の命により重衡の東国進発に従う

大将軍重衡を見限り縁者を尋ねて遠江国に下向し鎌倉に参着す

頼朝御家人として許容す

新造亭に於て義澄椀飯を献ず

公長息の芸を試みんがため御的始を行う

射手

成、是左兵衛督知盛卿家人也、去二日蔵人頭重衡朝臣為襲東国進発之間、為前右大将(平)宗盛〔宗盛㋭㋛㋲小書〕之計、被相副之、為弓馬達者之上、臨戦場廻智謀勝人故、而公長倩見平家之為体、佳運已欲傾、又先年於粟田口辺、与長井斉藤別当(実盛)・片切小八郎大夫(景重)于時各六条廷尉御家人、等喧嘩之時、六条廷尉(源為義)禅室定被及奏聞歟之由成怖畏之処、匪啻止其憤被宥之、還被誡斉藤・片切(56ウ)等之間、不忘彼恩化、志偏」在源家、依之、厭却大将軍之夕郎、尋縁者、先下向遠江国、次参着鎌倉、以[一]㋭㋛㋲所傍輩之好、属加々美二郎長清、啓子細之処、可為御家人之旨、有御許容云々、

廿日、戊戌、於新造御亭三浦介義澄献椀飯、其後有御的始、此事兼雖無沙汰、公長両息為殊達者之由被聞食之間、令試件芸給、以酒宴次於当座被仰云々、

射手

一番

卿㋛郷

故㋭㋛㋲之故　公長㋲長公　佳㋲住

廷尉禅㋭廷尉「為義也」禅

宥㋭×宿「宥」

厭㋭㋛㋲猒　夕㋭㋛㋲久

二㋭㋛㋲次

云々㋛云云

椀㋭㋛㋲垸　的㋭㋛㋲弓　此㋭㋛㋲ナシ　兼㋭忩㋛急㋲差

沙汰㋭㋛㋲其沙汰

云々㋛云云

下河辺庄司行平　愛甲三郎季隆

二番」

橘太公忠　橘次公成

三番

和田太郎義盛　工藤小次郎行光　次㋭㋛㋲二

(57オ)

御行始として盛長の甘縄家に入御す

今日御行始之儀、入御藤九郎盛長甘縄之家、盛長奉御馬一疋、佐々木三郎盛綱引之云々、　云々㋛云云

義重頼朝の召しにより参上するも鎌倉入りを止めらる

盛長を遣わし義重を召し問う

義重存旨を陳ぶ

頼朝盛長の取りなしにより義重を許す

里見義成京都より参上し事情を語る

廿二日、庚子、新田大炊助(義重)入道上西依召参上、而無左右、不可入鎌倉中之旨被仰遣之間、逗留山内辺、是招聚軍士等引籠上野寺尾館之由風聞、仰藤九郎盛長被召之歟、〔訖㋭㋛㋲〕上西陳申云、心中更雖不存異儀、国土有闘戦之時、輙難出城之由、家人等依加諫、猶」予之処、今已預此命、太恐畏々々、〔云㋭㋛㋲〕盛長殊執申之、仍被聞食開云々、〔又〕㋭㋛㋲上西孫子里見太郎義成自京都参上、日来雖属平家、伝聞源家御繁栄、参之由申之、〔其㋭㋛

(57ウ)

上野㋭㋛㋲上野国　存㋭㋛㋲ナシ　太㋭㋲大　畏㋭㋛㋲思

志(モ)異祖父、早可奉昵近之旨被免之、義成語申云]、石橋合戦後、平家
頻廻計議、於源氏一類者、悉以可誅亡之由、内々有用意之間、向関東
可襲武衛[之](ホシモ)趣、義成偽申之処、平家喜之、令免許之間参向、於駿河
国千本松原、長井斉藤別当実盛・瀬下四郎広親等相逢云、東国勇士
[者](ホシモ)皆奉従武衛訖、[仍](ホシモ)武衛相引数万騎、令到鎌倉給、而吾等二人
（58オ）
者先日依有蒙平家約諾事、上洛之由語申之、義成聞此事、」弥揚鞭
云々、
廿四日、壬寅、木曾冠者(源)義仲避上野国赴信乃国、是有自立志之上、彼
国多胡庄者為(源義賢)亡父遺跡之間、雖令入部、武衛権威已輝東関之間、成帰
往之思如此云々、
廿五日、癸卯、石橋合戦之刻、所被納于岩窟之小像正観音〔正観音〇小書カ〕、専光房(良暹)弟
子僧奉安阿闍梨之中、捧持之、今日参着鎌倉、去月所被仰付也、数日
捜山中、遇彼岩窟、希有而奉尋出之由申[之](ホシモ)、武衛合手、直奉請取

義成頼朝を襲うと偽りて関東に向かう途中駿河国に於て上洛せんとする斉藤実盛等に逢う

義仲上野国より信濃国に戻る

専光房の弟子僧頼朝の正観音像を鎌倉に持参す

頼朝手を合わせて直に請け取る

向関(ホ)「・向」関
之処(ホ)(シ)(モ)処
平家(ホ)平家平家
云(ホ)(シ)(モ)之
訖(ホ)(シ)(モ)畢
云々(シ)云云
乃(ホ)(シ)(モ)濃
関(ホ)国
云々(シ)云云
岩(ホ)巖
阿闍(ホ)(シ)(モ)闍伽
岩(ホ)巖

重衡清盛の命により南都攻撃に進発す

給、[御]([ホ][シ][モ])信心弥強盛云々、今日重衡朝臣為平相国禅閤使[相]([ホ][シ][モ])卒〔率[ホ][シ][モ]〕数千官軍、為攻南都衆徒首途云々、」　云々[シ]云云

囚人佐々木義清を兄盛綱に預く

(58ウ)廿六日、甲辰、佐々木五郎義清為囚人被召預于兄盛綱、是早河合戦之時、属渋谷庄司(重国)、殊奉射之故也、　早[シ][モ]アキ

浜時沢を雑色長に任ず

廿八日、丙午、出雲時沢(浜)可為雑色長之旨被仰、朝夕祇候雑色等雖有数、征伐之際、時沢之功依異他故、〔依[ホ][シ][モ]ナシ〕被抽補彼職云々、　抽[ホ][シ][モ]ナシ　云々[シ]云云

重衡南都を焼き払う

今日重衡朝臣焼払南都云々、東大・興福両寺墎内堂塔一宇而不免其災、仏像・経論同以回禄云々、」　墎[ホ][シ][モ]郭　災[ホ][シ][モ](大書)　云々[シ]云云

○[ホ][シ][モ]は改行して「今日」以下を記す。[モ]は巻末に左記の本奥書を有す。

「　不知魚魯烏焉之錯也、具眼人必可有分者乎、

于時文禄五年龍集丙申暮春十一日　宝叔書之、

紙数五十五丁　」

(表紙題簽)「吾妻鏡第二」

(1オ)治承五年辛丑、七月十四日為養和元年、

○㋝㋬は「治承五年辛丑」の上部に「吾妻鏡巻第二」の内題あり。

正月大

源頼朝鶴岡八幡宮に参詣す 朔旦を以て奉幣の日と定む

一日、戊申、卯剋前武衛(源頼朝)参鶴岡若宮給、不及日次沙汰、以朔旦〔日㋭㋲〕被定当宮奉幣之日云々、三浦介義澄・畠山次郎重忠・大庭平太景義等卒〔率㋭㋛〕郎従〔㋲㋬〕、去半更以後警固辻々、

騎馬にて御出す

御出儀、御騎馬也、着御于礼殿、専光房良遅予(予)『ミ』(×預)候此所、

神馬を立つ

先神馬一疋引立宝前、宇佐美三郎祐茂・新田四郎忠常［等］(㋭㋛㋲㋬)引之、

法華経供養 千葉常胤椀飯を献ず

次法華経供養、御聴聞事終還御之後、千葉介常胤献椀飯、相具三尺鯉魚、〔里㋭㋛㋲㋬〕［又］(㋭㋛㋲㋬)上林下客〔若㋭㋛㋲㋬〕不知其員云々、」

平家東国武士の入洛に備え所々の海浦に家人を分置す

(1ウ)五日、壬子、関東健士等廻南海可入花洛之由風聞、仍平家分置家人等於所々海浦、其内、差遣伊豆江四郎、警固志摩国、而今日熊野山衆徒

治承五年辛丑㋝㋬(小書)
七月…元年㋭㋝㋬(小書)㋛㋲ナシ
剋㋝刻
岡㋭㋛㋲㋬岳
以㋭㋛㋲ナシ
云々㋭㋛㋲㋬(小書)
儀㋭㋛㋲ナシ
礼㋬拝
椀㋭㋛㋲㋬垸
相㋬ナシ
於㋭㋛㋲ナシ㋬出

熊野山衆徒志摩国の伊豆江四郎を襲う
波多野忠綱義定等江四郎の子息を討つ

等競集于件国菜切島、襲〔攻ホシモヘ〕彼江四郎之間、郎従多以被疵敗走、江四郎経太神宮御鎮坐神道山遁隠宇治岡之処、波多野小次郎忠綱〈義通二男〉・同三郎義定〈義通孫〉等主従八騎、折節相逢于其所、為抽忠於源家、遂合戦、誅江四郎之子息二人云々、忠綱・義定者相伝故波多野次郎義通遺跡、住于当国、右馬允義経（波多野）有不義、於相模国雖蒙誅罰、於此両人者、依思旧好、所励勲功也、」

綱ヘ経
折節ホ「・折」節
之ヘナシ
綱ヘ経

工藤景光平井久重を生け捕る

（2オ）六日、癸丑、工藤庄司景光生虜平井紀六（久重）、是去年八月早河合戦之時、害北条三郎（宗時）主之者也、而武衛入御鎌倉之後、紀六逐電、不知行方之間、仰駿河・伊豆・相模等之輩、被捜求之処、於相模国蓑毛辺景光獲之、先相具参北条殿（時政）、即被申事由於武衛、仍被召預義盛（和田）〔訖ホシモヘ〕之、但無左右不可梟首之旨被仰付之、拷問之処、於所犯者令承伏云々、

頼朝身柄を和田義盛に預く
拷問により久重所犯を承伏す

虜ホシモ取
逐シ遂
義盛ホシモナシ
拷ホ糺シモアキ

梶原景時御前に初参す

十一日、戊午、梶原平三景時依仰[初]（ホシモヘセ）参御前、去年窮冬之比、実平（土肥）相具所参也、雖不携文筆、巧言語之士也、専相叶賢慮云々、」

冬セナシ
士也セ士

去年十二月の南都焼失関東に風聞す

毛利荘住人僧の説による

熊野山の衆徒度々伊勢志摩両国に乱入し民屋を追捕す

二見浦の人家を焼き払う

関信兼と衆徒と合戦す

衆徒二見浦に退き三十余人を搦め取て出船す

衆徒平家方人を滅ぼさんがために企つ

（2ウ）

十八日、乙丑、去年十二月廿八日南都東大[寺]([ホ][シ][モ][ヘ][セ])・興福[寺]([ホ][シ][モ][ヘ][セ])已下堂塔坊舎、悉以為平家焼失、僅勅封倉・寺封倉等免此災、火焔及大仏殿之間、不堪其周章、投身焼死者三人、両寺之際、不意焼死者百余人之由、今日風聞于関東、是相模国毛利庄住人僧印景之説也、印景為学道、此両三年在南都、依彼滅亡帰国云々、

廿一日、戊辰、熊野山悪僧等去五日以後乱入伊勢・志摩両国、合戦及度々、至于十九日浦七箇所皆悉追捕民屋、平家々人為彼或捨要害之地逃亡、或伏誅又被疵之間、弥乗勝、今日焼払二見浦人家、攻到于旧瀬(四[ホ][モ])

（3オ）

河辺([セ][ヘ])之処、」平氏一族関出羽守信兼相具伊藤次已下軍兵、相逢于船江辺防戦、悪僧張本戒光(字大頭八郎房)、中信兼之箭、仍衆徒引退于二見浦、搦取下女(齢三四十者)、幷沙童(少[ホ][シ][モ][ヘ])(十四五者)等、以上三十余人令同船、指熊野浦解纜云々、尋此濫觴、南海道者当時平相国(清盛)禅門虜掠之地也、而彼山依奉祈関東繁栄、為亡平氏方人、有此企云々、平相国禅門驕奢之余、蔑如朝政、忽

寺封倉[シ]ナシ

際[ホ][シ][モ]間

風[ホ][シ][モ]ナシ
僧[ホ][シ][モ]ナシ

箇[ホ][シ][モ]郎[セ][ヘ]ケ
捨[モ]拾

伏[ホ][シ]伐[モ]代
之処[モ]処
出羽[モ]出×之羽
信兼[ホ]信忠「兼イ」[シ]
[モ]信忠
伊藤次[ホ][シ][セ]蛭伊藤
次[モ]雖伊藤次[ヘ]×経
「蛭」伊藤次
已[セ]以
船[セ]ナシ
信兼[ホ][シ][モ]信忠

之余[ヘ]余

清盛近年伊勢国神三郡に兵粮米を課す等の悪行を働く

都鄙の貴賤平家の敗北を望む

武蔵国威光寺弘明寺を長栄の沙汰と定む

頼朝の命により義兼時政女に嫁し長清広常の婿となる

源義基の首大路を渡され獄門の樹に懸けらる

緒神威、破滅仏法、悩乱人庶、近則放入使者於伊勢国神三郡、（大神宮御鎮坐、）充課兵粮米、追捕民烟、天照太神鎮坐以降千百余歳、未有如此例（3ウ）云々、凡此両三年、彼禅門及子葉孫枝可敗北之由、都鄙貴賤之間、皆蒙」夢想、其旨趣雖区分、其料簡之所覃、只件氏族事也、

廿三日、庚午、於武蔵国長尾寺幷求明（弘）寺等者、以僧長栄可致沙汰之旨被宣下、〔定[ホ][シ][モ][ヘ]〕是源家累代祈願所也、

二月小

一日、戊寅、足利三郎義兼嫁于北条殿（時政）息女、又加々美次郎長清為上総権介広常之聟、両人共存穏便挿忠貞、御気色快然之余、依別仰今及此儀云々、

九日、丙戌、去年冬於河内国為平家所被殺害源氏前武蔵権守義基之首、今日渡大路、懸獄門之樹、先検非違使左衛門少尉中原章貞・源仲

伊勢国[ホ][シ][モ]ナシ　大神[ホ][モ][ヘ]太神

太神[シ][モ]大神

料簡[ホ]『・料』簡　件[シ]伴

殿[ヘ]ナシ

穏[シ][モ][ヘ]隠

儀[シ][モ]義

検非違使七条川原に向かい平家家人より首を受け取る

（4オ）頼、右衛門少尉」中原基広・安陪〔倍ホシモヘ〕資成、右衛門志中原明基、左衛門府生大江経広、右衛門府生紀兼康等行向七条河原、平氏家〔人脱カ〕渡彼頸、又義基弟石河判官代義資・紺戸先生義広被生虜之間、相具兄之首、被遣左獄舎云々、

志ヘ忠「志歟」　左衛門府モ左門府
兼康モ兼×衛康

義資義広兄の首とともに左獄舎に遣わさる

頼朝安房国洲崎社領への万雑公事賦課免除を命ず

十日、丁亥、於安房国洲崎神領在聴〔庁ホシモヘ〕[等ホシモヘ]成煩之由、有神主等之訴、仍可停止之由、今日所令下知給也、

煩之由ホシモ煩由

源頼朝下文

下　須宮神官等、

可早令安房国須宮免除万雑公事[事ホシモ]、

事事ヘ事々

右件宮万雑公事者、先日御奉免畢、重神官等訴申事実者、尤不敵也、早可令免除之状如件、仍在庁」等宜承知、勿違失、

畢ヘ訖

（4ウ）
治承五年二月　日

知盛の所労により追討軍帰洛す

十二日、己丑、左兵衛督知盛〔平〕卿・左少将清経〔平〕朝臣・左馬頭行盛〔平〕等自近江国上洛、是為追討源武衛〔頼朝〕従軍等発向之処、左武衛依所労如此云々、

盛等ヘ盛

美濃源氏等の首入洛す

於美濃国所被討取之源氏幷相従之勇士等之頸今日入洛、知盛卿相具之歟、所謂小河兵衛尉重清・茨〔蓑㋭㋛㋲〕浦冠者義明兵衛尉義経男〔山本〕・上田大〔太㋭㋬〕郎重康・冷水冠者頼典・葦敷三郎重義・伊庭冠者家忠・同彦三郎重親・越後次郎重家越後平氏、・同五郎重信同上、・神地六郎康信上田大郎家子〔上田大郎家子㋭㋛㋲㋬小書〕〔太㋭㋛㋲㋬〕等也、」

大河戸広行兄弟厚免を蒙る

頼朝広行兄弟の相に感歎す

父重行召還の路次に於て死去す

（5オ）十八日、乙未、大河戸大〔太㋭㋛㋲㋬〕郎広行・同弟次郎秀行号清久、・同三郎行元号高柳、・四郎行平号葛渡、〔浜㋭㋛㋲㋬〕已上四人、同日〔日来㋭㋛㋲〕蒙御気色、今日有免許、広行者為三浦介義明之聟、就其好、義澄〔三浦〕預守護之間、具参之、武衛於簾中覧畢、見其面、皆備勇士之相之由及御感云々、彼等父下総権守重行者、依属平家之咎、去年配流伊豆国蛭島、適有厚免、被召還之処、於路次痢病発動、遂亡卒云々、

義定の飛脚遠江国より鎌倉に到着す

追討軍尾張国に到る事を報ず

廿七日、甲辰、安田三郎義定飛脚自遠江国参上于鎌倉、申云、平氏大（5ウ）将軍中宮亮通盛（平）朝臣・左少将維盛（平）朝臣」・薩摩守忠度（平）朝臣等相卒〔率㋭㋛㋲〕数千騎〔㋬〕下向、已至尾張国、重差軍士、可被構防戦之儀歟云々、

等之㋭㋛㋲等
水㋭㋛㋲泉
庭㋭達「庭イ」㋛㋲達
越後平氏㋛（大書）
同五…同上㋬（小書）
等也㋬（小書）
元㋬光
柳㋬郷
葛㋬高
已㋭㋛㋲㋬以
同日㋬者
覧㋬「・御」覧
之相㋬相
由㋭㋛㋲間
動㋲ナシ
卒㋬率
少㋬小
之儀㋭㋛㋲㋬儀

志太義広押領の鹿島社領を同社物忌の沙汰とす

和田義盛等を遠江国に遣わす

九州に於て菊池緒方等挙兵す

平家方人原田種直と合戦す

平清盛薨ず

廿八日、乙巳、志太三郎先生義広濫悪掠領常陸国鹿島社領之由、依聞食之、一向可為御物忌沙汰[之]（㋭㋛㋲㋬）由被仰下、散位久経（中原）奉行之、今日和田小大郎〔太㋭㋛㋲〕義盛・岡部次郎忠綱・狩野五郎親光・宇佐美三郎祐茂・土屋次郎義清等差遣遠江国、平氏等発向之由依有其告也、

廿九日、丙午、於鎮西有兵革、是肥後国住人菊池次郎隆直・豊後国住人緒方三郎惟能等反平家之故也、同意隆直之輩、木原次郎盛実法師・（6オ）南郷大宮司惟安（宇治）、」相具惟能者、大野六郎家基・高田次郎隆澄等也、此外、長野太郎・山崎六郎・同次郎・野中次郎・合志大郎〔太㋭㋛㋲㋬〕幷太郎資奉已下卒〔率㋭㋛㋲㋬〕六百余騎精兵、固関止海陸往還、仍平家方人原田大夫種直相催九州軍士二千騎、遂合戦、隆直等郎従多以被疵云々、

潤二月大

四日、庚戌、々剋入道（清盛）平相国薨、九条河原口盛（平）国家、自去月廿五日病悩云々、遺言

行之㋭㋛㋲行云々

肥後㋭㋛㋲肥前　次郎㋭㋲㋬九郎

惟安㋬将安　大野㋬太野

奉㋛泰

已㋬以　固㋛㋲㋬同　止㋬山

潤㋭㋛㋲㋬閏

々㋭㋛㋲戌

葬送仏事に就き遺言有り

云、三ケ日以後可有葬之儀、於遺骨者納幡〔播[ヘ]〕磨国山田法華堂、毎七日可修如形仏事、毎日不可修之、亦於京都不可成追善、子孫偏可営東国帰」（6ウ）往之計者、

可有[ヘ]不可有
華[ホ][シ][モ]花

頼朝乳付の屋敷田畠の保全を早河荘惣領地頭に命ず

七日、癸丑、武衛（源頼朝）御誕生之初所被召于御乳付之青女今者尼、号摩々、住相模国早河庄、依有御憐愍、故彼屋敷・田畠不可有相違之由、被仰含惣領地頭云々、

所[ホ][シ][モ]ナシ
住相模国[ホ][シ][モ]住国相模
依有[ホ][シ][モ]依召于

宗盛以下の追討軍進発し東国に向かう

十日、丙辰、前右大将（平）宗盛卿、家人大夫判官景高以下千余騎、為襲前武衛発向東国云々、

右[ホ][シ][モ][ヘ]ナシ
宗[モ]家
発[ヘ]欲

河野通清挙兵し伊予国を押領す

十二日、戊午、伊与国住人河野四郎越智通清為反平家、卒〔率[ホ][シ][モ][ヘ]〕軍兵押領当国之由有其聞云々、

伊与[ホ]伊預[シ][モ]伊予
為[ホ][シ][モ][ヘ]ナシ

重衡頼朝追討のため院庁下文を帯し東国に進発す

十五日、辛酉、被下院庁御下文於東海道之諸国、蔵人頭重衡（平）朝臣帯之、卒〔率[ホ][シ][モ][ヘ]〕千余騎精兵発向東国、是為追討」（7オ）前武衛也、

義定等遠江国橋本に於て追討軍を待つ

十七日、癸亥、安田三郎義定相卒〔率[ホ][シ][モ][ヘ]〕義盛（和田）・忠綱（岡部）・親光（狩野）・祐茂（宇佐美）・義清（土屋）并遠

康信京中の子細を報ず

鎌倉下向を約す

義広常陸国より下野国に到る

宗政政平鎌倉より下野国に発向す
頼朝政平の貳心を見抜く

江国住人横地大郎〔太ホシモヘ〕長重・勝田平三成長等、到于当国浜松庄橋本辺、是前武衛依仰也〔依前武衛仰也シモヘ〕、此所為要害之間、可相待平氏襲来之故也、

十九日、乙丑、中宮大夫属康信〔三善〕状到着鎌倉、進一通記、所載洛中巨細也、又去四日平相国禅門薨、為送遺骨、下向幡〔播ヘ〕磨国已畢、世上聊令落居者可参向之由也、

○シモは、十九日条を十七日条につなげて記す。

廿日、丙寅、武衛伯父志田三郎先生義広忘骨肉之好、忽卒〔率ホシモヘ〕数万騎逆（7ウ）党、欲度鎌倉、綷已発覚、出常陸国、」到下野国云々、平家軍兵襲来之由、日来風聞之間、勇士多以被遣駿河国以西要害等々〔畢ホシヘ〕、彼是計会殊思食煩、奚〔爰ホシモヘ〕下河辺庄司行平在下総国、小山小四郎朝政在下野国、彼両人者雖不被仰遣、定励勲功歟之由、尤令恃其武勇給、依之朝政之弟五郎宗政并同従父兄弟関二郎政平等為成合力、各今日発向下野国、而政平参御前、申身暇、起座歟〔訖ホシモヘ〕、武衛覧之、政平者有貳心之由被仰、果而

勝ホ勝「間」
武衛依仰也ホ依武「・衛」仰也
氏襲ヘ氏之襲
記ヘ訖
由也ホシモヘ由云々
之ヘナシ
忽ホシモナシ
党ヘ賞
綷ヘ綺
発覚シモ発見
出ヘ×於「出」
到ホシモ到于
駿河ヘ駿川
西シモナシ
彼ヘ被
是ホシ此
尤ホシモナシ
恃ヘ時
二ホシモヘ次

頼朝七か日の鶴岡八幡宮参詣を立願す

御神楽を行う

義広三万余騎を率いて鎌倉方に向かう

足利忠綱義広に与し小山を亡ぼさんとす

朝政偽りて義広に同意す

自道不相伴于宗政、経閑路馳加義広之陣云々、

○本月二十日～二十八日条、一部を除き寿永二年二月記事の混入か。

廿一日、丁卯、今日以後七ケ日可有御参鶴岳若宮之由立願給、是東西

（8オ）逆徒蜂起事為静謐也、未明参給、被」行御神楽云々、

廿三日、己巳、義広卒〔率[ホ][モ][ヘ]〕三万余騎軍士、赴鎌倉方、先相語足利又大郎〔太[ホ][シ][モ]〕忠

〔[ヘ]〕綱、本自背源家之間、成約諾、亦小山与足利雖有一流之好、依為一国

之両虎、争権威之処、去年夏［之］〔[ホ][シ][モ][ヘ]〕比、可誅戮平相国一族之由、高倉宮〔以仁王〕

被下令旨於諸国畢、小山則承別語、忠綱非其列、太含鬱憤、加平氏、

渡宇治河、敗入道三品頼政〔源〕卿之軍陣、所奉射宮也、異心未散、且以次

為亡小山、有此企云々、次義広相触可与之由於小山小四郎朝政、々々

父政光者為皇后警衛〔居[ホ][シ][モ][ヘ]〕未在京〔未[ヘ]ナシ〕、郎従悉以相従之、仍雖為無勢、中心之所

（8ウ）之在」武衛、可討取義広之由凝群議、老軍等云、早可令与同之趣、偽

而先令領状之後、可度之也者、則示遣其旨、義広成喜悦之思、来臨于

御参[ホ][シ]ナシ[モ]「・参詣」
岳[ホ][シ][モ]岡
東西[モ]東面『西歟』
軍[ヘ]勇
忠綱[ホ]忠綱「・々々」
自背[ヘ]自「・背」
権威[ヘ]威権
誅戮[ホ][シ][モ][ヘ]誅滅
由[ホ][シ][モ][ヘ]旨
別語[シ]引[モ]別『引歟』
諸
列[ヘ]刻
憤[ホ]墳「憤」[シ][モ]墳
河[ヘ]川
未在京[モ]未京
中心之所之在[モ]中心
之×在所之在
討取[ホ][シ][モ]誅取
凝[ホ][シ][モ]ナシ
群[ヘ]郡「群歟」
令与同[モ]合与同
示遣[ホ][シ][モ]云遣

朝政野木宮に引き籠もる

朝政多勢を模し義広を攻む

朝政奮戦す

朝政矢に当たり落馬す

宗政朝政の馬を見つけ敗北と誤解し義広の陣に向かう

義広の乳母子を討ち取る

朝政宗政義広の陣を攻む

行平政義古河高野の渡を固む

足利有綱父子等小手指小堤に陣を張る

朝政館之辺、先之朝政捨本宅令引籠于野木宮、義広到于彼宮前之時、朝政廻計議而令人昇于登々呂木沢・地獄谷等林之梢、令造時之声、其音響谷、為多勢之粧、義広周章迷惑之処、朝政郎従大田冠者・水代六次二郎・[和田池二郎]㋭㋛㋲㋬・蔭沢二郎幷七郎朝光郎等保志秦三郎等攻戦、朝政着火威甲、駕鹿毛馬、時年廿五、勇力太威而懸四方、多亡凶徒也、義広所発之矢中于朝政、雖令落馬、不及死悶、爰件」（9オ）馬離主、嘶于登々呂木沢、而五郎宗政年廿、自鎌倉向小山之処、見此馬、合戦已敗北、存令朝政夭亡歟之由、馳駕向于義広陣方、義広乳母子多和利山七太揚鞭、隔于其中、宗政逢于弓手、射取七太訖、宗政小舎人童取七太[之]㋭㋛㋲㋬首、其後義広聊引退、張陣於野木宮之坤方、朝政・宗政自東方襲攻、于時慕〔暴㋭㋛㋲㋬〕風起於巽、焼揚〔揚 焼㋭㋛㋲㋬〕野之塵、人馬共失眼路、横行分散、多曝骸於地獄谷・登々呂木沢、又下河辺庄司行平・同弟四郎政義、囲古〔固㋭㋛〕我〔㋲㋬〕・高野等渡、討止余兵之逋奔云々、足利七郎有綱・同嫡男佐野大郎〔太㋭㋛〕

捨本宅㋭㋛㋲出本宅 ㋬×於「出」本宅

大田冠者㋭㋛㋲太田菅五 ㋬大田管五 六次二郎㋭㋛㋲六次々郎

蔭沢二郎㋭㋛㋲㋬蔭沢次郎

威而㋭㋛㋲㋬盛而

及㋭㋛㋲ナシ

陣方㋬陣之方 子㋬ナシ 多和利山㋭㋛㋲㋬多和山

宗政自㋲宗自

于時㋲于×政時

逋奔㋭㋛㋲逋走 大郎㋲太『郎』

八田知家等朝政方に加わる
源範頼馳せ加わる
朝政の系譜
忠綱敗北し上野国山上郷龍奥に籠もる
桐生六郎の諫めに随い忠綱西海に赴く
忠綱三事人に優る
頼朝の鶴岡八幡宮参詣七か日に満つ

（9ウ）基綱〔[モ][ヘ]〕・四男阿曾沼四郎広綱・五男木村」五郎信綱及大田小権守行朝等取陣于小手差・小堤等[之]〔[ホ][シ][モ][ヘ]〕処々合戦、此外八田武者所知宗〔家[ホ][シ][モ][ヘ]〕・下妻四郎清氏・小野寺大郎〔太[ホ][シ][モ][ヘ]〕道綱・小栗十郎重成・宇津宮所信房・鎌田七郎為成・湊河庄司大郎〔太[ホ][シ][モ][ヘ]〕景澄等加朝政、蒲冠者範頼（源）同所被馳来也、彼朝政者、曩祖秀郷（藤原）朝臣、天慶年中追討朝敵平将門、兼任両国守、令叙従下四位以降、伝勲功之跡、久護当国、為門葉棟梁也、令〔今[ホ][シ][モ][ヘ]〕聞義広之謀計、思忠軽命之故、臨戦場得乗勝矣、

廿五日、辛未、足利又大郎〔太[ホ][シ][モ][ヘ]〕忠綱雖令同意于義広、野木宮合戦敗北之（10オ）後、悔先非、恥後勘、潜籠于上野国山上」郷龍奥、招郎従桐生六郎許、数日蟄居、遂随桐生之諫、経山陰道起〔赴[ホ][シ][モ]〕西海方云々、是末代無双勇士也、三事越人也、所謂、一其力対百人也、二其声響十里也、三其歯一寸也云々、

廿七日、癸酉、武衛奉幣若宮給、今日所満七箇日也、而跪宝前、三郎

大田[シ][モ]太田
取陣[ホ][シ][モ]合陣[ヘ]令陣
差[ホ][シ][モ]差原
処々[ホ][シ][モ][ヘ]所処
宇津宮[ホ][シ][モ][ヘ]宇都宮
彼[シ]被
臣[シ]（小書）
叙[ヘ]鈫
従下四位[シ][モ]従四位下
郷[シ]卿
龍[ヘ]瀧
起[ヘ]趣
三其[ホ]其
云々[ヘ]ナシ
箇[ホ][シ][モ][ヘ]ケ

朝光義広の敗北を託宣す

行平朝政の使者参着し義広の逃亡を報ず

義澄等に命じ義広伴党の首を腰越に梟す

宗政一族を率いて鎌倉に参上す

頼朝対面し一族を賞す

義広同意の輩の所領を収公し朝政等に恩賞を与う

先生蜂起如何之由、独被仰出之時、小山七郎朝光持御剣候御供、承此旨云、先生已為朝政被攻落［訖］(㋭㋛㋲㋬)歟云々、武衛顧面曰、少冠口状者偏非心之所発也、尤可［用］(㋭㋛㋲㋬)神詫〔託㋭㋛㋲㋬〕、若如思於令属無為者、可被優賞者、朝光今年十五歳也、御奉弊〔幣㋭㋛㋲㋬〕事終、還向給之処、行平・朝政使参着之、義広逃亡之由申之、及晩朝政使又参上、相具先生伴」党頸之由言上、仍仰三浦介義澄・比企四郎能員等被遣彼首於腰越被梟之云々、

廿八日、甲戌、宗政為朝政名代〈朝政依被疵不参〉、相卒〔率㋭㋛㋲㋬〕一族及今度合力之輩、参上于鎌倉、武衛有御対面、被感仰勲功、宗政・行平以下一族列居西方、知家・重成以下亦列東方、所生虜之義広従軍廿九人、或梟首、或被召預行平・有綱等云々、次常陸・下野・上野之間、同意三郎先生之輩所領等悉以被収公之、朝政・朝光等預恩賞云々、

○㋭㋛㋲は改行して「次常陸」以下を記す。

(10ウ)

之時㋭㋛㋲㋬于時　剣㋭㋛㋲㋬釼　御供㋭㋛㋲㋬御共　此旨㋭㋛㋲㋬此御旨　歟㋬ナシ　冠㋛冠者　如思㋛「・如」思　優賞㋭㋛㋲行優賞㋬×祈「行」優賞　参着之㋭㋛㋲参着　又㋭㋛㋲人　頸㋬類　遣㋲遺　代㋲伐　列居㋬×別「列」居

三月小

頼朝母の忌日仏事を亀谷堂に於て修す

（11オ）一日、丁丑、今日武衛（源頼朝）依為御母儀（藤原季範女）御忌月〔日〕、於土屋次郎義清亀谷」堂、被修仏事、導師箱根山別当行実、請僧五人、専光坊良暹・大夫公承栄・河内公良睿・専性房金淵〔全㋭㋛㋲㋵〕・浄如房本月等也、武衛令聴聞給、御布施、導師馬一疋、帖絹二匹、請僧口別白布二端也、

大中臣能親伊勢国より書状を遣わす
湛増の従類伊雑宮の神宝を犯用し山田宇治郷を襲いし事を報ず

六日、壬午、大中臣能親自伊勢国通書状於中八惟平之許、是去正月十九日、号熊野山湛増之従類、濫入伊勢宮〔雑㋭㋛㋲㋵〕、鑽破御殿、犯用神宝之間、為一禰宜成長（荒木田）〔神〕主沙汰、奉遷御体於内宮之処、同廿六日、件輩衆〔亦㋭㋛㋲㋵〕襲来山田・宇治両郷、焼失人屋、奪取資財歟〔訖㋭㋛㋲㋵〕、〔大㋭㋛㋲㋵〕天照太神鎮坐以降千百余

頼朝大神宮への立願を期す

（11ウ）歳、皇御孫尊垂跡之後六百余年、未有如此例、当時源家再興」之世也、尤可有謹慎之儀者、惟平覧此状、堪増〔湛㋭㋛㋲㋵〕候御方、有此企、殊驚聞食、為敬神可有御立願之旨被報仰云々、

三善康信書状を以て頼朝追討の議定風聞を報ず

七日、癸未、大夫属入道（三善康信）送状申之〔云㋭㋛㋲㋵〕、去月七日於院殿上有議定、仰武田

忌月㋭忌×月「日」㋲忌月『日』㋬月忌
郎㋛良
箱㋭㋲㋬苔㋛管
専光坊㋭㋛㋲㋵専光房
睿㋭㋛㋲叡
二匹㋭㋛㋲㋵二疋
惟㋭㋛㋲㋵維
禰㋭㋛㋲称
体㋲射『体』
惟㋭㋛㋲㋵維
議㋛儀

伝聞の真偽を信義に問う

信義駿河国より鎌倉に参着し陳謝す

起請文を捧ぐ

信義腰刀を預けて対面す

行家父子等墨俣に陣す

追討軍対岸に陣す

重衡の舎人行家等の動きを察知す

〔太[ホ][シ][ヨ]〕大郎信義、可被下武衛追討庁御下文之由被定、又諸国源氏平均可被追伐之条者無其実、所限武衛許也、風聞之趣如此者、依之於武田非無御隔心、被尋子細於信義之処、自駿河国今日参着、於身全不奉追討使事、縦雖被仰下、不可進奉、本自不存異心之条、以去年度々功、定思（12オ）食知歟之由、陳謝及再三之上、至于子々孫々、」対御子孫、不可引弓之趣、書起請文、令献覧之間、有御対面、此間、猶依有御用心、召義（三）澄（浦）・行平（下河辺）・定綱（佐々木）・盛綱（佐々木）・景時（梶原）、令候于御座左右云々、武田自取腰刀与行平、入御之後退出、返取之云々、

十日、丙戌、十郎蔵人行家（源）武衛叔父、・子息蔵人大郎光家〔太[ホ][シ][モ][ヨ]〕・同次郎（行頼）・僧義円号卿公、・泉大郎〔太[ホ][シ][モ][ヨ]〕重光等相具尾張・三河両国勇士、陣于墨俣河辺、平氏大将軍頭亮重衡（平）朝臣・左少将惟盛〔維[ホ][シ][モ][ヨ]〕朝臣・越前守通盛（平）朝臣・薩摩守忠度（平）朝臣・参河守知度（平）・讃岐守（平維時）・左衛門尉盛綱号高橋、・左衛門尉盛久〔兵衛[ホ][シ][モ][ヨ]〕等又在（12ウ）同河西岸、及晩侍中廻計、密々欲襲平家之処、重衡」朝臣舎人金石丸

之由[モ]由

条者無[ホ][シ][モ]条無　許[ホ][モ][ヨ]計

之由[ヨ]由　御子孫[モ]子孫

之趣[モ]趣

澄[ヨ]×隆「澄イ」　自[ヨ]ナシ

蔵人大郎[ホ]蔵「・人」　太郎[モ]蔵『人歟』太郎

公[モ]ナシ　等[ホ][シ][モ]ナシ　三河[ホ][シ][モ][ヨ]参河

大[シ][モ]太　左少将[モ]左将

高橋[ホ][シ][モ][ヨ]高田

密[ヨ]蜜

重衡の随兵源氏を急襲す

義円等討ち取らる

為洗馬至河俣之間、見東士之形勢、奔帰告其由、仍侍中未出陣之以前、頭亮随兵襲攻源氏、綺〔綷[ホ][シ][モ]〕起楚忽、侍中従軍等頗失度、雖相戦無利、義円禅師為盛綱被討取、蔵人次郎為忠度被生虜、泉大〔太[ホ][シ][モ][ヨ]〕郎・同弟次郎被討取于盛久、此外軍兵、或入河溺死、或被傷損命〔殞[ホ][シ][モ][ヨ]〕、凡六百九十余人也、

頼朝諸社に立願す

鹿島社に所領を寄進し惣追捕使を定め補す

十二日、戊子、諸国未静謐、武衛非無御怖畏、仍諸社有御立願、今日先以常陸国塩浜・大窪・世谷等所々被奉寄鹿島社、其上御敬神之余、於宮中為不令現狼藉、以鹿島三郎政幹被定補当社惣追補〔捕〕使々々〔云[ホ][シ][モ]〕、」

安田義定の使者遠江国より参着す

浅羽宗信等の所業を訴え刑罰を求む

(13オ)十三日、己丑、安田三郎使者武藤五自遠江国参着鎌倉、申云、為御代官令守護当国、相待平氏襲来、就中請命向橋本、欲構要害之間、召人夫之[処]〔[ホ][シ][モ][ヨ]〕、浅羽庄司宗信・相良三郎〔長頼〕等於事成蔑如、不致合力、剰義定居地下之時、件両人乍乗馬打通是前〔其[ホ][シ][モ][ヨ]〕訖、是已存野心者也、随而彼等一族当時多属平家、速可被加刑罰歟云々、

至[ヨ]ナシ　河[ホ]河「墨」　出陣[シ][モ]出陣

于[ヨ]ナシ

以[ヨ]ナシ

藉[ヨ]籍　政…々々[ヨ]ナシ

存[シ]在[モ]在『有』

頼朝一方の訴えに就き処断する事を躊躇す
使者命を懸けて更に訴う
一旦宗信等の所領を没収し義定の領掌を認む
大屋安資鎌倉に馳せ参り墨俣合戦後の情勢を報ず
頼朝安資の忠直を讃う
片岡常春頼朝の使者を刃傷面縛す
常春の所帯を召し放つ

十四日、庚寅、浅羽庄司・相良三郎等事、就一方鬱胸〔陶㋭㋛㋲㋵〕、難被処罪科之由、被仰含武藤五之処、武藤申云、若訴〔為㋭㋛㋲㋵〕彼等棄怪〔奇㋭㋛㋲㋵〕、被遣使者之由、披露国中畢、而不蒙裁許而空令帰国者、其威勢如無歟、後日若聞食虚訴（13ウ）之」旨〔者〕㋭㋛㋲㋵、可被行使於斬罪者、依之、於彼領者義定主可領掌之旨有御消息、但宗信等後日陳謝若有其謂者、還可被処訴人於罪科之趣、被載之云々、

十九日、乙未、尾張国住人大屋中三安資馳参鎌倉、申云、去十日侍中於墨俣河与平氏等合戦、侍中従軍悉以滅亡、平家乗勝之間、去其所被籠熱田社訖、一陣敗之上者、重衡朝臣以下定近来歟云々、当国在庁等多以従平家之処、安資抽忠直、尤神妙之旨被仰含云々、

（14オ）廿七日、癸卯、片岳次郎常春依有謀反之聞、遣雑色」於彼領所下総国、被召之処、称乱入領内、外傷〔刃㋵〕御使面縛云々、仍罪科重畳之間、被召放所帯等之上、早可進件雑色之由、今日被仰下云々、

郎㋛良
事㋲ナシ
含武㋭㋲㋵含于武㋛
合于武
武藤申㋛㋲武藤五申
遣㋭㋛㋲㋵進
裁㋵ナシ
消㋛清
与㋲興『与イ』
等㋭㋛㋲ナシ
云々㋭㋛㋲㋵ナシ
平家㋭㋛㋲㋵平氏
岳㋭㋛㋲㋵岡
謀反㋭㋛㋲謀叛
外傷㋭×刃「乃」㋛㋲
乃

頼朝鶴岡八幡宮に参詣す

大庭景義に掃除を命ず

弓箭の達者隔心無き者を選び御寝所番に定む

腰越浜に於て平井久重の首を梟す

四月大

一日、丙午、前武衛（源頼朝）参鶴岡給、而廟庭有荊棘、瑞籬蔵草露、仍被掃除、大庭平太景能（義）参上、終日有此沙汰云々、

七日、壬子、御家人等中撰殊達弓箭之者・所無〔亦[ホ][シ][モ][ヨ]〕御隔心之輩、毎夜可候于御寝所之近辺之由被定云々、

江間四郎（義時）　下河辺庄司行平　結城七郎朝光

和田次郎義茂　梶原源太景季　宇佐美平次実政

（14ウ）

榛谷四郎重朝　葛西三郎清重　三浦十郎義連

千葉太郎胤正　八田大〔太[ホ][シ][ヨ]〕郎知重

○底本は「江間四郎」以下を「被定云々」の下につなげて記す。[ホ][ヨ][セ]により改行して三段で示した。

十九日、甲子、於腰越浜辺梟首囚人平井紀六（久重）、是射北条三郎（宗時）主、罪科

岡[ホ][シ][モ][ヨ]岳

和田次郎[セ]和田郎

射北[ホ]射『討歟』北[シ]討於北[モ]討×歟北

主…也[ヨ]ナシ

小山田重成籠居す

弘貞の訴えにより武蔵国多西郡内の所領を弘貞に付す

宗信の陳謝により所領所職の一部を返給す

日胤の遺命を受け日恵鎌倉に参着す

日胤日恵の功績

不軽之間、日来殊所被禁置也、

廿日、乙丑、小山田三郎重成聊背御意之間、成怖畏籠居、是以武蔵国多西郡内吉富幷一宮蓮光寺等注所領之内、去年東国御家人安堵本領之時、同賜御下文訖、而為平太弘貞領所之旨、捧申状之間、糺明之処、無相違、仍所被付弘貞也、

卅日、乙亥、遠江国浅羽庄司宗信、依安田三郎義定之訴、雖被収公所（15オ）領、謝申之旨不等閑之間、安田所執申之、〔亦[ホ][シ][モ][ヨ]〕仍且返給彼庄内柴村幷田所職畢、是子息・郎従有数、尤可為御要人之故云々、

五月大

八日、癸未、園城寺律静坊日胤弟子僧日恵号帥公、参着鎌倉、彼日胤者千葉介常胤子息、前武衛（源頼朝）御祈禱師也、仍去年五月自伊豆国遥被付御願書、日胤給之、一千日令参籠石清水宮寺、無言而「令」（[ホ][シ][モ][ヨ]）見読大般若経、

背[ヨ]皆

西[ホ]×西「磨」[モ]西『磨イ』

注[ホ][シ][モ]注加[ヨ]住加

太[シ]大

糺[モ]紀『糺』

雖[ヨ]ナシ

返給[モ]返絡

村[モ]林『村』

坊[ホ][シ][モ][ヨ]房

帥[シ][モ]師

参着[ホ][シ][モ][ヨ]参着于

一[ヨ]ナシ

鶴岡八幡宮造営のために材木調達を計らう

村山頼直の本知行所を安堵す

頼直の懇志を優じて丁重な書様を用う

姫君方御厩建立のため大工の召進を安房国在庁に命ず

六百ケ日之夜、眠之中、自宝殿賜金甲之由感霊夢、潜成所願成就思之処、翌朝聞高倉宮(以仁王)入御于三井寺之由、誂武衛御願書於日恵、奔参宮御(15ウ)方、遂同月廿六日於光明山鳥」居、為平氏被討取訖、而日恵相承先師之行業、果千日所願、守遺命欲参向之処、都鄙不静之間、于今遅引之由申之云々、

十二日〔三[ホ][シ][モ][ヨ]〕、戊子、為鶴岳若宮営作、材木事有其沙汰、土肥次郎実平・大庭平太景能等為奉行、当宮去年仮雖有建立之号、楚忽之間、先所被用松柱萱軒也、仍成華構之儀、専可被賁神威云々、

十六日、辛卯、村山七郎源頼直本知行所、今更不可有相違之由被仰、其書様、村山・米用、件所如本可為村山殿御沙汰云々、是武衛安否未(16オ)定之時、運懇志、以戦于城四郎(長茂)等之功、」於事被優恕云々、

廿三日、戊戌、御亭之傍可被建姫君(源頼朝女、大姫)御方幷御厩、且土用以前為被始作事、不論庄公別納之地、今明日内可召進工匠之旨、被仰遣安房国在庁

六百ケ日[ホ]六百「巻」『落歟』日『又ハ百之非歟』(抹消)[シ][モ]六百日
眠之中[ホ][シ][モ]眠之内
金甲[モ]金申『甲』
誂[ホ]誂「託歟」[シ]託[モ]詑
居[ヨ]居辺
所願守[モ]所『・願』守
遅[ホ]遅「延歟」
宮営作[モ]宮『・営』作
華[ホ][シ][モ][ヨ]花
殿[ヨ]及
汰云々[シ]汰云云

小御所御厩の地を整地す
御家人等疋夫を進む
安房国の大工参上し屋々を立柱上棟す
新御所に移徙す
頼朝納涼のために三浦に渡御す
三浦義連広常の乗馬を咎む
義明の旧跡に到る
義澄饗応す

等之中云々、昌寛奉行之、
廿四日、己亥、被曳小御所・御厩等[之](ホシモ)地、景能・景時(梶原)・昌寛等奉行之、御家人等面々召進疋夫、
廿八日、癸卯、去夜安房国大工等参上、仍今日件屋々立柱上棟云々、

六月小

十三日、戊午、新所御移徒[徙(シ)]也、千葉介常胤献椀飯以下云々、
(16ウ)
十九日、甲子、武衛(源頼朝)為納涼逍遥渡御三浦、彼司馬(三浦義澄)一族等兼日有結構之儀、殊申案内云々、陸奥冠者(源頼隆)以下候御供、上総権介広常者、依兼日仰、参会于佐賀岳浜、郎従五十余人悉下馬、[各](ホシモヨ)平伏沙上、広常安轡而敬屈、于時三浦十郎義連令候御駕之前、示可下馬之由、広常云、公私共三代之間、未成其礼者、爾後令到于故義明(三浦)旧跡給、義澄構盃酒椀飯、殊尽美、酒宴之際、上下沈酔、催其興之処、岡崎四郎義実所望武

大工等ホシモヨ大工
椀ホシモヨ垸
儀モ義
供ホシモヨ共
岳シモヨ岡
椀ホシモヨ垸

岡崎義実頼朝の水干を所望し下賜せらる広常妬み義実と口論す
義連両者を咎む
これにより義連頼朝の意に叶う
鎌倉に帰る義澄甲馬を献ず
客星出現す
衛御水干、則賜之、依仰乍候座着用之、広常頗嫉之、申云、此美服
(17オ)者、如広常可拝領者也、被賞義実様老者之条存外々々〔云㋭㋛㋲㋵〕、義実嗔云、
広常雖思有功之由、難比義実最初之忠、更不可有対揚令存念々〔之㋭㋛㋲㋵〕々〔云㋭㋛㋲㋵〕、其
間牙〔互㋭㋛㋲㋵〕及過言、忽欲企闘諍、武衛敢不被発御詞、無左右難被宥両方之故
歟、爰義連奔来、叱義実云、依入御、義澄励経営、此時争可好濫吹
乎、若老狂之所致歟、広常之体又不叶物儀、有所存者可期後日、今妨
御前遊宴太無所拠之由、再往加制止、仍各罷言無為也、義連相叶御意
併由斯事云々、

○㋭㋛㋲は改行して「陸奥冠者」以下を記す。
廿一日、乙丑、令還鎌倉給、義澄献甲以下、又進馬一疋、号髪不揆、
度々合戦駕之、無雌伏之例云々、
(17ウ)廿五日、庚午、戌剋客星見艮方、鎮〔軸カ〕星色青赤、有芒角、是」寛弘三年
出見之後無例云々、

水干㋲水于『干』
美㋵華
義実様㋲義広『実』様
被宥㋭㋛宥
存㋵為
号㋵号々
揆㋭擦「捲イ」㋛㋲捲

鶴岡八幡宮造営料の材木由比浦に到着す

廿七日、壬申、鶴岡若宮材木、柱十三本、虹梁二支、今朝〔旦[ホ][シ][モ][ヨ]〕着由比浦之由申之、

岡[ホ][シ][モ][ヨ]岳

七月大

鶴岡八幡宮造営のため武蔵国浅草の大工の召進を命ず

三日、丁丑、若宮営作事、有其沙汰、而於鎌倉中無可然之工匠、仍可召進武蔵国浅草大工字郷司之旨、被下御書於彼所沙汰人等中、昌寛奉行之、

於彼[ヨ]猶彼

長尾定景厚免を蒙る

義実夢告により子息の讐敵定景の助命を請う

五日、己卯、長尾新六定景蒙厚免、是去年石橋合戦之時、討佐奈田余一義忠之間、武衛（源頼朝）殊被処奇怪、賜于義忠父岡崎四郎義実、々々元自専

（18オ）

慈悲者也、仍不能梟首、」只為囚人送日之処、定景令持法華経、毎日転読敢不怠、而義実称去夜有夢告、申武衛云、定景為愚息敵之間、不加誅戮者、雖難散鬱胸〔陶[ホ][シ][モ][ヨ]〕、為法華持者、毎聞読誦之声、怨念漸尽、若誅之者、還可為義忠之冥途讎歟、欲申宥之者、仰云、為休義実之鬱、下

之時[ホ][シ][モ]時
忠父岡[モ]忠『・父』岡
送日[ヨ]送日緒
華[ホ]花
転読[ヨ]読誦
夢[ホ]蔑『夢歟』
華[ホ]花
若誅[ホ][シ][モ][ヨ]若被誅
冥[シ]宜
義実[ホ]義宝『実歟』
之鬱[ヨ]欝

頼朝これを免許す
浅草の大工参り造営を始む
御神体を仮殿に移す
養和改元
鶴岡八幡宮宝殿上棟
頼朝着座す
工匠に馬を賜う
義経引馬役を拒む
重ねての仰せにより勤仕す

賜畢、奉読法華経之条、尤同心也、早可依請者、則免許云々、
八日、壬午、浅草大工参上之間、被始若宮営作、先奉遷神体於仮殿、
武衛参給、相模国大庭御厨庤一古娘依召参上、奉行遷宮事、所〔亦[ホ][モ][ヨ]〕輔〔邦カ〕通・
景（大庭）能（義）等沙汰之、来月十五日可有遷宮于正殿、其以前可造畢之由云々、」
（18ウ）十四日、戊子、改元、改治承五年為養和元年、
廿日、甲午、鶴岡若宮宝殿上棟、社頭東方構仮屋、武衛着御、御家人
等候其南北、[工]（[ホ][シ][モ][ヨ]）匠賜御馬、而可引大工馬之旨、被仰源九郎（義経）主之処、
折節無可引下手者之由被申之、重仰云、畠山次郎（重忠）、次佐貫四郎（広綱）等候之
上者、何被申無其仁之由哉、是併存所役卑下之由、寄事於左右、被難
渋歟者、九郎主頗恐怖、則起座引両疋、初下手畠山次郎重忠、後佐貫
四郎広縄〔綱[ホ][シ][モ][ヨ]〕也、此外、土肥次郎実平・工藤庄司景光・新田四郎忠常・佐
野〔太[ホ][シ][モ][ヨ]〕大郎忠家・宇佐美平次実政等引之、申剋事終、武衛令退出給、爰未
（19オ）「見今見」之男一人相交供奉人、頻進行于御後、其長七尺余、頗非直也

読法華経[ホ]優法花経[シ][モ][ヨ]優法華経
月[ヨ]同
改治承[ホ][シ][モ][ヨ]治承
岡[ホ][シ][モ][ヨ]岳
宮[モ]ナシ
御家人[ホ][シ][モ][ヨ]々家人
次[ヨ]ナシ
手[シ]午
山次[ヨ]山二
今見之[シ]ナシ[モ]×今×見之
人[ヨ]ナシ

行平不審の男を捕う

庭中に於て男を推問す

常澄意趣を述ぶ

誅罰のため常澄の身柄を景時に預く

頼朝行平を賞す

行平の申請により貢馬を免除す

成尋下文を作成す

源頼朝下文

者、武衛覧之、聊御思慮令立留給、未被出御詞之前、下河辺庄司行平
虜件男訖、還御之後、召出庭中、曳柿直垂之下着腹巻、［髻（㋭㋛㋲㋵）］付札、安
房国故長佐六郎（常伴）郎等左中太常澄之由注之、事之体可謂奇特、被推問事
由之処、不能是非陳謝、只称可被斬罪矣、行平云、可被梟首之条勿論
也、但不知食其意趣者、為汝無所拠、早可申者、于時常澄云、去年
冬、於安房国主人蒙誅罰之間、従類悉以牢籠、寤寐難休其鬱胸〔陶㋭㋛㋲㋵〕之間、
（19ウ）
為果宿意、此程佇立御亭辺、又曝死骸之時、」為令知姓字於人、髻付
簡云々、仰云、不及子細、早可誅、但今日宮上棟也、可為明日者、被
召預梶原平三景時畢、次召行平仰云、今日儀尤神妙、募此賞、所望一
事直可令達者、行平申云、雖非指所望、毎年進貢馬事、土民極愁申事
也云々、仰云、行勲功賞時可庶幾者官禄之両途也、今申状雖為比興、
早可依請者、仍於御前成給御下文、成尋奉行之、
下　々総国御厩別当所、
養和元年七月

虜㋲×慮『虜』 柿㋭㋛杼

郎等㋭㋛㋲㋵々等 事之体㋲事体

無所拠㋭㋛㋲無拠 申者㋭㋛㋲㋵申之者 澄㋭隆「澄歟」㋲隆『澄』

於㋵猶

程㋛裡 於㋭㋛㋲ナシ

進㋭㋛㋲ナシ

今㋭令㋲令『今』

早㋲申『早』

々㋭㋛㋲㋵ナシ

可早免除貢馬事、

行平所知貢馬、

右、件行平所知貢馬者令免除畢、仍御厨別当宜承知、勿違失、故

下、

○ホシモヨは「下総国」以下、前文から改行なし。文書部分は諸本とも改行はないが、内容により便宜改行した。

(20オ) 廿一日、乙未、和田太郎〔太ホシモヨ〕義盛・梶原平三景時等奉仰相具昨」日被召取之左中太、向固瀬河、而遣遠藤武者於稲瀬河辺、被仰云、景時者若宮造営之奉行也、早可令帰参、天野平内光家為彼替、義盛相共可致沙汰者、仍光家相具之、中太云、是程事、兼不被思定、軽々殿〔敷シモ〕哉云々、遂到彼河辺梟首之、雑色浜四郎時沢為副〔別ホシモヨ〕御使実検之、今夜武衛御夢想、或僧参御枕上、申云、左中太者武衛先世之讎敵也、而今造営之間露顕云々、覚後被仰云、謂造営者奉崇重大菩薩、宮寺上棟之日有此事、最〔尤〕

事ヨ事者
右…馬ヨナシ　免除畢モ免『・除』畢
昨シ作　向ホシモナシ　遣ホシモヨ追而遣　遠藤ホ遠「・藤」シ遠モ遠『・藤』　稲瀬河モ稲『・瀬』河　被仰云ホシモヨ被仰日
仍光家ヨナシ　殿ホ殿「敷イ」
宮寺モ官『宮イ』寺

八幡宮造営奉行の景時に帰参を命じ光家を遣わす

義盛景時常澄を具し固瀬川に向かう

常澄を処刑す

頼朝夢想により先世の讐敵と知る

御厩の馬を鶴岡八幡宮に献ず

可(㋭㋛㋲㋵)信者、仍不改時剋被奉御厩御馬号奥駿、於若宮、葛西三郎(清重)為御使云々、」

時剋㋲時「・刻」　御厩御馬㋲御「御」厩馬　駿㋭駿『駿』㋲『駿』駿

(20ウ)

八月小

平氏の申請により頼朝義仲追討を秀衡資永に宣下す

十三日、丁亥、〔巳㋭㋛㋲㋵〕藤原秀衡可令追討武衛(源頼朝)也、平資永(城)可追討木曾次郎義仲(源)之由宣下、是平氏之依申行也、

討武㋵罰武　永㋭㋛㋲長

鶴岡八幡宮遷宮

追討使経正北陸道に進発す

十五日、己未、鶴岡若宮遷宮、武衛参給云々、今日平氏但馬守経正朝臣為追討木曾冠者進発北陸道云々、

岡㋭㋛㋲㋵岳

追討使通盛北陸道に進発す

清綱等東国に進発す

十六日、庚申、中宮亮通盛朝臣(平)為追討木曾冠者又赴北陸道、伊勢守清(藤原)綱・上総介忠清(藤原)・館大〔太㋭㋲㋵〕郎貞保発向東国、為襲武衛也、

郎㋛良

康信の飛脚還都及び官軍の進発を報ず

廿六日、庚午、散位康信(三善)入道所進飛脚申云、今月一日自福原帰洛、而去十六日官軍等差東方発向、〔尤㋭㋛㋲㋵〕最可被廻用[意歟](㋭㋛㋲㋵)、」

所㋭㋛㋲㋵亦

(21オ)

渋谷下郷の年貢を免除す

廿七日、辛未、渋谷庄司重国次男高重竭無二忠節之上、依令感心操之穏便給、彼当知行渋谷下郷(相模国)所済乃貢等所被免除也、

二㋭㋛㋲㋵貳　穏㋭㋛㋲隠　彼㋭㋛㋲ナシ

鶴岡八幡宮等に大般若経転読等を命ず

廿九日、癸酉、為御願成就、於若宮幷近国寺社可令転読大般若経・仁王経等之旨被仰下、此内可令致長日御祈禱之所々在之、於鶴岳宮者兼日被定其式、至伊豆・箱根両山者、今被仰之、注文者各一紙被送遣彼山云々、昌寛奉行之、

伊豆箱根に祈禱注文を遣わす

御祈禱注文

御祈禱次第事

毎月朔　大般若経一部　衆三十人

毎月朔　仁王講百座　衆十二人

長日　観音品　衆百人、毎日一人充

四季　曼陀羅供　衆四人

右、御祈禱注文如件、

治承五年八月晦日

（21ウ）

○[ホ]は「衆三十人」以下三段目部分を小書で記す。

令[ヨ]ナシ
大般若経[ホ][シ][モ]大般若
可令致[ホ][シ][モ][ヨ]可致
所々[ホ][シ][モ][ヨ]所処
式[ヨ]或
箱[ホ][シ][モ][ヨ]筥
注[ホ][シ][モ][ヨ]註
文者[ヨ]文
長日[モ]長月
毎[ホ][シ][モ]五
陀[ホ][シ][モ][ヨ]荼
注[ホ][シ][モ][ヨ]註

城資永死去す

資永の経歴

義仲平氏追討のため上洛す

根井行親水津に於て通盛と合戦す

足利俊綱の経歴

九月大

三日、丙子、越後守資永号城四郎、任勅命、駆催当国軍士等、擬攻木曾冠者義仲(源)之処、今朝頓滅、是蒙天譴歟、

従五位下行越後守平朝臣資永　」

城九郎資国男、母将軍三郎清原武衡女、養和元年八月十三日任叙、

(22オ)

○[ホ][シ][モ]の「従五位下…」の一行は行間補書。[セ]により「城」を一字下げた。

四日、丁丑、木曾冠者為平家追討上洛、廻北陸道、而先陣根井大〔太[ホ][シ][モ]〕郎(行親)至[ヨ]越前国水津、与通盛(平)朝臣従軍已始合戦云々、

七日、庚辰、従五位下藤原俊綱字足利大〔太[ホ][シ][モ][ヨ]〕郎、者、武蔵守秀郷(藤原)朝臣後胤、鎮守府将軍兼阿波守兼光(藤原)六代孫、散位家綱(足利)男也、領掌数千町、為郡内棟梁之〔也[ホ][シ][モ][ヨ]〕、而去仁安年中、依或女姓之凶害、得替下野国足利庄領主職、仍本家小松内府(平重盛)賜此所於新田冠者義重之間、俊綱令上洛、愁申〔之[ホ][シ][モ][ヨ]〕候時、被返

(22ウ)

遣、自爾以降、為酬其恩、近年令属平家之」上、嫡男又大〔太[ホ][シ][モ][ヨ]〕郎忠綱同意

城[モ]ナシ
駆[ホ][モ][ヨ][セ]駈
譴[モ]×誼『譴』
永[ホ]長
上洛[ホ][シ][モ]ナシ
根[ヨ]振
従五位[ホ]位『従歟』五位
本家[ホ][シ][モ]平家
之間[モ]之之間
被返遣[ホ][シ]被返畢[モ]被『・返』畢
嫡男[ホ][シ][モ]嫡子

頼朝和田義茂に俊綱の追討を命ず

三郎先生義広（志太）、依此等事、不参武衛（源頼朝）御方、武衛亦頻咎思食之間、仰和田次郎義茂、被下俊綱追討御書、三浦十郎義連・葛西三郎清重・宇佐美平次実政等被相副之、先義茂今日下向、

義茂の飛脚到来す

十三日、丙戌、和田次郎義茂飛脚自下野国参申云、義茂未到以前、俊綱専一者桐生六郎為顕隠忠、斬主人而籠深山、捜求之処、聞御使之由、始入来陣内、但於彼首者、称可持参、不出渡者〔之ホシモヨ〕、何様可計沙汰哉云々、仰云、早可持参其首之旨、可令下知者、使者則馳帰云々、

桐生六郎に俊綱の首を持参させる命を使者に伝う

桐生六郎鎌倉に俊綱の首を持参す

(23オ)

十六日、己丑、桐生六郎持参俊綱之首、先自武蔵大路立使」者於梶原平三（景時）之許、申案内、而不被入鎌倉中、直経深沢、可向腰越之旨被仰之、次依可加実検、見知俊綱面之者有之歟之由被尋仰、而只今於祗候衆者、不合眼之由申之、爰佐野七郎（有綱）申云、下河辺四郎政義常対面云々、可被召之云々、仍召仰之間、政義遂実検令帰参、申云、刎首之後、経日数之故、面殊改雖令変、大略無相違云々、

頼朝俊綱を見知る者を問う

下河辺政義に首実検を命ず

御方ヨ方
平次ホシモ平太
深モ染
馳帰ホシモヨ馳参
案モ按
可加ホシモ可被加
有ヨ可有
歟之由ホシヨ歟由モ
歟×曲『由』
対面ホシモヨ遂対面
召之ホシモヨ召之歟
仍召仰モ仍『.召』仰
帰参ヨ帰
首之後ホシモヨ首後
面殊改雖ホシモヨ其
面殊雖

桐生六郎御家人に列せん事を請う

十八日、辛卯、桐生六郎以梶原平三申云、依此賞可列御家人云々、而

景時に命じ桐生六郎を誅す

誅譜代主人、造意之企最〔尤[ホ][シ][モ][ヨ]〕不当也、雖一且〔旦[ホ][シ][モ][ヨ]〕不足賞翫、早可誅之由被仰、

俊綱遺領を収公し妻子等を本宅に安堵す

(23ウ)景時則梟俊綱首之傍訖、」次俊綱遺領[等]([ホ][シ][モ][ヨ])事、有其沙汰、於所領者収公、至妻子等者可令本宅・資財安堵之由被定之、載其趣於御下文、被遣和田次郎之許云々、

源頼朝下文

仰下　和田次郎義茂所

不可罰雖為俊綱之子息・郎従参向

御方輩事、

右、云子息兄弟、云郎従眷属、始桐生之者、於落参御方者、不可及殺害、又件党類等妻子眷属并私宅等不可取損亡之旨、所被仰下如件、

治承五年九月十八日

○底本は「仰下…所」を前行「云々」の下に記す。[ホ][シ][モ][ヨ]及び内容に従い改行した。また、[ヨ]により「参向」で改行して「御方輩事」を次行に記した。[シ][モ]は「右」を前行の「事」とつなげる。

譜代　[ホ]譜茅『第』[シ][モ]譜第

公　[ヨ]公事
之由　[ホ][シ][モ]之旨

俊綱之子息　[ホ]俊綱之『・子』息

仰下如件　[ホ][シ][モ]仰下知如件

河野以下の伊予国在庁成良と合戦し敗績す

廿七日、庚子、民部大夫成良(粟田)為平家使乱入伊予国、而河野四郎(通清)以下在(24オ)庁等依有異心、及合戦、河野頗雌伏、是」無勢之故歟云々、

四郎[ホ][シ][モ]ナシ
無勢之故[ホ][シ][モ]無勢故
歟[ヨ]也

義茂下野国より帰参す

廿八日、辛未(丑[ホ][シ][モ][ヨ])、和田次郎義茂自下野国帰参云々、

十月小

追討使維盛東国に進発す

三日、丙午、頭中将維盛(平)朝臣為襲東国赴城外云々、

鶴岡八幡宮大般若経衆最勝講衆を補す

六日、己酉、以走湯山住侶禅睿補鶴岡供僧幷大般若経衆、給免田二町(在鶴岳西谷)、御下文云々、又以玄信大法師被加同職、於最勝講衆者可従長日役之旨被仰云々、

睿[ホ][シ][モ]𥨊
岡[ホ][シ][モ][ヨ]岳
二町[ヨ](小書)
在[ヨ]右

大般若経供僧職補任状

定補

若宮長日大般若経供僧職事、

大法師禅睿」

(24ウ)右以人、為大般若経供僧、長日可[令](ホシモ)勤行之状如件、

睿[ホ][シ][モ]𥨊
以[ホ]以「此」[シ]此[モ]以『此』

最勝講供僧職補任状

治承五年十月六日
定補
若宮長日最勝講供僧[職]㋭㋛㋲事
大法師玄信
右以人、為最勝講衆、長日之役可令勤仕之状、所仰如件、　以㋛此㋲以『此』為㋭㋛㋲於
治承五年十月六日

常陸国橘郷を鹿島社に寄進す

十二日、乙卯、以常陸国橘郷令奉寄鹿島社、是依為武家護持之神、殊　是㋛ナシ
有御信仰云々、

源頼朝寄進状

奉寄　鹿島社御領
在常陸国橘郷　」
(25オ)
右、為心願成就、所奉寄如件、
治承五年十月日　源頼朝敬白、　頼朝㋭㋛㋲頼ー
○㋭㋛は「在常陸国」「橘郷」を二行に分ける。楓軒文書纂所収の写は一行で

記す。

廿日、癸亥、昨日大神宮権称〔禰〕宜度会光倫号相鹿二郎大夫、自本宮参着、是為致御祈禱也、今日賜御願書、武衛対面給、光倫申云、去月十九日、依平家之申行、為東国帰往祈禱、任天慶之例、被奉金鎧於神宮、奉納以前、祭主親隆(大中臣)卿嫡男神祇少副定隆(大中臣)於伊勢国一志駅家頓滅、又件甲可致〔被〕奉納事(ホシモ)、同月十六日於京都有御沙汰、当于其日、本宮正殿棟木蜂作(25ウ)巣、雀・小蛇」生子、就是等之怪、勘先蹤、軽朝憲危国土之凶臣、当此時可敗北之条、置而無疑者、仰曰、去永暦元年出京之時、有夢想告之後、当宮御事、竭仰之思異他、所願成弁者、必可寄進新御厨云々、

十一月大

五日、丁丑、足利冠者義兼・源九郎義経・土肥次郎実平・土屋三郎宗遠・和田小太郎義盛等為防禦維盛(平)朝臣欲行向遠江国之処、佐々木源三

太神宮権禰宜祈禱のため鎌倉に参着す
去月十九日平家金鎧を奉納す
怪異の連続を報じ平家の敗北を予言す
頼朝新御厨の寄進を約す
義兼義経以下追討軍防御のため遠江国に向かわんとす

大ⓗ太
賜ⓗⓢⓜナシ
平家之申行ⓗⓢⓜ平家申行
祈禱ⓗⓢⓜ祈請
蛇ⓗⓢⓜ虵
竭ⓗ竭『渇歟』ⓢ偈ⓜ渇
異他ⓗⓢⓜ異于他
源ⓗⓢⓜナシ
次ⓗⓢⓜ二

秀義の上申により延引す

秀能(義)申云、件羽林、当時在近江国、下向不知其期、且十郎蔵人(源行家)張軍陣於尾張国、先可相支歟、各雖無楚忽進発、有何事哉云々、仍延引之、〔云々ホシモ〕」

張軍陣ホ帳「張」陣シ
モ張陣

頼政の一族加賀竪者平家の捜索を逃れ鎌倉に来たる

(26オ)

十一日、癸未、加賀竪者参着、是故入道源三位卿(頼政)一族也、而彼三品禅門近親埴生弥太郎〔太ホシモ〕盛兼、去年宇治合戦以後、蟄居于或所、潜欲参関東之処、九月廿一日前右大将(平)宗盛卿、遣勇士擬生虜刻、忽以自殺、号件与力衆、搦取少納言宗縄(藤原)〔綱ホシモ〕畢、依為親昵、同被捜求之間、失度参向云々、

加賀モ賀加
之処ホシモ処
九ホシモ五
遣モ×遣『遭』
勇士擬ホシモナシ
昵ホシモ眤

北陸道追討使通盛等帰洛す
経正若狭国に留まる

廿一日、癸巳、中宮亮通盛(平)朝臣・左馬頭行盛(平)自北国帰洛、但馬守経正(平)朝臣逗留若狭国云々、

相模国早河荘の年貢を免除す

廿九日、辛丑、早河庄所領乃貢者一向所被免除也、依殊御憐愍也、」

十二月小

(26ウ)

御台所病悩す

七日、己酉、御台所(北条時政女)御悩、仍営中上下群集、

日恵死去す

十一日、癸丑、帥公日恵入滅、日来煩腹中、今夜則葬于山内辺、武衛(源頼

帥シモ師

御哀傷之余、自令向其荼毘所給、是園城寺律[静]房日胤門弟、顕密兼学[浄]侶也、去五月尋先師旧好令参向之間、有御帰依云々、

頼朝荼毘所に向かう

密ヨ蜜
之間ヨ間

養和二年壬寅五月廿七日為寿永元年、

二ヨ元「二歟」
五月…元年ホシモ（大書）

正月大

一日、壬申、卯剋武衛(源頼朝)御参鶴岳宮、被奉神馬一疋、佐野太郎忠家引之、其後於宝前令法楽法華経寿量品」給云々、

(27オ)

頼朝鶴岡八幡宮に参詣す

法華経法楽

法華経ホ法花シモヨ法華

三日、甲戌、武衛御行始、渡御于藤九郎盛長(安達)甘縄之家、佐々木四郎高綱懸御調度在御駕之傍、足利冠者(義兼)・北条殿(時政)・畠山次郎重忠・三浦介義澄・和田小大郎[太]義盛以下列御後云々、

御行始として盛長の甘縄の家に渡御す

御行モ『.御』行
縄ホシモ綱
家ヨ処

八日、己卯、鶴岳若宮被始行長日不動・十一面等供養法、供僧等奉仕之、為御素願成弁也云々、

鶴岡八幡宮に於て長日不動十一面観音供養法を始行す

平時家広常の推挙により頼朝に初参す

時家先年上総国に配され広常の婿となる

廿三日、甲午、伯耆守時家（平）初参武衛、是時忠（平）卿息也、依継母（藤原領子）之結構、被配上総国、司馬（上総介広常）令賞翫之為聟君、而広常去年以来御気色聊不快[之]（㋭㋛）間、（㋲）為贖其事挙申之、武衛愛京洛客[給]（㋵）之間、殊憐愍云々、

（27ウ）

頼朝大神宮に奉納する神馬砂金を覧る

常胤朝政砂金を献ず

俊兼神馬の毛付進献者を記す

廿八日、己亥、可被奉大神宮之神馬・砂金等事、日者有其沙汰、今日潔斉（斎㋛㋵）之輩献此等、仍於営中覧之、直所令採用給也、先金百両、千葉介常胤・小山[小]（㋭㋛㋲㋵）四郎朝政等進之、次神馬十疋引立庭上、俊兼（藤原）候簀子、勒毛付、

神馬交名

一疋鴾毛江戸大（太㋭㋲）郎（重長）進、　一疋河原毛下河辺四郎（政義）進、

一疋栗毛武田大（太㋭㋛㋲）郎（信義）進、　一疋栗毛駮吾妻八郎進、

[一疋青黒（㋭㋛㋲㋵）高場次郎進、　一疋鴾毛駮豊田太郎（幹重）進、]

一疋鹿毛小栗十郎（重成）進、　一疋葦毛葛西三郎（清重）進、

一疋白栗毛河越大（太㋭㋛㋲㋵）郎（重頼）進、額白、　一疋黒瓦毛中村庄司（宗平）進、

選定後神馬を光倫宅に預く

已上御馬撰定之後、被預置于生（光）倫（度会）神主之宅、各相副飼口云々、」

国㋭㋛㋲ナシ

憐㋵御

大㋭㋛㋲㋵太

仍㋭㋛㋲ナシ

進之㋭㋛㋲㋵進

勒㋲勒『勤』

黒㋵毛

場㋵槀

額白㋭㋛㋲ナシ

之宅㋭㋛㋲㋵宅

神馬労飼の緩怠により高場次郎郎従を朝政に召し預く

光倫の憂慮により厚免す

康信大神宮奉納願文の草案を献ず

光倫奉幣使として進発す

長江義景先祖景政の由緒により神宝奉行となり進発す

源頼朝願文

(28オ)

二月小

二日、癸卯、高場次郎々従生沢五郎蒙御気色、被召預小山小四郎朝政、是神馬進発之前、殊可労飼之間、(旨[ホ][シ][モ][ヨ])被仰含之処、此男有緩怠事之故也、但生(光)倫(度会)神主如此刑罰不可叶神慮之由、頻[依][ホ][シ][モ]傾申、被厚免云々、

八日、己酉、被奉御願書於伊勢大神宮、大夫属(三善康信)入道善信献草案、是為四海泰平万民豊楽也云々、生(光)倫着衣冠、参営中賜之、則進発、中四郎維重[被][ホ][シ][モ]相副之、長江大郎(太[ホ][シ][モ])義景為神宝奉行同首途、義景先祖権五郎景(鎌)政(倉)(28ウ)抽擲重信心、去永久五年十月廿三日、以私領相模国大庭御厨、永奉寄神宮之間、彼三代孫尤可相叶神慮歟之由、被経御沙汰、応其撰云々、

御願書云、

維当歳次治承六年壬寅、二月八[日][ホ][シ][モ]己酉、吉日良辰遠撰定天、前右兵衛

場[ヨ]稾
郎々[ホ]郎「・々」[シ][モ]
郎
預[ヨ]ナシ
小四[ヨ]四
厚[シ]原
大神[ホ][シ][モ]太神
義景為[モ]景為

清和源氏の系譜と官仕

佐従五位下源朝臣頼朝、礼代御弊〔幣㋭㋛㋲〕・砂金・神馬等令捧斉〔斎㋛〕持天、天照
百皇太神広前仁恐天毛申天申久、頼朝訪遠祖波、神武天皇初天日本国
豊葦原水穂爾令濫觴天五十六代仁相当礼留清和天皇乃第三〔経基王〕乃孫与利、
携武芸天護国家利、居衛官天耀朝威須、自爾以来、挿野心凶徒征罰須
留依勲功天、恵沢身仁余利、武」勇世仁聞倍、和国無為仁志有截克調

保元の乱

（29オ）

天、星霜三百余歳仁覃布処、保元年中与利洛陽仁兵乱赴〔起㋭㋛㋲〕留、時人不訪

平治の乱と頼朝の配流

陽〔湯〕王乃化、不存鎮護乃誓須、犯否於押混天、賞罰於申行布間、平治年
中仁、頼朝無咎過天覃罪科布、含愁憤天送春秋留処仁、前平〔清盛〕［大］㋭㋛㋲相国

頼朝の挙兵

驍勇乃令徒党天、去々年乃秋、頼朝於擬誅志日、依有天運天、黥〔英布〕布加
鏑遠令遁留、本自利不誤加故仁、神乃冥助奈利、而彼平大相国還天頼

平家の悪行

朝加謀叛乃由疑聞〔叡㋭㋛㋲〕於驚須、即奏事不実奈利、披陳仁無便志天、只仰蒼
穹久間多仁、華夷不静須、逆濫重畳勢利、厥中仁、聖武天皇草創鎮地
乃後、歴四百余歳多留蓮宮遠令焚焼条、蒼生」誰不悲歎哉、凡朝務遠

（29ウ）

寿永元年（養和二年）二月

広㋛㋲廟
官㋭㋛㋲宮
功〈天〉㋛㋲功〈志〉
元年㋲年元
陽王㋭陽「湯歟」王㋲陽『湯』王
混㋲沌
徒党㋭㋛㋲従党
秋㋭愁『秋歟』
黥㋭⿰黑重「黥イ」
遁㋭道『遁歟』
誤㋲誤『誤』
蒼穹㋭㋛㋲蒼天
草創㋲『・草イ』創
焚㋭梵「焚」
条㋲ナシ

清盛の死去

熊野衆徒の乱行

頼朝の意向

新領寄進伊雑宮造替神宝調進を約す

押行比、群卿〔郡 郷㋭㋛㋲〕滅亡須留、是量〔豈㋭㋛㋲〕仁非謀叛乎、爰平太相国俄早世勢留神慮不快乃由露顕奈利、但頼朝殊所恐波、如風聞波、熊野乃衆徒号志天、姦濫遠巧牟類等、去年正月仁、皇太神宮乃別宮伊誰〔雑〕宮仁濫入志天、御殿於破損志、神宝遠犯用須、因茲御体遠皇太神乃御所乃砌利、五十鈴乃河上乃畔仁、仮奉遷云々、亦同月仁、彼凶賊等、二所大神宮乃御所近辺乃人宅仁乱入志、資財遠捜取利、舎宅遠焼失須留刻、祠官等成恐怖天、参宮中天令騒動牟、此両条、全頼朝不謬、神明乃仰照鑒久、方

(30オ)

今無為無事仁遂参洛天、防朝敵天、世務遠如元一院〔後白河法皇〕仁奉」任天、禹王乃慈愍遠令訪、神事遠「如在仁〔㋭㋛㋲〕」奉崇天、正法乃遺風遠令継牟、縦雖平家毛、雖源氏毛、不義遠波罰志、忠臣遠波賞志賜倍、兼又古今乃例遠訪天、二宮仁新加乃御領於申立天、伊雑宮遠造替志、神宝遠調進世牟土所祈精〔請〕奈利〔㋭㋛㋲〕、抑東州御領如元久不可有相違留由、任二宮注文、染丹筆天奉免畢、此凡不訛謬須、皇太神此状遠令照納天、上美始自政王免、下毛迄

太㋭㋛㋲大

〈乃〉別宮伊誰宮㋭㋛㋲ナシ

御所㋭御所「殿敷」㋲御所「殿」

二所大神宮㋭㋛㋲二所太神宮

御所㋭御所「殿」㋲御所「殿」

宮中㋛官中

無為㋭㋛㋲ナシ

縦㋲蹤

任㋲仕

訛謬㋭㋛㋲訛謬

皇太神㋭㋛㋲百王太神

納〈天〉㋭㋛㋲納〈于〉

下〈毛〉迄㋭㋛㋲下迄

于百司民庶天、安穏泰平仁令施恵護天、頼朝加伴類仁臻万天、夜乃守
利仁日乃守利仁護幸倍給倍士〔止[ホ][シ][モ]〕恐天恐天毛申天申久、
治承六年二月八日　前右兵衛佐従五位下源[朝臣][ホ][シ][モ]頼朝
」

御台所の懐妊により三浦義澄舅伊東祐親の恩赦を請う

(30ウ)十四日、乙卯、伊東次郎祐親法師者、去[々][ホ][シ][モ][セ]年已後、所被召預三浦介義澄也、而御台所(北条時政女)御懐孕之由風聞之間、義澄得便、頻窺御気色之処、召御前、直可有恩赦之旨被仰出、義澄伝此趣於伊東、々々申可参上之由、義澄於営中相待之際、郎従奔来云、禅門承今恩言、更称恥前勘、忽以企自戮、只今僅一瞬之程也云々、義澄雖奔至、已取捨云々、

祐親恩言を聞き自殺す

頼朝祐親自殺の報に感歎す

十五日、丙辰、義澄参門前、以堀藤次親家申祐親法師自戮之由、武衛且歎且感給、仍召伊東九郎(祐清)祐親子、父入道其過雖惟重、猶欲有宥沙汰之(31オ)処、今自殺畢、後悔無」益食臍、況於汝有労哉、尤可被抽賞之旨被仰、九郎申云、父已亡、後栄似無其詮、早可給身暇云々、仍被加不意誅戮、世以莫不美談之、武衛御豆州之時、安元々年九月之比、祐親法師

子息祐清身の暇を乞う頼朝心ならずも誅戮す

安穏[ホ][モ]安隠
夜〈乃〉守〈利仁〉[ホ][シ]
[モ]夜〈乃〉守〈利〉
兵衛[モ]衛兵
頼朝[ホ]頼｜[シ]頼[モ]頼
『朝』
風聞之間[ホ][シ][モ]風聞
間
仰出[セ]仰出之
伊東[セ]伊藤
々々[ホ][シ][モ]伊東[セ]伊
藤
奔来[セ]走来
自戮[ホ][シ][モ][セ]自殺
取捨[セ]取終
自戮[ホ][シ][モ][セ]自殺
仍[セ]ナシ
伊東[セ]伊藤
今[ホ][セ]令
後悔[モ]後『・悔』
労[セ]営
抽[セ]忠
旨[セ]由
栄[セ]営
早[セ]畢
御豆州[ホ]御『・座』豆
州[シ][モ]御座豆州
之時[ホ][シ][モ][セ]之時者

欲奉誅武衛、九郎聞此事、潜告申之間、武衛逃走湯山給、不忘其功給之処、有孝行之志如此云々、

三月大

山田重澄に一村地頭職を賜う

五日、乙亥、山田大郎〔太[ホ][シ][モ]〕重澄日来朝夕祗候、殊竭懇懃之忠、仍今日賜一村地頭職、

御台所着帯
常胤妻帯を献ず
頼朝帯を結ぶ

(31ウ)

九日、己卯、御台所（北条時政女）[御][ホ][シ][モ]着帯也、千葉介常胤之妻（秩父重弘女）、依殊仰、以」孫子小大郎〔太[ホ][シ][モ]〕胤政為使献御帯、武衛（源頼朝）奉令結之給、丹後局候倍〔陪〕膳、

鶴岡八幡宮参詣道を造る
時政以下土石を運ぶ

十五日、乙酉、自鶴岡社頭至由比浦、直曲横而造詣往道、是日来雖為御素願、自然渉日、而依御台所御懐孕御祈、故被始此儀也、武衛手自令沙汰之給、仍北条殿（時政）以下各被運土石云々、

大神宮奉幣使帰参
二宮禰宜平家の後聞を憚り状を書かず

廿日、庚寅、大神宮奉弊〔幣[ホ][シ][モ]〕御使帰参、二宮一称宜〔禰〕（荒木田成長・度会貞綱）各領納幣物、可抽懇祈之由内々申之、但不奉状、是若憚平家之後聞歟之旨有御疑云々、

告申之間[ホ][シ][モ]告申間
岡[ホ][シ][モ]岳
始[モ]×如『始』
北[モ]此　以下[ホ][シ][モ]已下
大[シ][モ]太

頼朝江ノ島に出御す

文覚秀衡調伏のために弁財天を勧請し供養法を始行す

金洗沢に於て牛追物を行う

貞能鎮西諸国を掠領す

菊池隆直平家に帰伏す

四月小

（32オ）五日、乙巳、武衛（源頼朝）令出腰越辺江島給、足利冠者（義兼）・北条殿（時政）・新田冠者（義成カ）・畠山次郎（重忠）・下河辺庄司（行平）・同四郎（政義）・結城七郎（朝光）・上総権介（広常）・足立右馬允（遠元）・土肥次郎（実平）・宇佐美平次（実政）・佐々木太郎（定綱）〔太㋭㋛㋲㋝〕・［同三郎］（盛綱）〔㋭㋛㋲㋝〕・和田小太郎（義盛）・三浦十郎（義連）・佐野大郎（基綱）〔太㋭㋛㋲㋝〕等候御供、是高雄文学上人（覚）、為祈武衛御願、奉勧請大弁才天於此島、始行供養法之間、故以令監臨給、密議〔儀㋝〕、此事為調伏鎮守府将軍藤原秀衡也云々、今日即被立鳥居、其後令還給、於金洗沢辺有牛追物、下河辺庄司・和田小太郎・小山田三郎（重成）・愛甲三郎（季隆）等、依有箭員、各賜色皮・紺絹等、

（32ウ）十一日、辛亥、貞能（平）為平家使者、此間在鎮西、而申下官使、」相副数輩、私称兵粮米、廻国郡、成水火之責、庶民悉以為之費、乃〔仍㋭㋛㋲〕肥後国住人菊池次郎高直（隆直）者、為去当時之難、令帰伏之由申之云々、

辺㋭×辺「趣歟」

畠山㋭畠「・山」

平次㋝平次郎

候㋭㋛㋲ナシ　供㋭㋛㋲㋝共

即㋝ナシ

甲㋛田　依㋝ナシ

私称兵粮米㋭㋛㋲私使称兵粮　郡㋲群

者㋭㋛㋲ナシ

○[シ][モ]は十一日条を五日条の「紺絹等」に続けて記す。

故義朝の護持僧円浄房を召す

円浄の武蔵国蓮生寺に田地等を寄進す

廿日、庚申、円浄房依召自武蔵国参上、為抽御祈丹誠、此間候営中、是為左典廐(源義朝)護持僧、武衛御胎内之昔加持御帯者也、而平治逆乱以後、於(従洛)「ゝゝ」(×洛)従陽来武蔵国、草創一寺号蓮生寺、為住所云々、仍且感往年之功、且被優当時懇祈、以田五町・桑田五丁、限未来際、寄附彼寺給、

武蔵[モ]蔵武　丹[モ]舟
従洛陽[ホ][シ][モ]出洛陽　之[モ]ナシ

鶴岡八幡宮辺の水田を池に改む

廿四日、甲子、鶴岳若宮辺水田号絃巻田、三町余被停耕作之儀、被改池、専光(良暹)・景義(大庭)等奉行之、」

文覚江ノ島の参籠を終え御所に参る

(33オ)
廿六日、丙寅、文学上人依請参営中、自去五日参籠江島、歴三七ケ日、昨日退出、其間断食而懇祈砕肝膽之由申之、

三七ケ日[モ]三十五「・ケ」日
肝膽[ホ]「・肝」膽[シ]膽[モ]「・肝」膽
之由[ホ][シ][モ]由

五月大

右筆藤原広綱初参す
安田義定の推挙による

十二日、辛巳、伏見冠者藤原広縄(綱[ホ][シ][モ])初参武衛(源頼朝)、是右筆也、駲京都者、依有御尋、安田三郎(義定)被挙申之、日来住遠江国懸河辺云々、

有[モ]ナシ
挙[モ]奉

十六日、乙酉、及日中、老翁一人正束帯把笏参入営中候西廊、僮僕二人従之、各著浄衣、捧榊枝、人怪之、面々到其座砌、雖問参入之故、
（33ウ）更不答、前少将時家〔平〕到問之」時、始発言語、直可申鎌倉殿云々、羽林重問名字之処、不名謁、即披露此趣、武衛自簾中覧之、其体頗可謂
神、称可対面、令相逢之給、老翁云、是豊受太神宮称〔禰〕宜為保〔度会為康〕也、而遠
江国鎌田御厨者為当宮領、自延長年中以降、為保数代相伝之処、安田三郎義定押領之、雖通子細、敢不許容、扗欲蒙恩裁云々、以此次神宮
勝事、引古記所見述委細、武衛御仰信之余不能被問安田、直賜御下
文、則以新藤次俊長〔鎌田〕為御使、可沙汰置為保使於彼御厨之由、被仰付之云々、
十九日、戊子、十郎蔵人行家〔源〕在三河国、為追討平家、可令」上洛之由内儀、先為祈精、相語当国目代大中臣蔵人以通、密勤〔勒㋭㋛㋲〕告文、相副幣物等、奉二所大神宮、
度会為康御所に推参す
名謁せず頼朝との直談を求む
頼朝為康と対面す
安田義定の遠江国鎌田御厨押領を訴う
頼朝仰信により直ちに下文を賜う
使者を遣わし同御厨を沙汰し付く
行家三河国より大神宮に告文を捧げ幣物を送る

（34オ）

把㋲×犯『把』
著㋭㋛㋲着
到問之時㋭㋛㋲ナシ
敢㋭㋛㋲ナシ
扗㋭扗『枉歟』
委細㋭㋛㋲委曲
余㋭㋛㋲ナシ
被問㋲×彼『被』問
為御使㋭㋛㋲御使
為保使㋲為×保『保』使
仰付之㋭㋛㋲仰付
三㋭㋛㋲参
祈精㋭㋛㋲祈請
大中臣㋭中「・臣」㋛㋲中
蔵人以通㋭蔵人『・以字落乎』通
告㋲台

三河国目代大中臣以通送文

奉送　御幣物
美紙拾帖　八丈絹弐[疋]ホシモ
右、奉送如件、
治承五年五月十九日　三河御目代大中臣以通

三ホシモ参

大中臣以通奉書

依蔵人殿仰、所令申候也、大神宮御事、自本内心御祈念候之上、旁御夢想候歟、仍所思食御意趣之告文、御幣物送文等献上之、以此趣可有御祈念候也、仰之旨如此、謹言、」
五月十九日　大中臣以通奉
内外宮政所大夫殿

大神ホシモ太神
有ホシモナシ

(34ウ)

○底本及びシは送文の発給者「…以通」の下に「依蔵人殿…」をつなげる。ホモ及び内容により改行した。なお、本日条は養和元年五月十九日の記事の混入か。

相模国金剛寺住侶古庄近藤太の非法を訴う

廿五日、甲午、相模国金剛寺住侶等捧解状、群参営中、是所訴申古庄近藤太非法也、彼状被召出御前、相鹿大夫光生〔倫〕(度会)読申之、

住侶モ住持侶
光生ホシモ先生

金剛寺住僧等解状

金剛寺住僧等解申請　鎌倉殿御裁定事、

請被特蒙慈恩停止古庄郷司近藤太致非例濫行呵法難堪子細状、

副進所課注文一通、

金剛寺の由緒

（35オ）右、住僧等謹言上、倩案、当寺為体、大日如来変身不」動明王霊地也、仰其利生之倫、破悪魔怨敵、趣〔赴カ〕十善尊位者也、爰住僧聖禅切払此山中、安置明王尊像、抬〔招[ホ][シ][モ]〕集無縁禅徒、勧尽〔昼[ホ][シ][モ]〕夜勤行、朝叩鐘声、奉

郷司の乱行

祈大主尊閤〔閣[ホ][シ][モ]〕、夕啒蘿衿、祈精国土安穏、而当郷司猥耽一旦之貪利、永忘三宝之冥助哉、依此呵責、住僧等各閉菴室之枢、捨供養之法器畢、寺中無耕作田畠、唯懸露命於林菓許也、就中為山狩、追出僧衆之条、希代事也、依如此之責、住僧等已逃散、加之聖禅於破壊精

（35ウ）舎、雖企修造之励、誰留安堵之踵哉、若無御裁許者、誰住僧」留浮跡者〔矣[ホ][シ][モ]〕、望請、早任注文之状、被停止之者、住僧等各凝三業一心之丹誠、奉祈千載之御宝算矣、以解、

寿永元年（養和二年）五月

濫[シ][モ]監
呵[ホ]号『呵歎』
此山[ホ][シ][モ]幽々山
奉祈[モ]奉祈上
啒[ホ][シ][モ]崛
衿[モ]×衿
祈精[ホ][シ][モ]祈請
安穏[ホ][シ][モ]安隠
冥[モ]宜
呵[ホ]×号「苛」[シ][モ]苛
閉[ホ][シ][モ]閇
菴[ホ][シ][モ]庵
菓[モ]巣
許[シ][モ]計
於[モ]所
之状[ホ][シ][モ]状
之者[ホ][シ][モ]者
千載[ホ][シ][モ]千秋

治承六年五月日　　　金剛寺住僧等

金剛寺住僧の訴えを沙汰し解状に外題を成し下す

廿六日、乙未、金剛寺僧徒訴事、昨日擬有其沙汰之処、已及秉燭之
上、昌寛申障而不参之間、今日被経沙汰、被成下外題云々、

同外題

如申状、僧徒等者、課山寺仁公事、幷狩山蚕食召仕事、見苦事也、
速可令停止状、仰処如件、

課山[ホ][シ][モ]有謂山　蚕食[ホ][シ][モ]蚕養

○底本「外題云々」の下に「如申状」以下をつなげる。[ホ][シ][モ]及び内容により改行して一字下げで示した。

寿永改元

廿七日、丙申、改元、改養和二年為寿永元年、」

改養和[セ]養和元年[セ]元

大神宮禰宜行家に返状を送る

(36オ)

廿九日、戊戌、十郎蔵人去十九日奉告文等於伊勢大神宮、彼禰宜等返
状今日到着于三河国、

大[ホ][シ][モ]太　禰[ホ][シ][モ]称　三[ホ][シ][モ]参

大神宮政所権神主書状

今月十九日告文幷御消息、同廿二日到来、子細披見畢、抑自去年冬
比関東不静、殊可祈請之旨、頻依被下綸言、各凝丹誠之処、不図之
外、神主・禰宜等背朝家同意源氏、致彼祈請之由、讒奏出来之間、

同廿二日[モ]同『・廿イ』二日　之外[ホ][シ][モ]外　禰[ホ][シ][モ]称　背[モ]×背『肖』

度々下院宣、依被相尋真偽、勒不誤之状、進請文畢、而今被送告
文、輙不能領状云々、以此旨可経奏聞也、是後日勅勘之疑可有其恐
（36ウ）
之故也、神宮事、偏雖仰神明、又」不蒙公家裁定者、不致沙汰之例　裁ホナシ
也、又東国之中太神宮御領既有其数、云神戸、云御厨、皆所勤有
限、厳重無止、而彼所司・神人等寄事於騒動、又号有兵粮米之責、
所当・神税・上分等依令難済、任先例遣宮使令催促之処、弁済既　税ホ祝　宮使モ官使　令催促ホシモ令加催促
少、対捍甚多、因之、色々神役闕乏、各々神人抱愁吟、神慮有恐、
人意無休之間、今不可致妨之由被載状、可存其旨候之状如件、

治承五年五月廿九日　　太神宮政所権神主

大神宮牒状を延暦寺に送る

（37オ）
侍中披返状之後、知神慮不快之由、更令周章、又」相恃山門衆徒、送　相恃ホシモ相待
牒状於延暦寺、是忘謀[平]（ホシモ）家祈請、可合力源氏之由也、

○本日条は養和元年五月二十九日の記事の混入か。

六月小

頼朝愛妾亀前を光家の小坪宅に遷す

一日、庚子、武衛（源頼朝）以御寵愛妾女号亀前、招請于小中太光家（中原）小窪（相模国）宅給、御中通之際、依有外聞之憚、被構居於遠境云々、且此所為御浜出便宜地云々、是妾郎橋太郎入道息女也、自豆州御旅居奉昵近、匪顔貌之濃、心操殊柔和也、自去春[之]（ホシモ）比御密通、追日御寵甚云々、

構ホホ×称「構」モ称
妾郎ホ妻良シモ妾良入道息女也モ道息女入也

久下直光の押領を停め熊谷直実を熊谷郷に安堵す

（37ウ）

五日、甲辰、熊谷次郎直実者匪励朝夕格勤之忠、（恪ホシモ）」去治承四年追討佐竹冠者（秀義）之時、殊施勲功、依令感其武勇給、武蔵国旧領等、停止真光（直ホシモ）（久下）之押領、可領掌之由被仰下、而直実此間在国、今日参上、賜件下文云々、

次ホシモ二
参上ホシモ令参上

源頼朝下文

下　武蔵国大里郡熊谷次郎平直実所、

定補所領事、

右件所、且先祖相伝也、而久下権守直光押領事停止、以直実為地頭之職成畢、其故何者、佐汰毛（佐竹秀義カ）四郎常陸国奥郡楯籠花園之（花園之楯籠ホモ）、自鎌倉令

里シ黒モ×黒『里イ』
佐汰毛ホ佐汰毛「竹」モ佐×沙汰毛
国モナシ
楯籠花園之シ花園山楯籠

責御給〔給㋭㋛㋲ナシ〕時、其日御合戦、直実勝万人前懸、一陣懸壊、一人当千、顕
一陣㋭㋛㋲一陳

高名、其還賞〔勧㋭㋛㋲〕、件熊谷郷之地頭職成畢」、子々孫々永代不可有他妨、
地頭職㋲地頭『・職』

故下、百姓等宜承知、敢不可違失、
百姓等㋲百姓×職等
可㋲ナシ

治承六年五月卅日

○諸本とも「定補…事」は前行の「直実所」の下に続く。内容により改行して示した。

（38オ）

由井浦に於て牛追物を行う

七日、丙午、武衛令出由井浦給、壮士等各施弓馬之芸、先有牛追物
壮士㋲壮士
牛追物等㋝牛追物

等、下河辺庄司（行平）為御合手、・榛谷四郎（重朝）・和田太郎〔太㋭㋛㋲㋝〕（義盛）・同次郎（義茂）・三浦十郎（義連）・愛

甲三郎（季隆）為射手、次以股解沓、差長八尺串、召愛甲三郎令射給、五度射
沓㋭㋛㋲㋝沓
射之㋲×討「射」之

馬場の広さを定む

之、皆莫不中、而武衛令打彼馬跡与的下給之処、其中間為八杖也、仍

積此杖数、可定相広之馬場之由被仰出、其後有盃酌之儀、興宴移剋、
剋㋝刻

盃酌の儀有り加藤景廉絶入す

（38ウ）

及晩加藤次景廉出座席絶〔於㋭㋛㋲㋝〕」入、諸人騒集、佐々木三郎盛綱持来大幕、

頼朝酒宴を止め還御す

纏景廉懐持退出、則帰宿所加療養、依此事、止御酒宴令帰給云々、
退出㋭㋝退去

頼朝景廉の病を見舞う

八日、丁未、武衛渡御景廉車大路家、令訪病痾給、自今暁心神復本之

景廉復本し頼朝の供に候す

由申之、即令候御供（供㋭㋛㋲㋝共）、参小中太（太㋛㋲大）家云々、

鶴岡八幡宮辺に光物飛行す

廿日、己未、戌刻鶴岳辺有光物、指前浜辺飛行、其光及数丈、暫不消（刻㋭㋛㋲剋）

云々、

七月大

御台所産所に渡る

十二日、庚辰、御台所（北条時政女）依御産気渡御比企谷殿、被用御輿、是兼日被点

（39オ）

其所云々、千葉小大郎［太㋭㋲］胤正・同六郎」胤頼・梶原源太景季等候御供（供㋭㋛㋲共）、

景時に雑事奉行を命ず

梶原平三景時可奉行御産間雑事之旨被仰付云々、

新田義重勘気を蒙る

十四日、壬午、新田冠者（マヽ）義重主蒙御気色、是彼息女者悪源大殿（源義平）［太㋭㋛㋲］舎兄、武衛（源頼朝）

頼朝義重娘に艶書を通ず

後室也、而武衛、此間以伏見冠者広綱（藤原）潜雖被通御艶書、更無御許容気

義重御台所の後聞を憚り娘を嫁がす

之間、直被仰父主之処、義重元自於事依廻思慮、憚御台所御後聞、俄

以令嫁件女子於帥六郎［之］（㋭㋛㋲）故也、（帥㋛㋲師　六郎故㋭六郎――之　故㋛六郎之故㋲六郎――之故）

鶴岡八幡宮供僧公事免除を訴う
公事免除の下文を賜る

八月大

五日、癸卯、鶴岳供僧禅睿捧訴状云、長日不退御祈禱更無怠慢之処、(39ウ)於恩賜田畠准平民被宛催」公事、愁訴難慰云々、仍則停止万雑公事之由被仰下、召禅睿於御前、直賜御下文、

源頼朝下文

下

可令早停止若宮供僧禅睿在家役

并自作麦畠壹町地子事、

右、件人為若宮供僧、長日之御祈無懈怠、而在郷令住房准於土民、懸万雑事令煩[之]([ホ][シ][モ])条、不穏便事也、於自今以後者、云万雑事、云垣内畠、早可令停止其煩之状、所仰如件、以下、

治承六年八月五日

○底本「下」の下に「可令早」以下をつなげる。[ホ][シ][モ]により「下」の次行に

睿[ホ][シ][モ]叡　訴[モ]許

民[モ]×民『氏イ』　宛[ホ][シ][モ]充　難[モ]歎

睿[ホ][シ][モ]叡

睿[ホ][シ][モ]叡

無[ホ]免「无」[シ]无[モ]×　免『無』　郷[ホ][シ][モ]御　万雑事[シ]万雑公事　穏[ホ][シ][モ]隠　以後[ホ][シ][モ]已後　万雑事[ホ][シ][モ]万雑公事　早[ホ][シ][モ]ナシ

「可令早」以下を記し、改行して「幷」以下を示した。

（40オ）十一日、己酉、及晩御台所（北条時政女）有御産気色、武衛（源頼朝）渡御、諸人」群集、又依此御事、在国御家人等近日多以参上、為御祈禱被立奉幣御使於伊豆・箱（相模国）根両権現幷近国[宮]（[ホ][シ][モ]）社、所謂、

御台所の御産により二所権現近国諸社に奉幣使を送る

諸社奉幣使交名

伊豆山土肥弥太郎（遠平）〔太[ホ][シ][モ]〕、　筥根佐野太郎（基綱）〔太[ホ][シ][モ]〕、
相模一山梶原平次（景高）、　三浦（相模国）十二天梶原十郎（義連カ）〔佐[ホ][シ][モ]〕、
武蔵六所宮葛西三郎（清重）、　常陸鹿島小栗十郎（重成）、
上総一宮小権介良常（上総介）、　下総香取社千葉小太郎（胤正）、
安房東条庤三浦平六（義村）、　同国洲崎社安西三郎（景益）、

○[ホ][シ][モ]は改行して、「所謂」を行頭に書き、次行に「伊豆山」以下を記す。

御台所男子を産む

十二日、庚戌、霽、酉刻御台所男子（万寿、源頼家）平産也、御験者専光房阿闍梨良（40ウ）暹・大法師観修、鳴弦役師岳兵衛尉」重経・大庭平太景義・多々良権守貞義也、上総権介広常引目役、戌刻河越太郎〔太[ホ]〕重頼妻比企尼女、依召参入、

河越重頼妻乳付に参上す

色[ホ][シ][モ]ナシ
箱[ホ][シ][モ]筥　両[ホ][シ][モ]両所　幷近[モ]幷×返近
筥[モ]×管「筥」
梶原十[シ][モ]佐野十
良常[ホ][シ][モ]良
条[シ]祭[モ]×癸『祭』
刻[ホ][シ][モ]尅　平産也[ホ][シ][モ]御平産　闍梨[ホ]闍『梨歟』
観[シ]勤
刻[ホ][シ][モ]尅

御家人等代々の佳例により御護刀を献上す

御家人献上の馬を諸社に奉納す

父母兼備の者を使者となす

産養第三夜

鶴岡八幡宮に於て六斎講を始む

産養第五夜

産養第七夜

候御乳付、

○[ホ][シ][モ]は改行して「戌刻」以下を記す。

十三日、辛亥、若公誕生之間、追代々佳例、仰御家人等、被召御護刀、所謂、宇都宮左衛門尉朝縄〔綱[ホ][シ][モ]〕・畠山次郎重忠・土屋兵衛尉義清（マヽ）・和田大〔太[ホ][シ][モ]〕郎義盛・梶原平三景時・同源太景季、横山大〔太[ホ][シ][モ]〕郎時兼等献之、亦御家人等所献御馬及二百余疋、此龍蹄等被奉于鶴岡宮・当国一宮・大庭（相模国）庤・三浦十二天・栗浜大明神（相模国）已下諸社也、兼備父母[之][ホ][シ][モ]壮士等被撰定」(41オ)御使云々、

十四日、壬子、若公三夜儀、小山四郎朝政沙汰之云々、

十五日、癸丑、鶴岳宮被始六斎講演、

十六日、甲寅、若公五夜儀、上総介広常沙汰也、

十八日、丙辰、七夜儀、千葉介常胤沙汰之、常胤相具子息六人、著侍上、父子装白水干袴、以胤正母秩父大夫重弘女為御所〔前[ホ][シ][モ]〕倍〔陪〕膳、又有進物、嫡男

季[ホ]李

所[ホ][シ][モ]ナシ　此龍[ホ][シ][モ]以此龍　于[モ]ナシ　岡[ホ][シ][モ]岳

公[ホ][シ][モ]君　云々[ホ][シ][モ]ナシ

斎[ホ][モ]斉

著[ホ][シ][モ]着

御所[ホ]「・御」前

胤正・次男師常舁御甲、三男胤盛・四男胤信引御馬、置鞍、五男胤道持御弓箭、六男胤頼役御剣、各列庭上、兄弟皆容儀神妙壮士也、武衛殊令感之給、諸人又為壮観、」

（役シナシ　剣モ釼　為モナシ）

産養第九夜

（41ウ）廿日、戊午、若公九夜御儀、外祖(北条時政)令沙汰之給、

（公ホシモ君）

九月小

北陸道の追討軍義仲の武略を恐れ帰洛す

十五日、癸未、為追討木曾冠者義仲(源)主所発向北陸道平氏軍兵等、悉以帰京都、已属寒気、在国難治之由、雖成披露、真実之体、怖義仲之武略之故也云々、

（也ホシナシ　云々モナシ）

円暁京都より下向し頼朝の御所に参る

廿日、戊子、中納言法眼円暁号宮法眼、自京都下向、是後三条院御後、輔仁親王御孫、陸奥守源朝臣義家(義家ホシモ小書)御外孫也、武衛(源頼朝)被尋旧好、所被請申也、則参営中給、且御産間御祈事可被申処、為果宿願、以下向便宜、

（京都モ都京　被尋旧好ホシモ尋彼旧好　所被請ホシモ所請）

下向の途次大神宮に参籠す

（42オ）参籠太神宮之間、于今遅々云々、祭主親隆卿(大中臣)」令家人等奉送遼遠之境

（参ホシモ被奉　太ホシ大　今モ×令『今』　祭モ×癸『祭』　隆モ×陸『隆』）

円暁に鶴岡八幡宮別当職を付す
源希義の経歴
平家の下知により家綱俊遠土佐国に於て希義を討たんとす
希義同国夜須荘に向かう
年越山に於て希義討たる
家綱俊遠行宗を討たんと謀り使者を遣わす
行宗紀伊国に逃る

云々、
廿三日、辛卯、武衛相催中納言法眼坊、参鶴岳給、是守〔宮寺㋭〕別当職依被申
付也、於拝殿有此芳約云々、
廿五日、癸巳、土佐冠者希義(源)者武衛弟也、母季範(藤原)女、去永万元年、依故左(源)
典廐(義朝)縁坐、配流于当国介良庄之処、近年武衛於東国挙義兵給之間、称
有合力疑、可誅希義之由、平家加下知、仍故小松内府(平重盛)家人蓮池権守家
縄〔綱㋭㋛㋲〕・平田太郎俊遠各当国住人、為顕功擬襲希義、々々日来与夜須七郎行宗家行
土州住人、依有約諾之旨、辞介良城、向夜須庄、于時家綱・俊遠等追到于
(42ウ)吾河郡年越」山、誅希義訖、行宗者又家綱等誅〔圍㋭㋛㋲〕希義之由聞及之、［為］㋭㋛
㋲相扶、件一族等馳向之処、於野宮辺聞希義被誅之由、空以帰去、而家
綱・俊遠等又欲討行宗之間、粧船一族相乗之、自仏崎浮海上逃亡、家
綱等馳到于其船津、先為度行宗、遣二人使者［於］㋭㋲行宗之船、有可談合
事、称可来臨之由、行宗令察宗〔家㋭㋛㋲〕綱等造意、斬二人使者首、掉船赴紀伊

別当職㋲別『・当』職　依被申㋲依『・被』申
之処㋭㋛㋲処
之由㋭㋛㋲由　府㋭㋛符
襲希義㋲襲希儀『義』　行宗㋭㋛㋲ナシ　家行㋭㋛㋲行家
約諾㋲納「約」諾　到㋲討
山誅㋲山詠『誅』　義訖㋲儀『義』訖　行宗㋭㋲行家　義之㋲儀『義』之
聞希義…之由㋭㋛㋲希義…之由聞
俊遠㋭㋛㋲ナシ　行宗㋭㋛行家　浮㋭㋛㋲ナシ
行宗㋭㋛㋲行家　有可㋭㋛㋲可有　之由㋭㋛㋲由　行宗㋭㋲行家　掉㋲掉『棹』

鶴岡八幡宮西麓に別当坊を建つ

頼朝立柱上棟に監臨す

城長茂越後国に城郭を構う

源家を呪詛するとの風聞有り

義仲信濃国に於て長茂と合戦す

長茂敗走す

御台所若君産所より御所に戻る

国云々、

廿六日、甲午、点鶴岳西麓、被建宮寺別当坊、今日即立柱棟上、大庭平太景義奉行之、武衛監臨給云々、

（43オ）

廿八日、丙申、越後国城四郎永用（長茂）於越後国小河庄赤」谷構城郭、剰奉崇妙見大菩薩、奉呪詛源家之由有其聞、

十月大

九日、丙子、越後国住人城四郎永用（長茂）相継兄資元〔永カ〕当国守之跡、欲奉射源家、仍今日木曾冠者義仲（源）引卒〔率[ホ][シ][モ]〕北陸道軍士等、於信濃国筑磨河辺遂合戦、及晩来〔来[ホ][シ][モ]ナシ〕永用敗走云々、

十七日、甲寅、御台所（北条時政女）幷若公（万寿、源頼家）自御産所入御営中、佐々木太〔太[ホ][シ][モ]〕郎定縄〔綱[ホ][シ][モ]〕・同次郎経高・同三郎盛縄〔綱[ホ][シ][モ]〕、同四郎高縄〔綱[ホ][シ][モ]〕等奉舁若公御輿、小山五郎宗政懸

（43ウ）

御調度、同七郎朝光持」御剣、比企四郎能員為御乳母夫奉御賜物、此

云々[ホ][シ][モ]ナシ

城四[モ]城西四

之[ホ][シ][モ]ナシ

越後国[ホ][シ]越後[モ]越後×国

継[モ]×綱『継』

之[ホ][シ][モ]ナシ

輿[ホ]輿「輿」

剣[ホ][モ]釼

賜[ホ]×贈「贖」

能員姨母比企尼の奉公により乳母夫に抜擢せらる

事、雖有若干御家人、能員姨母号比企尼、当初為武衛(源頼朝)乳母、而永暦元年御遠行于豆州之時、存忠節之余、以武蔵国比企郡為請所、相具夫掃部允〔、、〕々々下向、至治承四年秋廿年之間、奉訪御世途、今当于御繁栄之期、於事就被酬彼奉公、件尼以甥能員為猶子、依挙申如此云々、

能員姨[ホ][モ]義員姨
之時[モ]之之時
之余[ホ][シ][モ]余
々々[ホ][シ][モ]々々々
甥能員[ホ][シ][モ]甥義員

十一月小

亀前を藤原広綱の飯島の家に住まわす

御台所牧宗親に命じ広綱の宅を破却す

十日、丁丑、此間御寵女亀前、住于伏見冠者広綱(藤原)飯島家也、而此事露顕、御台所(北条時政女)殊令憤給、是北条殿(時政)室家」牧御方(牧宗親女)密々令申之給故也、仍今日仰牧三郎宗親破却広綱之宅、頗及恥辱、広綱奉相伴彼人、希有而遁出、到于大多和五郎〔三〕義久鐙摺宅云々、

(44オ)

飯[モ]×鈑『飯』

亀前義久の鐙摺の宅に移る

頼朝義久の鐙摺宅に渡御す

広綱邸宅破却の次第を頼朝に言上す

頼朝宗親を召し手自ら宗親の髻を切る

十二日、己卯、武衛(源頼朝)寄事於御遊興、渡御義久鐙摺家、召出牧三郎宗親被具御供、於彼所召広綱被尋仰一昨日勝事、広綱具令言上其次第、仍被召決宗親之処、陳謝巻舌、垂面於泥沙、武衛御欝念之余、手自令切

供[ホ][シ][モ]共
之処[ホ][シ][モ]処

宗親逃亡す

頼朝鎌倉に帰る

時政宗親の勘発を愁いて伊豆国に下る

頼朝景季を義時の許に遣わす

頼朝義時を召し時政に随わざるを褒む

家綱俊遠を征伐せんがため源有綱を土佐国に遣わす

宗親之髪〔髻㋭㋛㋲〕給、此間被仰含云、於奉重御台所事者尤神妙、但雖順彼御命、如此事者内々盍告申哉、忽以与恥辱之条、所存之企甚以奇怪云々、（44ウ）宗親」泣逃亡、武衛今夜止宿給、

十四日、辛巳、晩景武衛令還鎌倉給、而今晩北条殿俄進発豆州給、是依彼〔被カ〕欝〔陶㋭㋛㋲〕胸宗親御勘発事也、武衛令聞此事給、太有御気色、召梶原源（景季）太、江間（義時）者有穏便存念、父縦挿不義之恨、不申身暇雖下国、江間者不相従歟、在鎌倉哉否、慥可相尋之云々、片時之間、景季帰参、申江間不下国之由、仍重遣景季召江間、江間殿参給、以判官代邦通（藤原）被仰云、宗親依現奇怪、加勘発之処、北条欝念下国之条、殆所違御本意也、汝（45オ）察吾命、不相従于彼下向、殊感思食者也、定可為」子孫之護歟、今賞追可被仰者、江間殿不被申是非、啓畏奉之由退出給云々、

廿日、丁亥、為征土佐国住人家綱（蓮池）・俊遠（平田）等、被差遣伊豆左衛門尉有綱（源）於彼国、有縄〔綱㋭㋛㋲〕以夜須七郎行宗為国中仕承、今暁首途、件家縄〔綱㋭㋛㋲〕等依誅土（源

之企㋭㋛㋲企

泣㋭㋛㋲アキ

穏㋭㋛㋲隠

哉否㋭㋛㋲否哉

江間殿㋭㋛㋲々々殿

欝念㋭㋛㋲住欝念

左㋭㋛㋲右　尉㋲慰

行宗㋭㋛㋲行家

佐(希義)冠者科、如此云々、

十二月大

一日、丁酉、生(光)(度会)倫神主注申云、二宮称(禰)宜等奉同意関東之由、有平家之讒奏、去月之比、公家及御沙汰、遂為祠官悩乱歟云々、

二日、戊戌、就生(光)倫申状、被遣御書於大神宮、

(45ウ)

禰宜達同」心頼(源)朝之由平家訴申事、驚思給者也、但神者納受道理、若(君[ホ][シ][モ])毛遂然御歟、各不危始終祈念給者、東国御領等不可有相違之趣、可被触申二宮也、謹言、

十二月二日

次郎大夫殿

○底本「禰宜達」以下を前行の「大神宮」の下につなげて記す。[ホ][シ][モ]および内容により改行して示した。

光倫書状を頼朝に送り神宮の状況を伝う

頼朝返書を送る

源頼朝書状

佐[ホ][シ][モ]左

大[モ]ナシ

注申[ホ]注「・進」申
之由[モ]由

官[シ][モ]宮

大[シ][モ]太

禰[ホ][シ]称[モ]称『禰』

次[ホ][シ][モ]二

頼朝深夜に鶴岡八幡宮に参詣す

承仕見咎め退去を命ず

頼朝感歎し田一町を賜う

御台所の嫉妬を恐れ亀前を光家の小坪宅に移す

御台所の憤りにより広綱を遠江国に配す

上総国御家人を本宅に安堵す

七日、癸卯、夜深人定之後、武衛御参鶴岳候〔候㋭㋛㋲ナシ〕、佐々木三郎(盛綱)・和田次郎(義茂)等之外、無御供人、而於拝殿御念誦、宮寺承仕法師栄光咎来云、著于君御座誰人哉、早可退去云々、武衛御感之余、召出御前、賜甘縄辺田一町」

(46オ)十日、丙午、御寵女(亀前)遷住于小中太光宗〔家㋭㋛㋲〕(中原)小坪之宅、頻雖被恐申御台所(北条時政女)御気色、御寵愛追日興盛之間、慭以順仰云々、

十六日、壬子、伏見冠者広綱(藤原)配遠江国、是依御台所御憤也、

卅日、丙辰、上総国御家人周西次郎助忠已下多以可安堵本宅之旨、奉恩裁云々、

○㋭㋛㋲は尾題「吾妻鏡第二」あり。

供㋭㋛㋲共
宮寺㋭㋲宮×等『寺』
咎㋭㋛㋲ナシ
著㋭㋛㋲着
一町㋭一町×賜
次㋭㋛㋲二
已㋭㋛㋲以

鶴岡八幡宮御神楽
源頼朝広常誅殺の穢気により参詣せず
同宮法華八講

「吾妻鏡第三」（表紙題簽）

（1オ）
吾妻鏡第三

甲辰　寿永三年　四月十六日改元

元暦元年

」

（1ウ）

」

（2オ）
寿永三年甲辰四月十六日為元暦元年、

○[セ]は「寿永三年甲辰」の上部に「吾妻鏡巻第三」の内題あり。

正月小

一日、辛卯、霽、鶴岳八幡宮有御神楽、前武衛（源頼朝）無御参宮、去冬依広常（上総介）事、営中穢気之故也、藤判官代邦通為奉幣御使着廻廊、別当（円暁）法眼参会、被行法華八講云々、

岳[ホ][シ][モ]岡

云々[シ]云云

頼朝武蔵国大河土御厨を豊受大神宮に寄進す

三日、癸巳、武衛有御祈願之間、奉寄領所於豊受太神宮給、依為年来御祈禱師、被付権禰宜光親（度会）神主云々、状云、

御祈禱師㋭御禱師㋛ 祈禱師㋲×衛「御」禱師

源頼朝寄進状

奉寄御厨家、「

合一処、

（2ウ）

在、武蔵国崎西・足立両郡内大河土御厨者、

武蔵…厨者㋭㋛㋲（小書）

右、件地元相伝家領也、而平家虜領天下之比、所〔押㋛㋲〕神領也、而今新為公私御祈禱、奉寄于豊受太神宮御領、所令勤修長日御幣・毎年臨時祭等也、抑令権神主光親祈請天下太〔泰㋭㋛㋲〕平之処、依有感応、為殊祈禱所、可令知行也、但於地頭等者不可有相違、仍為後代寄文如件、以解、

御祈禱㋭㋛㋲御禱 勤修㋭㋛㋲勤仕

寿永三年正月日

前右兵衛佐源朝臣」

○㋭㋛㋲は、「光親神主云々」まで記し改行して次行に「状云」を書く。また、「前右兵衛佐源朝臣」を日下ではなく、年月日の次行の奥上に当たる位置に記す。

上総国一宮神主広常奉納の鎧の所在を報ず

（3オ）八日、戊戌、上総国一宮神主等（兼重）申云、故介広常存日之時有宿願、奉納　存㋛㋲在
甲一領於当宮宝殿云々、武衛被仰下曰、定有子細事歟、被下御使、可　御使㋲×衛「御」使

使者を遣わし鎧二領と取り替う

召覧之云々、仍今日被遣藤判官代并（昌寛）一品房等、遣御甲二領、被奉納甲〔彼㋭㋛㋲〕　并㋭㋛㋲並　遣御甲㋭㋛㋲進御甲
[者]㋭㋛㋲已為神宝、無左右難給出之故、以両物取替一領之条、神慮不可有
其祟歟之旨、被仰云々、　云々㋛云云

義仲征夷大将軍となる

十日、庚子、伊与守（源）義仲兼征夷大将軍云々、粗勘先規、於鎮守府宣下　庚子㋚ナシ　大㋲太　云々㋛云云

征夷使の先例

者、坂上中興以後、至藤原範季安元二年三月、雖及七十度、至征夷使者、僅　七十㋚七ケ
為両度歟、所謂、桓武天皇御宇延暦十六年丁丑十一月五日被補按察使
（3ウ）兼陸奥守」坂上田村麻呂卿、朱雀院御宇天慶三年庚子正月十八日被補　麻呂㋝磨呂　卿㋝ナシ　庚子㋝（小書）
参議右衛門督藤原忠文朝臣等也、[自]㋝爾以降、皇家廿二代、歳暦二百
四十五年、絶而不補此職之処、今始例於三輩、可謂希代朝恩歟、　輩㋝軍　可謂㋝ナシ
○㋝は「為両度歟」で改行し、次行に「所謂」以下を記す。

使者上総国より帰参す

十七日、丁未、藤判官代邦通・一品房并神主兼重等相具広常之甲、自　并㋭㋛㋲並

頼朝広常奉納の鎧を覧る

願書を披き広常の思趣を知る

頼朝誅罰を後悔し広常縁座の輩を厚免す

上総権介広常願文

上総国一宮帰参鎌倉、即召御前覧彼甲、小桜皮威、結付一封状於高紐、武衛自令披之給、其趣所奉祈武衛御運之願書也、不存謀曲之条、已以露顕之間、被加誅伐事、雖及御後悔、於今無益、須被廻没後之追福、兼又（4オ）広常之弟天羽庄司直胤・相馬九郎常清等者、」依縁坐為囚人也、優亡者之忠、可被厚免之由、被定仰云々、願書云、

敬白

上総国一宮宝前

立申所願事、

一、三ケ年中可寄進神田二十町事、

一、三ケ年中可致如式造営事、

一、三ケ年中可射万度流鏑馬事、

右志者、為前兵衛佐殿下心中祈願成就・東国太平也、〔泰㋭㋛㋲〕如此願望令一々円満者、弥可奉崇神威光者也、仍立願如右、

伐㋭㋛㋲罰

定仰㋛㋲仰定
云々㋛云云

ケ㋭㋛㋲箇

ケ㋭㋛箇

ケ㋭㋛㋲箇

々㋛一
可㋛ナシ

治承六年七月日　　　上総権介平朝臣広常」

○㋭㋛㋲は改行し一字下げて「願書云」を記す。諸本とも引用文書の行頭は記事本文と同じであるが、便宜一字下げて示した。底本は「敬白上総国一宮宝前立申所願事」を一行で記すが、㋭㋛㋲により三行に分けて示した。

範頼義経義仲追討のために入洛す

木曾方敗北す

範頼義経等六条仙洞を警衛す

石田為久近江国粟津に於て義仲を討つ

義仲の経歴

（4ウ）

廿日、庚戌、蒲冠者範頼（源）・源九郎義経等為武衛御使卒〔率㋭㋛㋝〕数万騎入洛、是為追罰義仲也、今日範頼自勢多参洛、義経入自宇治路、木曾以三郎先生義広（志太）・今井四郎兼平已下軍士等、於彼両道雖防戦、皆以敗北、蒲冠者・源九郎相具河越大郎〔太㋭㋛㋲㋝〕重頼・同小大郎〔太㋭㋛㋲㋝〕重房・佐々木四郎高綱・畠山次郎重忠・渋谷庄司重国・梶原源太景季等馳参六条殿、奉警衛仙洞、此間、一条次郎忠頼已下勇士競走于諸方、遂於近江国粟津辺、令相模国住人石田次郎（為久）誅戮義仲、其外錦織判官（源義広）等者逐電云々、

（5オ）

征夷大将軍従四位下行伊与守源朝臣」義仲、年卅一、

春宮帯刀長義賢男、

寿永二年八月十日任左馬頭兼越後守、叙従五位下、同十六日遷任

追㋝ナシ
入自㋝「・入」自
今井四郎…両道雖㋝ナシ
防戦㋝防之
馳㋝ナシ
令㋲今
云々㋛云云
与㋭㋛㋲予
卅㋭㋛㋲三十
後㋲后

義広の経歴

伊予守、十二月十日辞左馬頭、同十三日叙従五位上、同叙正五位下、元暦元年正月六日叙従四[位]（[ホ][シ][モ][セ]）下、十日任征夷大将軍、

検非違使右衛門権少尉源朝臣義広、伊賀守義経男、

寿永二年十二月廿二日任右衛門権少尉、元無官、蒙使宣旨、

○[セ]により「年卅二」「義賢男」でそれぞれ改行し、「寿永」以下を一字下げた。[モ][セ]は改行して「元暦元年」以下を記す。底本および[シ][モ][セ]は「征夷大将軍」の下に「検非違使」以下をつなげるが、[ホ]及び内容により改行して示した。また、[セ]は「寿永二年十二月」以下を「義広」の注記として小書きする。

義経義仲の討取を奏聞す

廿一日、辛亥、源九郎義経主獲義仲首之由奏聞、今日及晩九郎主搦進

義経樋口兼光を搦め進む

（5ウ）木曾専一者樋口次郎兼光、是」為木曾使為征石川判官代〔源義資〕、日来在河内国、而石川逃亡之間、空以帰京、於八幡大渡橋〔辺[ホ][シ][モ]〕雖聞主人滅亡事、押以入洛之処、源九郎家人数輩馳向相戦之後、生虜之云々、

絵師藤原為久京都より下向す

廿二日、壬子、下総権守藤原為久、依召自京都参向、是豊前守為遠三男、無双画図達者也、

予[セ]与
同十三[シ][モ]十三
上[セ]五
同叙正五位下[ホ][シ][モ]
アキ [セ]同日叙正五位下
少尉[セ]×督少尉
伊賀守義経男[セ]ナシ
廿二[ホ][シ][モ]廿一
廿一日[セ]廿一
是為木曾使[セ]「・是木曾」為使
石川逃[ホ]石河逃
大渡橋[セ]大渡橋辺
押[シ]ナシ
後[モ]后
生虜之云々[セ]生虜以

○㋛は改行して「下総権守」以下を記す。

鹿島禰宜夢想奇瑞を言上す

廿三日、癸丑、常陸国鹿島社禰宜等進使者於鎌倉、申曰、去十九日社僧夢想曰、当所神為追罰義仲幷平家赴京都[御]㋭㋛㋲㋝云々、而同廿日戌刻、（6オ）黒雲覆宝殿、四方悉如向暗、御殿大震動、鹿・鶏等多以群集、頃」之彼黒雲亘西方、鶏一羽在其雲中、見人目、是希代未聞奇瑞也者、

頼朝これを聞き鹿島社を遥拝す

武衛令聞之給、則〔自脱カ〕御湯殿下庭上、遥拝彼社方給、弥催御欽仰之誠云々、

京鎌倉に雷鳴地震有り

件時剋京・鎌倉共以雷鳴地震云々、

検非違使義仲等の首を請取り獄門の前樹に懸く兼光を大路に渡す

廿六日、丙辰、晴、今朝検非違使等於七条河原請取伊予守義仲幷忠〔高梨〕直・兼平・行親〔根井〕等首、懸獄門前樹、亦囚人兼光同相具之被渡訖、上卿藤〔頼実〕中納言、職事頭弁雅光〔光雅〕〔藤原〕朝臣云々、

義定等飛脚を鎌倉に遣わし二十日の合戦を報ず

廿七日、丁巳、未刻遠江守義定〔安田〕・蒲冠者範頼・源九郎義経・一条次郎（6ウ）忠頼等飛脚参着鎌倉、去廿日遂合戦、誅」義仲幷伴党之由申之、三人使者皆依召参北面石壺、聞食巨細之処、
景時〔梶原〕飛脚又参着、是所持参討
景時の飛脚討亡囚人交名を持参す

廿三日㋝廿三
丑㋝巳
申曰㋝云
想曰㋝想云
幷㋭㋛㋲並
赴㋝起
刻㋭剋
鹿鶏㋝鹿島
頃之彼㋭㋛㋲頃而彼
㋝現之後
希代未聞…御湯殿㋝ナシ
遥㋝ナシ
云々㋛云云
剋㋝刻
云々㋛云云
予㋝与
幷㋭㋛㋲並
雅光㋝雅久
云々㋛云云
刻㋭㋲剋
幷㋭㋛㋲並

頼朝景時の思慮に感歎す

亡・四人等交名注文也、方々使者雖参上、不能記録、景時之思慮猶神妙之由、御感及再三云々、

御家人等使者を遣わし合戦の無為を賀す

廿八日、戊午、小山四郎朝政・土肥次郎実平・渋谷庄司重国已下可然御家人等使者参鎌倉、各所賀申合戦無為之由也、

範頼義経平家追討のため西国に向かう

廿九日、己未、関東両将為征平氏、卒〔率[ホ][シ][セ]〕軍兵赴西国、悉以今日出京云々、

二月大

範頼頼朝の勘気を蒙る

（7オ）一日、庚申、蒲冠者範（源）頼主蒙御気色、是去年冬為征木曾（源義仲）上洛之時、於尾張国墨俣渡、依相争先陣、与御家人等闘乱之故也、其事、今日已聞食之間、朝敵追討以前好私合戦、太不穏便之由被仰云々、

兼光斬首せらる

二日、辛酉、樋口次郎兼光梟首、渋谷庄司重国奉之、仰郎従平太男、而斬損之間、子息渋谷次郎高重斬之、但去月廿日合戦之時、依被疵、

注[シ]註
猶神妙[シ][モ]猶以神妙
云々[シ]云云
赴[セ]ナシ
以[ホ][シ][モ]ナシ

児玉党兼光の助命を乞う

義経助命を後白河院に申請するも勅許なし

為片手打云々、此兼光者与武蔵国児玉之輩為親昵之間、彼等募勲功之賞、可賜兼光命之旨、申請之処、源九郎主（義経）雖被奏聞事由、依罪科不軽、遂以無有免許云々、」

（7ウ）

平家一谷に城郭を構え平清盛の遠忌仏事を修す

四日、癸亥、平家日来相従西海・山陰両道軍士数万騎、構城墎於摂津与播摩〔磨[ホ][シ][モ][セ]〕之境一谷、各群集、今日迎相国禅閤（平清盛）遠忌、修仏事云々、

範頼義経摂津に到り矢合の日時を定む

大手大将軍範頼方の輩

五日、甲子、酉刻源氏両将到摂津国、以七日卯剋定箭合之期、大手大将軍者蒲冠者範頼[也][ホ][シ][モ][セ]、相従之輩、

小山小四郎朝政　武田兵衛尉有義　板垣三郎兼信
下河辺庄司行平　長沼五郎宗政　千葉介常胤
佐貫四郎成綱〔広[ホ][シ][モ]〕　畠山次郎重忠　稲毛三郎重成
同四郎重朝　同五郎行重　梶原平三景時
同源大〔太[ホ][シ][モ][セ]〕景季　同平次景高　相馬次郎師常
国分五郎胤道　東六郎胤頼　中条藤次家長

云々[シ]云云
云々[シ]云云
山陰両[セ]ナシ
墎[ホ][シ][モ]郭
摂津[セ]摂津国
播[ホ][シ][モ]幡
各[ホ][シ][モ][セ]ナシ
閣[ホ][シ][モ]門
遠忌[ホ][シ][モ][セ]一廻忌景
云々[シ]云云
酉刻[ホ][シ][モ]酉剋
到[セ]着
卯剋[ホ][シ][モ]卯時[セ]卯刻
大手[シ]大平「手歟」
小四郎[ホ][シ][モ]四郎
東六郎胤頼…海老名太郎[セ]ナシ

（8オ）

海老名太郎（季久）」　小野寺太郎通綱　曾我大郎〔太[ホ][シ][モ][セ]〕祐信

庄司三郎忠家　同五郎広方　塩谷五郎惟広

庄太郎家長　秩父武者四郎行綱　安保次郎実光

中山〔村[ホ][シ][モ]〕小三郎時経　河原大郎〔太[ホ][シ]〕高直　同次郎忠家

小代八郎行平　久下次郎重光

已下五万六千余騎也、搦手大将軍源九郎義経也、相従之輩、

搦手大将軍義経方の輩

遠江守義定（安田）　大内右衛門尉惟義　山名三郎義範

斉〔斎〕院次官親能（中原）　田代冠者信綱　大河戸大郎〔太[ホ][シ][モ][セ]〕広行

土肥次郎実平　三浦十郎義連　糟屋藤大〔太[ホ][シ][モ][セ]〕有季

平山武者所季重　平佐古大郎〔太[ホ][シ][モ][セ]〕為重　熊谷次郎直実

同小次郎直家　小河小次郎祐義　山田太郎重澄

原三郎清益　猪俣平六則綱　已上二万余騎也、」

（8ウ）

平家聞此事、新三位中将資盛（平）卿・小松少将有盛（平）朝臣・備中守師盛（平）・平

秩[セ]秩
行綱…河原大郎[セ]ナシ

已下[セ]以上
大[シ]太

屋[セ]谷

所[シ][モ]ナシ

朝臣[ホ][シ][モ]ナシ
備中守…盛方[ホ][シ][モ]ナシ

源氏平氏三草山の東西に陣す
義経資盛を襲う

内兵衛尉清家・恵美次郎盛方已下七千余騎着于当国三草山之西、源氏
又陣于同山之東、隔三里行程、源平在東西、爰九郎主如信綱・実平加
評定、不待暁天、及夜半襲三品羽林、仍平家周章分散畢、

○底本は「相従之輩」以下の人名をつなげて記す。[ホ][シ][モ]により改行して三段組で示した。なお、[セ]は四段組で記し、「六千余騎也」で改行して次行に「搦手」以下を記す。

義経軍鵯越に着す
熊谷直実等平氏の館を襲う
平氏方これと戦う
範頼軍これに加わる

七日、丙寅、雪降、寅刻源九郎主先引分殊勇士七十余騎、着于一谷後
山、（号鵯越）爰武蔵国住人熊谷次郎直実・平山武者所季重等、卯刻偸廻于
一谷之前路、自海辺競襲于館際、為源氏先陣之由、高声名謁之間、飛
騨三郎左衛門尉景綱（平）・越中次郎兵衛尉盛次（平）・上総五郎兵衛尉忠光（藤原）・
（9オ）悪七兵衛尉景清（藤原）等引廿三騎、開木戸口、相戦之、熊谷小次郎直家被
疵、季重郎従夭亡、其後蒲冠者并足利・帙（秩[ホ]）父・三浦・鎌倉之輩等競
来、源平軍士等互混乱、白旗・赤旗交色、闘戦為体、響山動地、凡雖
彼樊噲・張良、輙難敗績之勢也、加之城墎石岩高聳而駒蹄難通、澗谷

已[セ]以
如[シ]召[セ]ナシ

刻[ホ][シ][モ]剋
主[ホ][シ][モ]ナシ
十[シ][モ][セ]千
後山[シ]後
鵯[ホ]鴨
刻[ホ][シ][モ]剋
于[セ]ナシ
辺[ホ][シ][モ]道
先[セ]前
之間[ホ][シ][モ]間

并[ホ][シ][モ]並
帙[シ][モ]秩
倉[セ]ナシ
軍士等[ホ][シ][モ]軍士
闘戦[セ]闘戦之勢也
噲[セ]会
績[モ]潰
墎[ホ][シ][モ]郭
岩[ホ][シ]巌
而[シ]ナシ

義経鵯越より平氏を襲う
景時等重衡を生け捕る
通盛忠度敦盛等範頼義経軍に討ち取らる
義定経正教経師盛を討ち取る

深幽而人跡已絶、九郎主相具三浦十郎義連已下勇士、自鵯越（此山／也、）猪鹿〔此山猪鹿〕兎狐之外、〔兎狐之外、〕不通険阻、〔不通険阻也㋭㋛㋲㋝小書〕被攻戦間、失商量敗走、或策馬出一谷之館、或棹船赴四国之地、爰本三位中将重衡（平）、於明石浦、為景時・家国（長カ）（庄）等被生（9ウ）虜、越前三位通盛（平）〔通盛㋭㋛㋲小書〕到湊河辺、為源三（佐々木）俊綱被誅戮、其外薩摩守忠度（平）朝臣・若狭守経俊（平）・武蔵守知章（平）・大夫敦盛（平）・業盛（平）・越中前司盛俊（平）、已上七人者、範頼・義経等之軍中所討取也、但馬前司経正（平）・能登守教経（平）・備中守師盛者、遠江守義定獲之云々、

範頼義経飛脚を京都に進め一谷合戦の次第を報ず

八日、丁卯、関東両将自摂津国進飛脚於京都、昨日於一谷遂合戦、大将軍九人梟首、其外誅戮及千余輩之由申之、

義経入洛し平氏の首の大路渡を要請す

九日、戊辰、源九郎主入洛、相具之輩不幾、従軍追可参洛歟、是平氏一族首可被渡大路之旨、為奏聞、先以揚鞭云々、」

範頼義経の奏聞に就き摂政等勅問に預かる

（10オ）十一日、庚午、平氏等之首可被渡大路之由、源氏両将経奏聞、仍博陸（藤原基通）・三公（藤原経宗・同兼実・同実定）・堀川亜相忠親（藤原）卿、等被預勅問、彼一族仕朝廷已年尚、可有優恕

士㋝ナシ
鵯㋭鴨
失㋝×先「失」
或㋛㋲ナシ
棹㋝掉
爰㋭㋛㋲㋝奚
重衡㋝（大書）
已㋭㋛㋲㋝以
者㋝於
所㋝ナシ
馬前司㋝馬守
云々㋛云云
進飛脚㋭㋛㋲飛脚進
余㋝ナシ
申之㋲申也
主入洛㋝主人上洛
従軍追㋝軍進
平氏㋭㋛平家
云々㋛云云
忠親卿㋝（大書）

沙汰歟、将又範頼・義経為果私宿意、所申請非無道理歟、両様之間、難決叡慮、宜計申之由云々、而意見雖区分、両将強申請之間、遂可被渡之由治定云々、勅使右衛門権佐定長（藤原）数度往反云々、

十三日、壬申、平氏首聚于源九郎主六条室町亭、所謂通盛卿・忠度・経正・教経・敦盛・師盛・知章・経俊・業盛・盛俊等首也、然後、皆持向八条河原、大夫判官仲頼（源）以下請取之、各」（10ウ）付于長鎗刀、又付赤簡、平某之由、各注付之、向獄門懸樹、観者成市云々、

十四日、癸酉、晴、右衛門権佐定長奉勅定、為推問本三位中将重衡卿、向故中御門中納言家成（藤原）卿、八条堀川堂、土肥次郎実平同車彼卿来会件堂、於弘庇問之、口状条々注進之云々、今日上総国御家人等多以私領・本宅如元可令領掌之旨、給武衛（源頼朝）御下文、彼輩去年依為広常（上総介）同科、所被収公所帯也、

十五日、甲戌、辰刻蒲冠者範頼・源九郎義経等飛脚自摂津国参着鎌

範頼義経の強請により大路渡を決す

平氏の首を義経亭に集む

検非違使八条河原に於て首を請取る首を獄門の樹に懸く

定長故家成堂に於て重衡を尋問し口状を注進す

頼朝上総国御家人に私領本宅安堵の下文を給う

範頼義経の飛脚摂津国より鎌倉に着き合戦記録を献ず

計申[ホ][モ]討申
云々[シ]云云
分[セ]ナシ
云々[シ]云云
使[セ]使者
云々[シ]云云
師盛[ホ][シ][モ][セ]ナシ
盛俊[ホ][シ][モ][セ]々俊
以[ホ][シ][モ][セ]已
鎗[セ]鎌
各[セ]着
観[セ]視
云々[シ]云云
家成卿[セ]（大書）
弘庇[ホ]『・弘』庇
口[セ]ナシ
云々[シ]云云
科[セ]罪
刻[ホ][シ][モ]剋

一谷合戦記録

倉、献合戦記録、其趣、去七日於一谷合戦、平家多以殞命、前内府〔平宗盛〕已下浮海上赴四国方、本三位」（11オ）中将生虜之、又通盛卿・忠度朝臣・経俊、已上三人、蒲冠者討取之、経正・師盛・教経、已上三人、遠江守義定討〔取〕㋭㋛㋲㋝之、敦盛・知章・業盛・盛俊、已上四人、義経討取之、此外梟首者一千余人、凡武蔵・相模・下野等軍士各所竭大功也、追可注記言上云々、

定長再び重衡を尋問す

十六日、乙亥、今日又定長推問重衡卿事、次第同一昨日云々、

頼朝使者を遣わし京都警固以下を命ず

景時実平に山陽道五か国の守護を命ず

十八日、丁丑、武衛被発御使於京都、是洛陽警固以下事所被仰也、又播磨・美作・備前・備中・備後、已〔上㋭㋛㋲〕下五ケ国、景時・実平等遣専使可令守護之由云々、

十五日重衡書状を宗盛に遣わし天皇神器の帰洛を勧む

宗盛の返書京都に到着す

廿日、己卯、去十五日本三位中将〔遣脱カ〕前左衛門尉〔平〕重国於西海、告勅定旨於前内府、是旧主〔安徳天皇〕幷三種宝物可奉帰」（11ウ）洛之趣也、件返状今日到来畢〔于〕京都、備叡覧云々、其状云、

平宗盛書状

去十五日御札今日廿一日、到来、委承候畢、蔵人右佐書状同見給候

合㋝ナシ
殞㋝損
已㋝以
赴㋝趣
盛㋝成
蒲冠者討取之㋝蒲冠者
遠㋛アキ
盛俊㋝々俊
已上四㋝以上四
所㋝ナシ

云々㋛云云

云々㋛云云

播㋭㋛㋲幡

重国㋭㋛㋲ナシ
於西㋝出西
西海㋭㋛㋲四国
府㋭符
幷㋭㋛㋲並㋝ナシ
宝㋝ナシ
趣㋛赴
今日…御札㋭㋛㋲ナシ

委承候畢㋝委承候了

都落後の平氏の動静

畢、主上・国母（建礼門院平徳子）可有還御之由又以承候畢、去年七月行幸西海之時、自途中可還御之由院宣到来、備中国下津井御解纜畢之上、依洛中不穏、不能不日立帰、愁被遂前途候畢、其後云日次之世務・世理、云恒例之神事・仏事、皆以懈怠、其恐不少、其後頗洛中令属静謐之由、依有風聞、去年十月出御鎮西、[漸]（㋭㋛㋲）還御之間、

水島合戦

閏十月一日称帯院宣、源義仲於備中国水島相卒〔率㋭㋛㋲㋝〕千艘之兵船、奉禦万乗之還御、然」（12オ）而為官兵皆令誅伐凶賊等畢、其後着御于讃岐国屋島、于今御経廻、去月廿六日又解纜、遷幸摂州、奏聞事由、為随院宣行幸近境、且去

清盛遠忌仏事

四日相当亡父入道相国之遠忌、為修仏事、不能下船、経廻輪田海辺之間、去六日修理権大夫送書状云、依可有和平之儀、来八日出京、為御使可下向、奉勅答不帰参之以前、不可有狼藉之由、被仰関東武士等畢、又以此旨早可令仰含官軍等者、相守此仰、官軍等本自無合戦志之上、不及存知、相待院使下向之処、同七日関東武士等襲来于

以承候畢㋝以承候了
畢之㋝早之
穏㋝隠　候畢㋝候了
仏事㋝ナシ　懈㋭㋛㋲㋝擁　洛中㋝洛中中
漸㋝氷
兵船㋭㋛㋲㋝軍兵
伐㋝ナシ　畢㋝了
為随㋭㋛㋲随
為修㋝為為修理
畢㋝了
相待㋝待

一谷合戦
（12ウ）

叡船之汀、依院宣有限、官軍等不能進出、各雖」引退、彼武士等乗勝襲懸、忽以合戦、多令誅戮上下官軍乎、此条何様候事哉、子細尤不審、若相待院宣、可有左右之由、不被仰彼武士等歟、将又雖被下院宣、武士不承引歟、若為緩官軍之心、忽以被廻奇謀歟、倩思次

各㋝ナシ
乎㋭㋛㋲畢㋝了　此条㋛㋲此等条　事㋛ナシ
被仰彼…武士不㋝ナシ

還御不実現の弁明

第、迷惑恐歎、未散朦霧候也、為自今以後、為向後将来、尤可承存子細候也、唯可令垂賢察[御]（㋭㋛㋲㋝）、如此之間、還御亦以延引、毎赴還路、武士等奉禦之、此条無術事候也、非難渋還御之儀、差遣武士於西海依被禦、于今延引、全非公家之懈怠候也、和平事、為朝家至

歎㋲歎「嘆」　朦㋭㋛㋲㋝蒙　向後㋲向后
赴㋝起
禦之㋝禦
延㋭㋛㋲遅

宗盛和平の院宣を待つ
（13オ）

要、為公私大功、此条須被達奏之処、遮被仰」下之条、両方公平、天下之攘災候也、然而于今未断、未蒙分明之院宣、仍相待慥御定候也、凡夙夜于仙洞之後、云官途、云世路、我后（後白河法皇）之御恩、以何事可奉報謝乎、雖涓塵不存疎略、況不忠之疑哉、況反逆[之]（㋭㋛㋲）儀哉、行幸西

達㋝進
未断㋭㋛㋲断　未蒙㋝蒙　相待㋝ナシ
乎㋭㋛㋲アキ

西国行幸は法皇の比叡山御幸を恐れし故との弁明

国事、全非驚賊徒之入洛、只依恐法皇御登山也、朝家事可為誰君御

源氏に対し私の宿意を持たず

（13ウ）

進止哉、主上・女院御事、又非法皇御扶持者、可奉仰誰君哉、［雖］(ホ)(シ)(モ)
事体奇異、依恐御登山一事、周章楚忽遷幸西国畢、其後又称院宣、
源氏等下向西海、度々令合戦、此条已依賊徒之襲来、為存上下之身
命、一且〔旦(モ)〕相禦候計也、全非公家之発心、敢無其隠也、云」平家、云
源氏、無相互之意趣、平治信頼（藤原）卿反逆之時、依院宣追討之間、義（源）
朝々臣依為其縁坐、有自然事、是非私宿意、不及沙汰事也、於宣
旨・院宣者非此限、不然之外、凡無相互之宿意、然者頼朝与平氏合
戦之条、一切不思寄事也、公家・仙洞和親之儀候者、平氏・源氏又
弥可有何意趣哉、只可令垂賢察給也、此五六年以来、洛中城外各不
安穏、五畿七道皆以滅亡、偏営弓箭甲冑事、併抛農作乃貢之勤、因
茲都鄙損亡、上下飢饉、一天四海、眼前烟滅、無双之愁悶、無二之
悲嘆候也、和平儀可候者、天下安穏、国土静謐、諸人快楽、上下」
歓娯、就中合戦之間、両方相互殞命之者不知幾千万、被疵之輩難記

（14オ）

一事(ホ)(シ)(モ)事
畢(ホ)(シ)(モ)〈矣〉
後(モ)后
令(ホ)(シ)(モ)企
徒(シ)(モ)ナシ
計(シ)(モ)斗
併(ホ)(モ)称(シ)弥
烟(ホ)(シ)煙
嘆(ホ)(シ)(モ)歎

楚筆、罪業之至、無物于取喩、尤可被行善政、被施攘災、此条定相
叶神慮仏意歟、還御事、毎度差遣武士、被禦行路之間、不被遂前
途、已及両年候畢、於今者、早停合戦之儀、可守攘災之誠候也、云
和平、云還御、両条早蒙分明之院宣、可存知候也、以此等之趣、可
然之様、可令披露給、仍以執啓如件、

二月廿三日

○㋝は「其状云」の下に「去十五日」以下をつなげて記す。

早停㋲早「・停」
攘㋛譲
給㋛絡

和平還御に就き分明の院宣を望む

（14ウ）

廿一日、庚辰、有尾藤太知宣者、此間属義仲朝臣、而内々」伺御気色、参向関東、武衛今日直令問子細給、信濃国中野御牧、紀伊国田中・池田両庄令知行之旨申之、以何由緒令伝領哉之由被尋下、自先祖季〔秀㋭㋛㋲〕郷（藤原）朝臣之時、次第承継処、平治乱逆之刻、於左典厩御方牢籠之後得替、就愁申之、田中庄者去年八月木曾殿賜御下文之由申之、召出彼下文覧之、仍知行不可有相違之旨被仰云々、

伺㋭㋛㋲任
郷㋛卿
云々㋛云云

尾藤知宣鎌倉に参り所領の由緒を申す

義仲の下文を進覧するにより頼朝知行を許す

義仲同意の輩を検非違使庁に下す

廿三日、壬午、前右馬助季高（藤原）・散位宗輔〔家〕（藤原）等［依］[ホ][シ][モ]同意于義仲朝臣、被召禁之、被下使庁云々、

頼朝朝務に就き所存の条々を泰経の許に遣わす

（15オ）廿五日、甲申、朝務事、武衛注御所存条々被遣泰経（高階）」朝臣之許云々、

其詞云、

源頼朝言上条々事書

言上、

条々、

朝務等の事

一、朝務等事、

徳政を求む

右、守前規、殊可被施徳政候、但諸国受領等尤可有計御沙汰候歟、

東国北国浪人の帰郷を進め来秋の国司任命を求む

東国・北国両道国々追討謀叛之間、如無土民、自今春浪人等帰住旧里、可令安堵候、然者来秋之比、被任国司、被行吏務可宜候、

平家追討の事畿内近国の武士等に平氏追討を命ずることを求む

一、平家追討事、

（15ウ）右、畿内近国、号源氏・平氏携弓箭之輩幷住人等、任」義経之下

注[シ][モ]註　経[セ]×綱「経」

言上条々[セ]ナシ

前[ホ][シ][モ]先　等[セ]於　計[セ]ナシ

国々[セ]国之　討[シ]計

幷[ホ][シ][モ]並

勲功賞は頼朝の申請による

諸社の事

神領の保全新加を求む

諸社修造造畢後の認可を求む

神事興行を求む

仏寺の間の事

寺領仏事の興行を求む

（16オ）

頼朝の沙汰として僧兵の武具を没収し官兵に給うことを請う

知、可引率之由、可被仰下候、海路雖不輙、殊可忩追討之由、所
仰義経也、於勲功賞者、其後頼朝可計申上候、
一、諸社事、
我朝者神国也、往古神領無相違、其外今度始又各可被新加歟、就
中、去比鹿島大明神御上洛之由風聞出来之後、賊徒追討神戮不空
者歟、兼又若有諸社破壊顚倒事[者]㋭㋛㋲㋝、随功程、可被召付処、功作
之後、可被御裁許候、恒例神事、守式目、無懈怠可令勤行[之]㋝
由、殊可有尋御沙汰候、
一、仏寺間事、」
諸寺諸山御領、如旧恒例之勤不可退転、如近年者、僧家皆好武
勇、忘仏法之間、行徳不聞、無用枢候、[尤]㋭㋛㋲㋝可被禁制候、兼又於
濫行不信僧者、不可被用公請候、於自今以後者、為頼朝之沙汰、
至僧家武具者、任法奪取、可[与]㋭㋛㋲㋝給於追討朝敵官兵之由、所存思

忩㋛急㋲忩『怠歟』㋝
知
者㋝ナシ
可㋭㋛㋲ナシ
戮㋝威
作㋝功
由㋝之由
恒㋭㋛㋲ナシ
給㋛絡

給也、以前条々事、言上如件、

寿永三年二月日　　源頼朝

○源頼朝言上条々事書は、延慶本・長門本平家物語及び源平盛衰記所収の本文と異同が多いが、校訂には反映させていない。なお、源平盛衰記は「元暦元年十一月日」の日付とする。

佐々木成綱参上し子息の勲功賞を請う

頼朝平氏零落後の参上を咎む

廿七日、丙戌、近江国住人佐々木三郎盛綱〔成[ホ][シ][セ]〕参上、子息俊綱一谷合戦之時、討取越前三位通盛〔通盛[ホ][シ][モ]小書〕訖、可領〔預[ホ][シ][モ][セ]〕賞之由申之、於勲功者尤所感也、但日来者属平氏、殊奉蔑如源家之処、平氏零落都之後始参上、頗非真実志之由被仰云々、

俊綱[モ]俊「・綱」
通盛[セ]通盛卿
日来者[ホ][シ][モ]日来

信濃国東条荘内の領主職を本領主に給う

（16ウ）丗日、己丑、信濃国東条庄内狩田郷領主職避賜式部大夫繁雅〔平〕訖、此所被没収之処、為繁雅本領之由愁申故云々、

収[シ]取

三月小

頼朝下文を鎮西の住人に給い平氏追討を命ず

一日、庚寅、武衛〔源頼朝〕被遣御下文於鎮西九国住人等之中、可追討平家之趣

源頼朝下文

去年義定義仲頼朝の代官として上洛す
義仲平氏と和議して謀反す
院宣に私の勘当を加え義仲を追討す
平氏四国辺に於て狼藉す
鎮西住人を安堵し平氏追討を命ず

也、凡雖被召聚諸国軍士、彼国々依令与同平氏、未奉帰伏之故也、件
御下文云、
下　鎮西九国住人等、
可早為鎌倉殿御家人、且如本安堵、且各引率追討平家賊徒事、「
右、彼国之輩皆悉引率、可追討朝敵之由、奉院宣所仰下也、[抑]（㋭㋛㋲）平

(17オ)

家謀叛之間、去年追討使、東海道者遠江守義定（安田）朝臣、北陸道者左馬
頭義仲（源）朝臣、為鎌倉殿御代官、両人上洛之処也、兼又義仲朝臣為平
家和議、謀反之条、不慮之次第也、仍院宣之上、加私勘当、令追討
彼義仲畢、然而平家令経廻四国之辺、動出浮近国之津泊、奪取人民
之物、狼戻〔唳㋭㋛㋲〕不絶者也、於今者、云陸地、云海上、遣官兵、不日可令
追討也[者]（㋭㋛）、鎮西九国住人等、且如本安堵、且皆悉引率彼国官兵
等、宜承知不日全勲功之賞矣、以下、」

(17ウ)

寿永三年三月一日

軍士㋭軍「・兵」㋛軍
㋲軍『・兵』
伏㋭㋛㋲往
率㋲卒
仰下㋭㋛㋲仰
当㋭㋲党
畢㋭㋛㋲乎
之物㋭「・之」物
悉㋭㋛㋲ナシ
率㋲卒
宜㋭㋛㋲ナシ
矣㋭(小書)

時政頼朝の意を奉じ土佐国に文書を遣わす

前右兵衛佐源朝臣

次四国之輩者、大略以雖令与力平家、土佐国者、為宗者奉通其志於関東之間、為北条殿（時政）御奉、同遣御書、其詞云、

北条時政下文

下　土佐国大名国信・国元・助光入道等所、

可早源家有志輩同心合力追討平家事、

土佐国の大名武士に平氏追討を命ず

右、当国大名幷御方有志之武士、且企参上、且同心合力、可追討平家之旨、被宣下之上、依鎌倉殿仰、所令下知也、就中当時上洛御家人信恒可令下向、如旧令」安堵、不可有狼藉、大名武士同心合力、（18オ）不可見放之状如件、宜承知敢勿違失、以下、

寿永三年三月一日　平

○底本は「可早源家…」を前行の下につなげて記す。ホシモ及び内容により改行して示した。

実平の西海下向により重衡を義経亭に移す

二日、辛卯、三位中将（平）重衡卿自土肥次郎実平之許度〔渡ホシモ〕源（義経）九郎主〔亭ホシモ〕、実平依

幷ホシモ並
参上ホシモ参
所令ホ「・所」令シ令モ『・所』令

可赴西海也、

藤田行康の勲功賞として子息の遺跡伝領を認む

五日、甲午、去月於摂津国一谷被征罰平家之日、武蔵国住人藤田三郎行康先登令討死訖、仍募其勲功賞、於彼遺跡、子息能国可伝領之旨、今日被仰下、御下文云、

源頼朝下文

件行康平家合戦之時、最前進出、被討取其身訖、（18ウ）仍彼跡所知所領等無相違、男小三郎能国可令相伝知行之由云々、

範頼頼朝の勘気を蒙る

六日、乙未、蒲冠者（源範頼）蒙御気色事免許、日来頻依愁申之也、

去月十八日の宣旨鎌倉に到着す

頼朝武士の狼藉を伝聞し停止を申請す

九日、戊戌、去月十八日宣旨状到着鎌倉、是近日武士等寄事於朝敵追討、於諸国庄薗打止乃貢、奪取人物、而彼輩募関東威歟、無左右難処罪科之由、公家内々有其沙汰云々、武衛令伝聞之給、下官全不案煩庶民之計、其事早可被糺行之由、被申請之云々、

後鳥羽天皇宣旨

武士の狼藉を停む

寿永三年二月十八日　宣旨」

（19オ）近年以降、武士輩不憚皇憲、恣耀私威、成自由下知、廻諸国七道、或押黷神社之神税、或奪取仏寺之仏聖、況院宮諸司及人領哉、天譴

之時[ホ][シ][モ]時

薗[ホ][シ][モ]園

令伝聞[ホ][シ][モ]依令伝聞

聖[シ][モ]餉

由緒有らば頼朝子細を尋ね言上せんことを求む

遂露、民憂無空、自今以後永従停止、敢莫更然、前事之存、後輩可慎、若於有由緒、散位源朝臣頼朝相訪子細、触官言上不道行者、〔旨㋭㋛㋲〕猶令違犯者、専処罪科、不曾寛宥、

後㋲后
従㋭徒「被」㋲徒

蔵人頭左中弁兼皇后宮亮藤原光雅奉

頼朝の申請により重衡関東に向かう

因幡国住人長田実経に書状を給い本知行所を安堵す

十日、己亥、晴、三位中将重衡卿今日出京赴関東、梶原平三景時相具之、是武衛依令申請給也、今日被召因幡国住人長田兵衛尉実経（後日改広経）、(19ウ)賜二品（マヽ）御書云、右人」同心平家之間、雖可罪科、父資経（高庭介也）、以藤七資家伊豆国送事、至子々孫々更難忘、仍本知行所不可有相違者、去永暦御旅行之時、累代芳契之輩、或夭亡、或以変々之上、為左遷之身、敢無従之人、而実経奉副親族資家事、不思食忘之故也、

頼朝伊豆配流時の父資経の厚情を忘れず

広経㋛広常
国送㋭国〈マテ〉送㋛
㋲国迄送
変々之㋭㋛㋲変之
実経㋭実『資歟』経

広常外甥尾張国住人原高春召しにより参上す

十三日、壬寅、尾張国住人原大夫高春依召参上、是故上総介広常外甥也、又為薩摩守平忠度外甥、雖為平氏恩顧、就広常之好、背平相国（清盛）、去治承四年馳参関東以来、偏存忠之処、去年広常誅戮之後、成恐怖半

平忠度外甥㋭㋛㋲忠度外舅
背㋭皆『背歟』

広常の縁者を許し本知行の所領を安堵す

（20オ）面辺土、而今広常無罪而賜死、潜有御後」悔之間、彼親戚等多以免許、就中高春依有其功、本知行所領如元令領掌之、可抽奉公之由被仰含云々、

遠江国都田御厨の伊勢神宮沙汰を確認す

十四日、癸卯、遠江国都田御厨如元従神宮使、可致沙汰之由、被定下云々、

板垣兼信の飛脚鎌倉に到着す

十七日、丙午、板垣三郎兼信飛脚去夜到来鎌倉、今日判官代（藤原）邦通披露彼使者口状、其趣、応貴命、為追討平家所赴西海去八日出京也、〔云々[ホ][シ][モ]〕也、而適列御門葉、奉一方追討使、可為本懐之処、実平乍相具此手、称蒙各別仰、於事不加所談、剰云西海雑務、云軍士手分、不交兼信口入、独可

実平の独断を訴え兼信を上司と認められん事を請う

（20ウ）相計之由、頻結構、始終為如此者、頗可失勇心、居住」西国之間、諸事兼信可為上司之旨、賜御一行、欲当于眉目云々、

実平の器量を重んじ兼信の訴えを棄却す

此事曾無許容、不可依門葉、不可依家人、凡実平貞心者難混傍輩之上、守眼代器、委付西国巨細訖、如兼信者只向戦場、可棄命一段也、其猶以不可定、今申

之由[ホ]之『・旨』[シ][モ]　之旨
云々[シ]云云
所[ホ][シ][モ]ナシ
欲[ホ][シ][モ]ナシ　々[ホ][シ]ナシ
委[ホ][シ][モ]示
国[シ][モ]海

頼朝野出の鹿を覧んがため伊豆国に向かう

御前の射手を定む

大内惟義に伊賀国の守護を命ず

大井実春平家家人追討のため伊勢国に向かう

実平備中国の鼈務を行い在庁官人を還補す

重衡伊豆国府に着く

景時頼朝の命により重衡を北条に伴い参る

状可謂過分者、使者空走帰云々、

十八日、丁未、武衛進発伊豆国給、是為覧野出鹿也、下河辺庄司行平・同四郎政義・新田四郎忠常・愛甲三郎秀隆〔季㋭㋛㋲㋝〕「こ」・戸崎右馬允国延等可為御前之射手由被定云々、

（21オ）廿日、己酉、去夜着御北条、今日大内冠者惟義可為伊豆〔賀㋭㋛㋲〕国守護之由被仰付之云々、

廿二日、辛亥、大井兵衛次郎実春欲向伊勢国、是平家家人為宗者、潜籠当国之旨、依有其聞、行向可征之由令下知給之故也、

廿五日、甲寅、土肥次郎実平為御使於備中国行鼈務、仍在庁散位藤原資親已下数輩還補本職、是為平家失度者也、

廿七日、丙辰、三品羽林着伊豆国府、境節武衛令坐北条給之間、景時以専使伺子細、早相具可参当所之由被仰、仍伴参、但明旦可遂面謁之由被仰羽林云々、」

等㋝ナシ

云々㋛云云

欲㋭㋛㋲願

家人㋭㋛㋲々人

鼈㋲×鰲『鼈』

府㋭符

相具可参当所㋭相具可「・参」当所㋛可相具当所㋲相具可『・参』当所

頼朝重衡に謁す

(21ウ)廿八日、丁巳、被請本三位中将藍摺直垂、立烏帽子、於廊令謁給、仰云、且為奉慰君(後白河法皇)御憤、且為雪父(源義朝)尸骸之恥、試企石橋合戦以降、令対治平氏之逆乱如指掌、仍及面拝、不屑眉目也、此上者、謁槐門(平宗盛)之事、亦無所疑歟者、

重衡斬罪を請う

羽林答申曰、源平為天下警衛之処、頃年之間、当家独守朝廷也、許昇進者八十余輩、思其繁栄者二十余年也、而今運命之依縮、為囚人参入上者、不能左右、携弓馬之者、為敵被虜、強非恥辱、早可被処斬罪云々、無繊芥之憚奉問答、聞者莫不感、

重衡を狩野介に預く

其後被召預狩野介(宗茂)云々、」

武士に関する後白河院の要請への対応方針を定む

(22オ)今日就武家輩事、於自仙洞被仰下事者、不論是非可成敗、至武家帯道理事者、追可奏聞之旨被定云々、

○ⓗⓢⓜは「今日就武家輩事」以下を前行の「狩野介云々」の下につなげる。

四月小

頼朝鎌倉に帰着す

一日、己巳、自北条御帰着鎌倉、藤九郎盛長(安達)献盃酒、入夜於北面屋有

立ⓗⓢⓜ引立
無所ⓗ×所「無」ⓜ×所『無』
守朝廷也許ⓗⓢⓜ為朝廷之計
余輩ⓗⓢⓜ許輩
芥ⓗⓢⓜ介
小ⓗⓢⓜナシ

下河辺行平等に鹿皮を給う

此儀、召行平(下河辺)・政義(下河辺)・忠常(新田)・季隆(愛甲)・国延(戸崎)等於御前、給鹿皮、各三枚、
去比於伊豆国所射[取](ホシモセ)之鹿歟、

和田義盛の婿尾張国住人大屋安資下文を給わる

三日、辛未、尾張国住人大屋中三安資依有其功、如元管領所帯、剰可
鎮国中狼唳之由給御下文、筑前三郎(惟宗孝尚)奉行之、当国之輩悉以順平氏之
(22ウ)
処、安資為和田」小大郎(太[ホ][モ])義盛之聟独候源家之間、如此云々、

藤原能保を招き花見の会を催す

四日、壬申、御亭庭桜開敷、艶色其濃也、仍被招請申大宮亮能保(藤原)朝
臣、相共終日令翫此花給、前少将時家(平)接其座、又有管絃・詠歌之儀、

平家没官領の内平頼盛同室家領を返付す

六日、甲戌、池前大納言(平頼盛)幷室家(寛雅女)之領等者、載平氏没官領注文、自公家
被下云々、而為被酬故池禅尼(藤原宗兼女、平忠盛室)恩徳、申宥彼亜相勅勘給之上、以件家領
卅四ケ所如元可為彼家管領之旨、昨日有其沙汰、令辞之給、此内、於
信濃国諏方社者、被相博伊賀国六ケ山云々、

平頼盛家領院給分注文

池大納言沙汰(家脱カ)、
走井庄(領)河内、　長田庄伊賀、」

儀[シ]義　三枚[ホ][モ]一枚[シ]一牧
国之輩[ホ]国之[シ]国者　[モ]国×之
其濃[ホ][シ][モ]ナシ　請申[ホ][シ][モ]請申也　大宮[ホ]大「中歟」宮[モ]大『中』宮
幷[ホ][シ][モ]並
被[シ][モ]ナシ
諏方社[シ][モ]諏方之社　博[シ][モ]伝

（23オ）

野俣道庄伊勢、　木造庄同、
〔布〕石田庄〔播磨〕幡摩、　〔這〕建田庄同、
〔由シ〕田良庄淡路、　弓削庄美作、
佐伯庄備前、　山口庄但馬、
矢野領伊与、　小島庄阿波、
大岡庄駿河、　香椎〔庄〕社筑前、
安富領同、　三原庄筑後、
球磨臼間野庄肥後、
右、庄薗拾漆箇所、載没官注文、自〔後白河法皇〕院所給預也、然而如元為彼家沙汰、為有知行、〔勒ホ〕勤状如件、
寿永三年四月五日

（23ウ）

池大納言〔家〕ホシモ沙汰、
布施庄〔播磨〕幡摩、　龍門庄近江、

同家領八条院領分等注文

椎モ×権『椎』
磨モ璩
肥後モ肥后
薗シ園
自院ホシモ自於院
幡摩モ幡州
龍門…長原庄〈大和〉
ホシモナシ

（24オ）

安摩〔麻〕庄安芸、　稲木庄尾張、

已上有由緒云々、

乃〔野〕辺長原庄大和、　兵庫三ケ〔箇〕庄摂津、

石作庄幡〔播〕摩〔磨〕、　六人部庄丹波、

熊坂庄加賀、　宗像社筑前、

三ケ〔箇〕庄同、　真清田庄〔社〕尾張、

服織庄駿河、　国富庄日向、」

已上八条院〔暲子内親王〕御領、

麻生大和田領〔庄〕河内、　諏方〔訪〕社信濃、　被相博伊賀六ケ山「了」[ホ][シ][モ]、

已上女房御領、

右、庄薗拾陸ケ〔箇〕所、注文如此、任本所之沙汰、彼家如元為有知行、

勤〔勤[ホ][モ]〕状如件、

寿永三年四月六日

元暦元年（寿永三年）四月

諏方社[ホ]諏訪社[モ]諏訪「・社」博[モ]博「伝」

薗[シ][モ]園

○底本は「池大納言沙汰」を前行の「六ケ山云々」の下につなげる。㋭㋲及び内容により改行して示した。なお、久我家文書の源頼朝下文案を参照して校合した。

重衡伊豆国より鎌倉に移る

狩野介一族等これを守護す

八日、丙子、本三位中将(平重衡)自伊豆国来着鎌倉、仍武衛(源頼朝)点墎内屋一宇、被招入之、狩野介(宗茂)一族・郎従等毎夜十人令結番守護之、

義経の使者参着す

頼朝の叙正四位下の聞書を持参す

頼朝の昇叙は秀郷の先例に准ず

征夷将軍宣下は先送りとす

(24ウ)

十日、戊寅、源九郎(義経)使者自京都参着、去月廿七日有除」目、武衛叙正四位下給之由申之、是義仲(源)追討賞也、持参彼聞書、此事、藤原秀郷朝臣天慶三年三月九日自六位昇従下四位也、武衛御本位者従下五位也、被準彼例〔准㋭㋛㋲㋮㋝〕云々、亦依忠文(藤原)宇治民部卿之例、可有征夷将軍宣下歟之由有其沙汰、而越階事者彼時準拠〔准㋭㋛㋲㋮㋝〕可然、於[将]㋮㋝軍事者、賜節刀被任軍監・軍曹之時、被行除目歟、被載今度除目之条、似始置其官、無左右難被宣下之由、依有諸卿群議、先叙位云々、

新左馬頭能保慶申のため鶴岡八幡宮に参る

十一日、己卯、快霽、新典厩能保、去月廿七日[任]㋭㋛㋲㋮、被参鶴岳八幡宮、是被申慶之

墎内屋㋭㋛㋲郭内屋　㋮墎屋

戊㋲戌

討㋭㋛㋲罰　秀㋛㋲季

四位也㋝四位了　者従㋝ナシ

云々㋭㋛㋲ナシ　歟之由㋮㋝歟由

議㋝儀

岳㋭㋛㋲岡

由也、次被参謁御亭、」

源光行三善康信京都より参着す

（25オ）十四日、壬午、源民部大夫光行・中宮大夫属入道善信俗名康信（三善）、等自京都参着、光行者、豊前々司光季（源）属平家之間、為申宥之也、善信者、本自有其志関東（其志在関東[ホ][シ][モ]）、仍連々有恩喚之故也、

頼朝鶴岡八幡宮参詣の後康信と対面し武家政務の補佐を託す

十五日、癸未、武衛参鶴岳給、被奉御供之後、於廻廊対面属入道善信給、令参住当処、可輔佐武家政務之由、及厳密御約諾云々、于時光行推参彼所之間、被止言談云々、善信者甚穏便者也、同道之仁頗有無法気歟之由、内々被仰云々、

○[マ]は「言談云々」で改行し、「善信者」以下を次行に記す。

元暦改元

十六日、甲申、改元、改寿永三年為元暦元年、」

御願により藤原為久正観音像を描く
頼朝精進し観音品を読誦す

（25ウ）十八日、丙戌、依殊御願、仰下下総権守為久（藤原）、被奉図絵正観音像、為久着束帯役之、潔斎已満百日、今日奉始之云々、武衛又御精進、読誦観音品給云々、

之也[マ]也
有其志関東[マ]甚志在関東
岳[ホ][シ][モ]岡
処[ホ][シ][モ][マ]所　輔[マ]補
穏[マ]隠
改元…元年[マ]（小書）
下総[ホ][シ][モ]々総
斎[シ]斉

重衡の許に藤原邦通工藤祐経千手前を遣わす

廿日、戊子、雨降、終日不休止、本三位中将依武衛御免、有沐浴之儀、其後及秉燭之期、称為慰徒然、被遣藤判官代邦通・工藤一﨟祐経〔幷[シ][モ][マ]〕再官女一人号千手前、等於羽林之方、剰被副送竹葉上林已下、羽林殊喜悦、

遊興

遊興移剋、祐経打皷歌今様、女房〔弾[ホ][シ][モ][マ]〕琵琶、羽林和横笛、先吹五常(26オ)楽、為下官以之可為後生楽曲称之、〔由[ホ][シ][マ]〕」次〔吹[ホ][シ][モ][マ]〕皇麞急、謂往生急、凡於

重衡千手前を留め朗詠に及ぶ

事莫不催興、及夜半女房欲帰、羽林暫抑留之、与盃及朗詠、燭暗数行虞〔虞姫〕氏涙、夜深四面楚歌声云々、其後各帰参御前、武衛令問酒宴次第

邦通重衡の芸能を語る

給、邦通申云、羽林、云言語、云芸能、尤以優美也、以五常楽謂後生楽、以皇麞急号往生急、是皆有其由歟、楽名之中、廻忽者元書廻骨、大国葬礼之時調此楽云々、吾為囚人待被誅条、存在且〔旦[シ][マ]〕暮由之故歟、又女房欲帰之程、猶詠四面楚歌向、〔句[ホ][シ][モ][マ]〕彼項羽〔籍〕過呉〔虞カ〕之事、折節思出歟之由申

頼朝臨席せざる事を惜しむ宿衣を千手前に持たせ重衡に贈る

(26ウ)之、武衛殊令感事之体給、依憚世上之聞、吾不臨其座、為恨」之由被仰云々、武衛又令持宿衣一領於千手前、更被送遣、其上以祐経辺鄙士

秉[モ]乗『秉』[マ]或　称[モ]称『称』　慰[マ]尉
手[シ]寿
羽林和[マ]「・羽林」和
以之[ホ][シ][モ]以　曲[モ]×田『由』　麞急[マ]麞
与[ホ][シ][モ]而　盃[マ]否
氏[マ]昏　宴[ホ][シ][モ]晏
優[ホ][シ][モ][マ]幽　後[ホ]往『後歟』
其[ホ][シ][モ]ナシ　書[ホ]ナシ
待[ホ][シ][モ][マ]ナシ
猶[マ]於　呉[ホ]異[シ]失　歟之由[マ]故歟由
恨[シ]遺恨

頼朝源義高を誅せんとす

女還可有其興歟、御在国之程可被召置之由被仰之云々、祐経頻憐羽林、是往年候小松内府（平重盛）之時、常見此羽林之間、于今不忘旧好歟、

廿一日、己丑、自去夜殿中聊物忩、是志水冠者（源義高）雖為武衛御聟、亡父（源義仲）[已]（ホシモマ）蒙勅勘、被戮之間、為其子其[意]（ホシモマ）趣尤依難遁（度ホシモマ）、可被誅之由内々思食立、被仰含此趣於昵近壮士等、女房等伺聞此事、密々告申姫公御（源頼朝女、大姫）方、仍志水冠者廻計略、今暁遁去給、此間、仮女房之姿、姫君御方女

義高頼朝の姫君方の女房に囲まれ郭外に逃る

（27オ）

房圍之出墎内畢、[隠]（マ）置馬於他所令乗之、[為]（マ）不令人聞、以綿]裹蹄（蹄）云々（マ）、而海野小太郎（太ホモマ）幸氏者与志水同年也、日夜在座右、片時無立去、

海野幸氏義高の如在を装う

仍今相替之、入彼帳台、臥宿衣之下、出髻云々、日闌之後、出于志水之常居所、不改日来形勢、独打双六、志水好双六之勝負、朝暮翫之、幸氏必為其合手、然間、至于殿中男女、只成于今令坐給思之処、及暁（晩）綺（綷ホシモマ）露顕、武衛太忩怒給、則被召禁幸氏、又分遣堀藤次親家已下軍兵於

頼朝幸氏を拘留し軍兵を遣わす

方々道路、被仰可討止之由、姫公周章[令]（マ）銷魂給、

姫君傷心す

仰之云々（ホ）（シ）（モ）（マ）仰云々
内府（ホ）（マ）内符
物忩（マ）物忌　武衛御聟（モ）武衛『・御』聟
戮（マ）討戮
密（マ）蜜
姿（シ）恣
圍（ホ）（シ）（モ）囲　墎内…蹄云々（ホ）（シ）（モ）ナシ
宿衣（ホ）宿夜「衣」（モ）宿夜　之後（ホ）（シ）（モ）後　于（マ）ナシ
太（シ）大
由（マ）由云々　周章（ホ）（シ）（モ）周章々々

頼朝光季の厚免を請うよう義経に伝う

廿二日、庚寅、民部大夫光行[父](マ)豊前々司与平家之過事、可蒙免許之由、被遣御書於源(義経)九郎主云々、」

父(ホ)(シ)(モ)又
過(ホ)(シ)(モ)悪

下河辺政義常陸国南郡への国役所課を愁う

(27ウ)

廿三日、辛卯、下河辺四郎政義者臨戦場竭軍忠、於殿中積労効、仍御気色殊快然、就中三郎先生義広(志太)謀叛之時、常陸国住人等、小栗十郎重成之外、或与彼逆心、或逐電奥州、政義自最初依令候御前、以当国南郡宛賜政義之処、此一両年国役連続之間、於事不諧之由、属筑後権守(藤原)俊兼愁申之、仍可随芳志之由、被遣慇懃御書於常陸目代、

臨時課役の免除を命ず

鎌倉殿奉行人奉書

常陸国務之間事、三郎先生謀反之時、当国住人、除小栗十郎重成之外、併被勧誘彼反逆、奉射御方、或逃入奥州、如此之間、以当国南郡宛給下河辺四郎政義畢、此一」(28オ)両年上洛、度々合戦竭忠節畢、而南郡国役責勘之間、云地頭得分、云代官経廻、於事不合期之由、所歎申也、彼政義者殊糸惜思食者也、有限所当官物・恒例課役之外、可令施芳意給候、於所当官物無懈怠可令勤仕之旨、被仰含候畢、定

効(シ)功
叛(マ)反
逐(マ)遂
宛(ホ)(シ)(モ)(マ)充
賜政(マ)賜正
先(シ)光
謀反(マ)謀叛
逃(マ)絡
宛(ホ)(シ)(モ)(マ)充
政義(マ)正能
云地頭得分云代官(マ)地頭得分云代官云
政義(マ)正能
於所当(ホ)(シ)(モ)於当
候畢(マ)候了

令致其沙汰候歟、地頭職所当官物無対捍儀者、雖何輩[何](ホシモマ)共〔其ホシモマ〕煩候哉、
以此旨可令申触之旨、鎌倉殿所仰候也、[仍](ホモマ)執達如件、

申触之旨ホシモ申旨　マ申之旨

四月廿三日　　　　俊兼奉〔奉ホマ小書〕

廿三ホシモ廿二　奉シモナシ

[謹上](マ)　常陸御目代殿

○諸本「常陸国務之間事」以下を前行の「常陸目代」の下につなげて記す。マ及び内容により改行して示した。

賀茂社領への武家の狼藉を停む

(28ウ)廿四日、壬辰、賀茂社領四十一ケ所、任院庁御下文、可」止武家狼藉之由有其沙汰、

堀親家の郎従義高を誅す

姫君愁歎す

廿六日、甲午、堀藤次親家郎従藤内覚〔光ホシモマ〕澄帰参、於入間河原（武蔵国）誅志水冠者之由申之、此事雖為密議〔儀ホシモマ〕、姫公已令漏聞之給、愁歎之余令断漿水給、可謂理運、御台所（北条時政女）又依察彼御心中、御哀傷殊太、然間殿中男女多以含歎色云々、

漿マ将

依察ホ依「被」察

平家追討の祈禱のため広田社に寄進す

廿八日、丙申、平氏在西海之由風聞、仍被遣軍兵、為征罰無事御祈

禱、以淡路国広田庄被寄附広田社、其御下文付前斉〔斎〕院次官親能〔中原〕、上洛便宜可被遣神祇伯仲資主〔王[モ][マ]〕云々、

主[モ]×王『主』

神祇伯に下文を遣わす

源頼朝寄進状

(29オ)

寄進　広田社神領事、

在淡路国広田領壹所、

右、為増神威、殊存祈禱、寄進如件、

寿永三年四月廿八日　　正四位下源朝臣

○底本は「広田社神領事」を「寄進」の次行に記す。[ホ][シ][モ][マ]により同行とした。

中原親能使節として上洛す

実平景時進発す

来たる六月の合戦を命ず

廿九日、丁酉、前斉〔斎〕院次官親能為使節上洛、平家追討間事、向西海可奉行之云々、土肥次郎実平・梶原平三景時等同其進〔首カ〕、調〔途[ホ][シ][モ][マ]〕置兵船、来六月属海上和気期、可遂合戦之由被仰含云々、

甲斐信濃両国の義高伴類の征伐を命ず

諸国の御家人鎌倉に群集す

頼朝二村を伊勢神宮に寄進す

内宮分武蔵国飯倉御厨を一禰宜に付す

五月大

（29ウ）
一日、戊子、故志水冠者義高伴類等令隠居甲斐・信濃等国、擬起叛逆之由風聞之間、遣軍兵可被加征罰之由有其沙汰、足利冠者義兼・小笠原次郎長清相伴御家人等、可発向甲斐国、又小山・宇都宮・比企・河越・豊島・足立・吾妻・小林之輩令下向信濃国、可捜求彼凶徒之由被定云々、此外相模・伊豆・駿河・安房・上総御家人等同相催之、今月十日可進発之旨、被仰義盛（和田）・能員（比企）等云々、

二日、己丑、依志水冠者誅戮事、諸国御家人馳参、凡成群云々、

（30オ）
三日、庚寅、武衛（源頼朝）被奉寄附両村於二所大神宮、去永暦元年二月御出京之刻、感霊夢之後、当宮事御信仰異他社、然者平家党類等在伊勢国之由、依令風聞、遣軍士之時者、縦雖云〔云[ホ][シ][モ][マ]ナシ〕為凶賊之在所、不相触事之由於祠官、無左右不可乱入神明御鎮坐砌之旨、度々所被仰含也、謂件両所者、内宮御分武蔵国飯倉御厨、被仰付当宮一称〔禰[ホ][シ][マ]〕宜荒木田成長神主、

叛逆[ホ]叛『・逆』
彼凶徒[ホ][シ][モ]ナシ
駿河[マ]駿川
大[マ]太
鎮[シ]領
称[モ]×称『禰』

外宮分安房国東条御厨を度会光倫に付す

外宮御分安房国東条御厨、被付会賀次郎大夫生倫〔光〕(度会)訖、為一品房(昌寛)奉行、
遣両通御寄進状、彼東条御厨事、先日雖被付御寄進状、去年十一月称〔禰〕
㋭㋛㋮宜等捧請文云々、状跡不相応云々、不甘心歟、此上可為何様哉由、御
(30ウ)
猶予之処、御心中祈願納得、偏尊神御」冥助之旨、弥以催御信心、焉〔而〕
㋭㋛㋲㋮折節生倫〔光〕参候之間、載御願旨趣、賜御書(此寄進状外也)、於生倫〔光〕、々々正衣冠、
参御所給之、御寄進状云、

源頼朝寄進状

寄進　伊勢皇大神宮御厨壹所
在武蔵国飯倉、
右志者、奉為朝家安穏、為成就私願、殊抽忠丹、寄進状如件、
寿永三年五月三日　正四位下前右兵衛佐源朝臣

源頼朝寄進状

寄進　伊勢大神宮御厨壹所
在安房国東条、
(31オ)
四至如旧、

称㋲×称『禰』
予㋛預
尊㋭芳「蒙」㋛㋲芳
大㋭㋛㋲㋮太
所㋭㋛㋲㋮処
大㋭㋛㋲㋮太
所㋭㋛㋲㋮処

右志者、奉為朝家安穏、為成就私願、殊抽忠丹、寄進状如件、

寿永三年五月三日　　正四位下前右兵衛佐源朝臣

園城寺長吏を見舞わんがため雑色時沢上洛す

十二日、己亥、雷雨、雑色時沢(浜)為使節上洛、是園城寺長吏僧正房覚痢　雨[シ]両
病危急之由、依[有]([ホ][シ][モ][マ])其聞、被訪申之故也、武衛日来御祈禱等事被仰付
云々、

伊勢国より飛脚参着す

波多野義定大井実春等志太義広を討つ

十五日、壬寅、申剋伊勢国馳駅参着、申云、去四日波多野三郎(義定)・大井　剋[シ][モ]刻
兵衛次郎実春・山内瀧口三郎(経俊)幷大内右衛門尉惟義家人等、於当国羽取
山、与志太三郎先生義広合」(31ウ)戦、殆及終日争雌雄、然而遂獲義広之首
云々、此義広者年来含叛逆之志、去々年率軍勢、擬参鎌倉之刻、小山　之刻[マ]刻
四郎朝政依相禦之、不成而逐電、令属義仲(源)訖、義仲滅亡之後、又逃　逐[シ][マ]遂
亡、曾不弁其存亡之間、武衛御憤未休之処、有此告、殊所令喜給也、　憤[モ]×慎『憤』

頼朝頼盛能保を伴い杜戸に赴く

御家人船を飾り前途を争う

十九日、丙午、武衛相伴池亜相(平頼盛)此程在鎌倉・右典厩(藤原能保)等、逍遥海浜給、自由
比浦御乗船、令着杜戸岸給、御家人等面々餝舟[船]([ホ][シ][モ][マ])、海路之間、[各]([ホ][シ])

小笠懸有り

取棹(㋲㋮)争前途、其儀殊有興也、於杜戸松樹下有小笠懸、是士〔土㋭㋛㋲㋮〕風也、非此　於㋮ナシ
儀者、不可有他見物之由、武衛被仰之、客等太入興云々、」

泰経に御書を遣わし頼盛父子の還任一族の受領拝任を求む

(32オ)廿一日、戊申、武衛被遣御書於泰経(高階)朝臣、是池前大納言(平頼盛)・同息男(平光盛)可被
還住〔任㋭㋛㋲㋮〕本官事、幷御一族源氏之中、範頼(源)・広綱(源)・義信(源)等可被聴一州国司　幷㋭㋛㋲並
事、内々可被計奏聞之趣也、大夫属入道(三善康信)書此御書、付雑色鶴太郎云々、

宇都宮朝綱社務職を安堵され伊賀国壬生野郷地頭職を給わる

廿四日、辛亥、左衛門尉藤〔原〕(マ)朝綱(宇都宮)拝領伊賀国壬生野郷地頭職、是日　壬㋭王「壬歟」㋲×王『壬』
来雖仕平家、懇志在関東之間、潜遁出都参上、募其功、宇都宮社務職　家㋮氏
無相違之上、重被加新恩云々、　云々㋮ナシ

六月小

頼朝餞別のため頼盛を招く

(32ウ)一日、戊午、武衛(源頼朝)招請池前亜相(平頼盛)給、是近日可有帰洛之間、」為餞別也、

能保時家御前に候す

右典厩(藤原能保)幷前少将時家(平)等在御前、先三献、其後数巡、又相牙〔互㋭㋛㋲㋮〕被談世上雑　幷㋭再
事〔等㋭㋛㋲〕、小山小四郎朝政・三浦介義澄・結城七郎朝光・下河辺庄司行

京都に馴染む御家人簀子に候す
頼盛に引出物を給う
頼盛の従者に引出物を給わんとす
頼朝報謝せんとして平宗清を召す
宗清は頼盛母池禅尼の侍
頼盛下向の際宗清頼朝の招引を拒み宗盛の許に下向す
石河義資鎌倉に参着す

平・畠山次郎重忠・橘右馬允公長・足立右馬允遠元・八田四郎知宗〔家㋭㋛〕・
㋲㋮後藤新兵衛尉基清等応召候御前以『こ』簀子、是皆馴京都之輩也、次有御引
出物、先金作剣一腰、時家朝臣伝之、次砂金一裹、安芸介〔中原広元〕役之、次被
引鞍馬十疋、其後召客之扈従者、又[欲]㋮賜引出物、武衛先召弥平左衛
門尉宗清、〔左衛門尉季宗男㋭㋛㋲小書〕左衛門尉季宗男、平家一族也〔平家一族也㋮小書〕、是亜相下着[之]㋮最初、被尋
(33オ)
申之処、依病起〔起㋭㋛㋲㋮ナシ〕遅留之由被答申之間、定今」者令下向歟之由令思案給
之故歟、而未参着之旨、亜相被申之、太違亭主御本意云々、此宗清者
池禅尼〔藤原宗兼女、平忠盛室、頼盛母〕侍也、平治有事之刻、奉懸志於武衛、仍為報謝其事、相具可下
向給之由被仰送之間、亜相城外之日、示此趣於宗清[之]㋮処、宗清云、
令向戦場給者、進可候先陣、焉〔而㋭㋛㋲㋮〕倩案関東之招引、為被酬当初恩之歟〔奉公㋭㋛㋲〕、
㋮平家零落之今参向之条、尤称恥存之由、直参屋島〔讃岐国〕前内府〔平宗盛〕云々、
四日、辛酉、石河兵衛『ゝゝ』(抹消符擦消)判官代義資参着関東、可致朝夕官仕之由申之、
是去養和元年為平家所被生虜之河内源氏随一也、近年者又為義仲〔源〕被

遠元㋭×達「遠」元
御前以簀子㋭㋛㋲㋮御前簀子
剣㋮釼
次被㋲次×被被㋮被
者㋮（小書）
左衛門尉季宗㋮右兵衛尉季宗
之由㋮由
相具可㋭『・相具』可
之由㋮之「・由」
府㋭㋮符
兵衛㋭㋛㋲㋮アリ

頼盛帰洛す

頼朝御所に於て一条忠頼を誅す

(33ウ)襲、太失度[云々]〔[ホ][シ][モ][マ]〕、而依武衛」被執申之、免勅勘、去三月二日右兵衛尉如元之由被宣下云々、

五日、壬戌、池前大納言被帰洛、武衛令辞庄薗於亜相給[之]〔[マ]〕上、逗留之間、連日竹葉勧宴酔、塩梅調哲〔鼎[ホ][シ][モ][マ]〕味、所被献之金銀尽数、錦綉重色者也、

十六日、癸酉、一条次郎忠頼振威勢之余、挿濫世志之由有其聞、武衛又令察給之、仍今日於営中所被誅也、及晩景武衛出于西侍給、忠頼依召参入、候乎〔于[マ]〕対座、宿老御家人数輩列座、有献盃之儀、工藤一﨟祐経(34オ)取銚子進御前、是兼被定于其討手訖、而対于殊武将、忽決雌雄」之条、為重事之間、聊令思案歟、顔色頗令変、小山田別当有重見彼形勢起座、如此御杓者称可為老者之役、取祐経所持之銚子、爰子息稲毛三郎重成・同弟榛谷四郎重朝等持盃・肴物、進寄于忠頼之前、有重訓両息云、倍〔陪〕膳之故実者上括也[者]〔[ホ][シ][モ][マ]〕、閣所持物、結恬〔括[ホ][シ][モ][マ]〕之時、天野藤内遠景承

執[シ]ナシ　去三[シ]去執三

薗[ホ][シ][モ]園

金[ホ][シ][モ][マ]又金　尽[ホ][シ][モ]懸　綉[ホ][マ]繍

候乎[ホ][シ][モ]候畢

対于[ホ][シ]対

朝[ホ]成「朝」『成字非歟』(朱書抹消)

忠頼の共侍太刀を取り戦う

別仰、取太刀進於忠頼之左方、早誅戮畢、此時武衛開御後之障子令入給云々、其後忠頼共侍新平太幷同甥武藤与一及山村小太郎等自地下見主人伏死、面々取太刀、奔昇于侍之上、綺〔綷㋭㋛㋲㋮〕起於楚忽、祗候之輩騒動、(34ウ)多為件三人被疵云々、既参于寝殿」近処、重成・重朝・結城七郎朝光等相戦之、討取新平太・与一畢、山村者擬戦遠景、云〔々㋭㋛㋲㋮〕々相隔一ケ間取魚板打之、山村顚倒于縁下之間、遠景郎従獲其首云々、

鮫島四郎味方討ちの罪により指を切らる

十七日、甲戌、召鮫島四郎於御前、令切右手指給、是昨夕騒動之間、有御方討罪科之故也、

忠頼の家人甲斐秋家を召し出し厚免す

十八日、乙亥、故一条次郎忠頼家人甲斐小四郎秋家被召出、是堪歌舞曲之者也、仍武衛施芳情、可致官仕之由被仰出云々、

小除目聞書到来す

頼盛父子頼朝の一族任官す

廿日、丁丑、去五日被行小除目、其除書今日到来、武衛令申給任人事(35オ)無相違、所謂権大納言平頼盛・侍従同」光盛・河内守同保業・讃岐守藤能保・参河守源範頼・駿河守同広綱・武蔵守同義信云々、

太刀㋛大刀
開㋲×開『開』
幷㋭再『幷歟』
近処㋭㋛㋲㋮近々
平頼盛㋭㋛㋲頼盛

頼朝範頼等に酒を勧め除目の事を伝う
義経の任官を許さず先ず範頼を推挙す

廿一日、戊寅、武衛召聚範頼・義信・広綱等有勧盃、次被触仰除目事、各令喜悦歟、就中源九郎主（義経）頻雖望官途吹挙、武衛[敢]（ホシモマ）不被許容、先被挙申蒲冠者之間、殊悦其厚恩云々、

義朝家人の子片切為安を召し出し本領を返付す

廿三日、庚辰、片切大郎〔太ホシマ〕為安自信濃国被召出[之]（ホシモマ）、殊令憐愍給、是父小八郎大夫（景重）者、平治逆乱之時、為故左典廐（源義朝）御共之間、片切郷者、為平氏被収公、已廿余年空手、仍今日如元可領掌之由被仰云々、」　収（シ）取

堀親家の郎従を斬罪に処す
義高の死により頼朝姫君病床に伏す
御台所義高誅戮を憤り申すにより頼朝斬罪を決す

（35ウ）廿七日、甲申、堀藤次親家郎従（光澄）被梟首、是依御台所（北条時政女）御憤也、去四月之比、為御使討志水冠者（源義高）之故也、其事已後、姫公（源頼朝女、大姫）御哀傷之余、已沈病床給、追日憔悴、諸人莫不驚騒、依志水誅戮事、有[此]（ホシモマ）御病、偏起於彼男之不儀、縦雖奉仰、内々不啓子細於姫公御方哉之由、御台所強憤申給之間、武衛不能遁啓、還以被処斬罪云々、　啓（ホシモ）逃

七月大

定遍寂楽寺僧の紀伊国阿弖河荘乱入狼藉を訴う

二日、戊子、成就院僧正(定遍)坊使者去夜戌剋参着、是寂楽寺僧徒令乱入高野山領紀伊国阿弖河庄、致非法狼藉之由、依訴申也、則進覧当山結界

結界絵図空海御手印案文を進覧す

(36オ)

絵図幷大師(空海)御手印案」文等、筑後権守俊兼(藤原)於御前釈申之、凡吾朝弘法者併為大師聖跡之由、武衛(源頼朝)有御信仰之間、不日被経沙汰、可止狼藉之

頼朝狼藉停止を命ず

旨被下御書、其状云、

源頼朝下文

下　紀伊国阿弖河庄、

可早停止旁狼藉如旧為高野

金剛峯寺領事、

右、件庄者大師御手印官府(符ホマ)内庄也、而今自寂楽寺致濫妨云々、事実者、不穏便事歟、御手印内、誰可成異論哉、早停止彼妨、如旧可為

金剛峯寺領之状如件、〔以下脱カ〕

元暦元年七月二日

坊ホシモ房　剋シモ刻

幷ホシモ並　後モ后

併ホシモ称

自マ日　云々マ云云

彼妨マ彼「・妨」

○底本は「高野」「金剛峯寺」をつなげて記す。ホシモマ及び高野山文書によ

り「高野」で改行し、「金剛峯寺領事」を次行に記した。なお、高野山文書の正文の袖には頼朝の花押があり、文末には「以下」の文言がある。

義経の西海派遣を後白河院に申請す

(36ウ)三日、己丑、武衛為追討前内府(平宗盛)已下平氏等、以源九郎主(義経)可遣西海事被申仙洞(後白河法皇)云々、

府[ホ][マ]符

大内惟義伊賀平氏の襲来を報ず　これにより鎌倉中騒動す

五日、辛卯、大内冠者惟義飛脚参着、申云、去七日於伊賀国為平家一族等被襲之間、所相恃之家人多以被誅戮云々、因茲諸人馳参、鎌倉中騒動云々、

相[ホ][シ][モ]ナシ　以[マ]ナシ

忠頼への同意の咎により井上光盛を駿河国蒲原に於て誅す

十日、丙申、今日井上太郎〔太[ホ][シ][モ][マ]〕光盛於駿河国蒲原駅被誅、是依有同意于忠頼(一条)之聞也、光盛日来在京之間、吉香・船越之輩含兼日厳命、相待下向之期、討取之云々、

吉[ホ]吾　之期[ホ][シ][モ]其期[マ]期　取之[マ]取

渋谷高重に下文を給う　上野国黒河郷への国衙使入部を停むる旨国奉行人に伝う

十六日、壬寅、渋谷次郎高重者、勇敢之器頗不恥父祖之由、度々預御感、凡於事快然之余、彼領掌之所於上野国黒河郷止国衙使入部、可為(37オ)別納之由賜御下文、」仍今日被仰含其由於国奉行人藤九郎盛長(安達)云々、

人[ホ][シ][モ]ナシ

伊賀国の平家郎従討伐を惟義に命ず

十八日、甲辰、伊賀国合戦之間事、被経其沙汰、可討亡平家隠逃之郎従等之由被仰大内冠者(惟義)幷加藤五景員入道父子及瀧口三郎(山内)経俊等云々、

雑色文書を帯し進発す

雑色友行・宗重両人帯彼御書等進発云々、

鶴岡八幡宮に熱田大明神を勧請す

頼朝参詣し一族供奉す

廿日、丙午、此間於鶴岳若宮之傍被新造社壇、今日所被奉勧請熱田大明神也、仍武衛参給、武蔵守(源)義信・駿河守(源)広綱已下門客等、殊刷行粧列供奉、結城七郎朝光持御剣、河勾三郎実政懸御調度、此実政者去年(37ウ)冬上洛之時、依渡船之論、」与一条次郎忠頼合戦之間、雖蒙御気色、武勇之誉不恥上古之間、不経幾旬月有免許、剰従此役奉昵近、観者成不思議之念云々、

相模国内の一村を寄進す

御遷宮事終之後、為貢税料所被奉寄相模国内一村、筑後権守俊兼被召宝前、書御寄附状云々、

光盛の侍を御家人と為す

廿五日、辛亥、故井上大郎〔太[ホ][シ][モ][マ]〕光盛侍保料〔科[ホ][シ][モ][マ]〕大郎〔太[ホ][シ][モ][マ]〕・小河原雲藤三郎等為降人参上、仍可為御家人之由被仰下、藤内朝宗(比企)奉行云々、

幷[ホ][シ][モ]並
友[モ]×反『友』
岳[ホ][シ][モ]岡
奉[ホ][シ][モ]ナシ
仍[シ][モ]ナシ
剣[マ]釼
観[マ]親
議[ホ]儀
筑後[モ]筑后
前[マ]ナシ
三郎[ホ][シ][モ][マ]三

惟義飛脚を鎌倉に遣わし合戦次第を報ず
張本等九十余人を討つ
信兼子息忠清逃亡す
佐々木秀義討ち取らる
惟義の使者に御書を給う
惟義の用意無きを咎む
在京の義経に張本信兼子息の捜索を命ず

八月大

(38オ)二日、戊午、雨降、大内冠者(惟義)飛脚重参着、申云、去十」九日酉剋(剋㋛㋲刻)与平家余党等合戦、逆徒敗北、討亡者九十余人、其内張本四人、富田進士家助・前兵衛尉家能・家清入道・平田大郎〔太㋭㋛㋲㋮〕家継入道等也、前出羽守信(平)兼子息等幷忠清(藤原)法師等者逃亡于山中畢、又佐々木源三秀能(義)相具五郎義清合戦之処、秀能為平家被打取畢、惟義已雪会稽之恥、可預抽賞歟云々、

三日、己未、雨降、召大内冠者使賜委細御書、其趣、攻撃逆党事、尤神妙、但可被抽賞之由被進申、頗背物儀者歟、其故者、補一国守護之者(者歟㋭㋛㋲㋮歟)為鎮狼唳也、而先日為賊徒被殺害家人等訖、是無用意[之](ホシモマ)所致也、(38ウ)豈」非越度哉、然者、賞罰者宜任予之意者、又被発御使於京都、今度伊賀国兵革事、偏在出羽守信兼子息等結構歟、而彼輩遁国之中〔闔ホシモマ〕、不知行方云々、定隠遁京中歟、早尋捜之、不廻踵可令誅戮之趣、被仰遣源

範頼等一族御家人を招き西海進発餞別の酒宴を開く

範頼に秘蔵の馬と鎧を給う

範頼平家追討のため西海に進発す

千余騎扈従す

扈従の輩

九郎(義経)主許云々、安達新三郎(清経)為飛脚首途云々、　　首途云々[シ]首途云云 [マ]首途

六日、壬戌、武衛(源頼朝)招請参河守(源範頼)・足利蔵人(義兼)・武田兵衛尉(有義)給、又常胤(千葉)以下　　以[ホ][シ][モ][マ]已
為宗御家人等依召参入、此輩為追討平家可赴西海之間、為御餞別也、
終日[有]([ホ][シ][モ][マ])御酒宴、及退散之期、各引賜馬一疋、其中参州分秘蔵御馬　　参州[マ]参川守 秘[モ]×移『秘』
也、剰被副甲一領云々、」　　剰[マ]ナシ

(39オ)
八日、甲子、晴、参河守範頼為平家追討使赴西海、午剋進発、旗差　　河[マ]川
之(旗巻)、一人・弓袋一人相並前行、次参州、(着紺村濃直垂、加小具足、駕栗毛馬、)次扈従輩一千　　州[マ]川 加[シ][モ]ナシ
余騎並龍蹄、所謂、

北条小四郎(義時)	足利蔵人義兼	武田兵衛尉有義
千葉介常胤	境平次常秀	三浦介義澄　　浦介[マ]浦
男平六義村	八田四郎武者朝家	同男大郎(太[ホ][シ][モ][マ])朝重
葛西三郎清重	長沼五郎宗政	結城七郎朝光
藤内所朝宗(比企)	比企藤四郎能員	阿曾沼四郎広綱

和田〔太ⓗⓢⓜⓜ〕大郎義盛　同三郎宗実　同四郎義胤
大多和次郎義成　安西三郎景益　同〔太ⓗⓢⓜⓜ〕大郎明景
大河戸太郎広行　同〔行元〕三郎　中条藤次家長
工藤一﨟祐経　同三郎祐茂　天野藤内遠景
小野寺〔太ⓗⓜⓜ〕大郎道綱　一品房昌寛　土佐房昌俊以下
也、武衛構御桟敷於稲瀬河辺、令見物之給云々、

○底本は「所謂」以下の人名部分をつなげて記す。ⓜは人名部分をつなげて記し、「以下」と「也」もつなげて記す。ⓗⓢⓜにより人名を三段で示した。

(39ウ)

十三日、己巳、御寄進鹿島社之地等事、常陸国奥郡内有叛逆之輩、依致妨社役不全云々、仍如元可為社領之由、今日重被仰下云々、

十七日、癸酉、源九郎主使者参着、申云、去六日任左衛門少尉、蒙使宣旨、是雖非所望之限、依難被黙止度々勲功、為自然朝恩之由、被仰下之間、不能固辞云々、此事頗違武衛御気色、範頼・義信等朝臣受領

頼朝稲瀬川辺に於て見物す

謀叛の輩鹿島社御寄進領の社役を妨ぐ
重ねて社領と認む

義経使者を鎌倉に遣わし検非違使補任を報ず

大多ⓜ太多
茂ⓜ義
佐ⓗⓢⓜⓜ左
以ⓜ已
寄進ⓗⓢⓜⓜ寄進于
下ⓜナシ

頼朝義経の所望を疑い平家追討使任命を躊躇す

甘糟広忠平家追討を志願す

御感により知行分の万雑事を免除す

絵師藤原為久帰洛す

広元の任受領と木曾祈師の解官を京都に申し入る

新造公文所の立柱上棟を行う

義経の飛脚参着し信兼子息の誅戮と信兼の解官を報ず

(40オ)事者起自御意、被挙申也、於此主事者内々有儀、無左右」不被聴之処、遮令所望歟之由有御疑、凡被背御意事、不限今度歟、依之可為平家追討使事、暫有御猶予云々、

○㋮は「不能固辞云々」で改行し、「此事」以下を次行に記す。

十八日、甲戌、武蔵国住人甘糟野次広忠雖非有勢者、赴西海可追討平家之由、進而申請之、御感之余、於彼知行分者免許万雑事之旨被仰下之云々、

十九日、乙亥、絵師下総権守為久（藤原）帰洛、賜御馬置鞍、以下餞物云々、

廿日、丙子、安芸介広元（中原）受領事、掃部頭安倍季弘朝臣木曾祈師（源義仲）云々、可被停廃官職事、已上両条被申京都云々、」

(40ウ)廿四日、庚辰、被新造公文所、今日立柱上棟、大夫属入道（三善康信）・主計允（藤原行政）等奉行也、

廿六日、壬申〔午㋭㋛㋲〕、源廷尉飛脚参着、去十日招信兼子息左衛門尉兼衡・次

令㋭㋛㋲企

事㋛公事

仰下之㋭㋛㋲仰下

以㋭㋛㋲㋮已

季㋛秀

郎信衡・三郎兼時等於宿廬誅戮之、同十一日信兼被下解官宣旨云々、

新造公文所に門を立つ

廿八日、甲戌（甲[ホ][シ][モ]）、新造公文所被立門、安芸介・大夫属入道・足立右馬允・筑前三郎（惟宗惟尚）等参集、大庭平太景能（義）［経］[ホ][シ][モ][マ]営、勧酒於此衆、

九月小

朝政西海下向を命ぜらる

（41オ）二日、戊子、小山小四郎朝政下向西海、可属参州（源範頼）之」由被仰云々、又

朝政兵衛尉を所望す

彼官途事、所望申左右兵衛尉［也］[ホ][シ][モ][マ]云々、

平氏家人跡の京家地の沙汰に就き義経に書状を送る

九日、乙未、出羽前司信兼（平）入道以下平氏家人等京都之地可為源廷尉（義経）沙汰之由、武衛（源頼朝）被遣御書、

源頼朝折紙書状

平家没官領内

京家地事、

未致其沙汰、仍

雖一所、不宛賜

勧酒[シ]勧[モ]勧『・酒』

以[ホ][シ][モ][マ]已

家[モ]×都『家イ』

未致其沙汰仍[ホ][シ][モ]ナシ

宛[ホ][シ][モ][マ]充

人也、武士面々

武士の沙汰は頼朝の下知に非ず

致其沙汰事、全

不下知事也、所詮

平家没官領内京家地の沙汰は後白河院の御定による

可依院(後白河法皇)御定也、

於信兼領者義経

信兼領は義経の沙汰とす

沙汰也、　[御判]([マ])

○底本は「平家没官領内」「京家地事」を二字下げ二行で記し、改行して「未致其沙汰」以下をそれより一字上げでつなげて記す。原史料の折紙の形跡を残す[マ]の行取り字配りによって示した。

範頼使者を鎌倉に遣わし入洛西海進発を報ず

十二日、戊戌、参河守範頼朝臣去朔日使者今日参着、献書状、去月廿

(41ウ)

七日入洛、同廿九日賜追討使官府〔符[ホ][シ][モ][マ]〕、今」日九月一日、発向西海云々、

河越重頼息女上洛す頼朝の仰せにより義経に嫁す

十四日、庚子、河越大郎〔太[ホ][モ][マ][セ]〕重頼息女上洛、為相嫁源廷尉也、是依武衛仰、兼日令約諾云々、重頼家子二人・郎従三十余輩従之首途云々、

相模国大山寺の免田畠を認め下知す

十七日、癸卯、相模国大山寺免田五町・畠八町、任先例可引募之由、

去る二月より平家西海の諸国を掠虜す
去る五月橘公業讃岐国に着き住人を御家人と為し頼朝に交名を進む
公業の下知に従うべき旨を命ず
源頼朝下文
橘公業讃岐国御家人注進状

今日下知給云々、
十九日、乙未、〔巳[ホ][シ][モ][マ]〕平氏一族、去二月被破摂津国一谷要害之後、至于西海
掠虜彼国々、而為被攻之襲之、被発遣軍兵訖、以橘次公業為一方先陣
之間、着讃岐国、誘住人等、欲相具、各令帰伏構運志於源家之輩、」
(42オ)注出交名、公業依執進之、有其沙汰、於今者彼国住人可随公業下知之
由、今日所被仰下也、

在御判、

下　讃岐国御家人等、

可早随橘公業下知向西海合戦事、

右国中輩、平家押領之時、無左右御方参、交名折紙令経御覧畢、尤
奉公也、早随彼公業下知、可[令][ホ][シ][モ][マ]致勲功忠之状如件、

元暦元年九月十九日

讃岐国御家人

要[モ]×西『要』
国々[ホ][シ][モ]国之
為被攻之襲之[ホ][シ][モ]為被攻襲之[マ]被攻之
之間[ホ]之「間」
之由[ホ][シ][モ]由
橘公業[ホ]橘『・次』公業[シ][モ]橘次公業
海[マ]海道

（42ウ）

注進　平家当国屋島落付御坐捨参源氏御方」奉参京都候御家人　注㋛㋲註　坐㋮座　奉参㋭㋛㋲参〈奉〉　㋮参輩

交名事、

藤大夫資光（新居）　同子息新大夫資重（新居）　同子息新大夫能資（新居）　能資㋭㋛㋲能員

藤次郎大夫重次〔資〕（羽床）　同舎弟六郎長資（羽床）　藤新大夫光高（大野）

野三郎大夫高包　橘大夫盛資　三野首領盛資　野三郎㋭『・三』野三郎

（那珂）仲行事貞房　三野九郎有忠　三野首領大郎〔太㋭㋛㋲㋮〕

同次郎　大麻藤太家人

右、度々合戦、源氏御方参、京都候之由、為入鎌倉殿御見参、注進　注㋛㋲註

如件、

元暦元年五月日

○底本及び㋭㋛㋲は「在御判」を「下　讃岐国御家人等」の下に小書きする。㋮により袖部分に移した。また、「注進」以下の事書部分も㋮により二字下げとした。底本及び㋮は文書中の人名部分をつなげて記すが、㋭㋛㋲により三段組で示した。

玉井資重の濫行に就き院宣到来す
頼朝濫行停止を命ず
後白河法皇院宣

廿日、丙午、玉井四郎資重濫行事、所被下院宣也、今日到来于関東、
(43オ)
武衛殊依恐申給、則可停止之旨、被仰」下云々、
丹波国一宮出雲社者、蓮華王院御領也、預給能盛法師、年来令知行、何有称地頭之輩哉、年来又不聞食及、而号彼御下文、玉井四郎資重恣押領、其理可然哉、有限御領不可有異儀事也、早可停止件濫行之由、宜令下知給之由、院御気色候也、仍執達如件、

華ホシモマ花
御下文マ下文
宜令下知給之由ホシモマ令下知給可宜之由

八月卅日　右兵衛権佐〔衛門ホシモマ〕(藤原定長)

謹上　兵衛佐殿

木曾祈師安倍季弘解官せらる
義経これを鎌倉に報ず

(43ウ)
廿八日、甲寅、去五日季弘(安倍)朝臣被停所帯職畢之由、」自仙洞被仰源廷尉義経〔義経ホマ小書〕、々々〔又〕ホシモマ所申其旨也、彼状今日到来鎌倉云〔々〕ホシモマ、

来マ着

十月小〔大ホシモマ〕

新造公文所吉書始

六日、辛酉、自去夜雨降、午剋属霽、未剋新造公文所吉書始也、安芸

午剋シモ午刻
未剋シモ未刻

別当寄人参上す

邦通吉書を書き広元御前に披覧す

千葉常胤椀飯を経営す

頼朝の仰せにより範頼安芸国に於て論功行賞を行う

地震

頼朝山家の紅葉を歴覧す

諸人訴論対決の申沙汰を康信に命ず

頼朝亭の東面庇二間を点じ問注所と為す

介中原広元為別当着座、斉〔斎〕院次官中原親能・主計允藤原行政・足立右馬允藤内〔原㋮〕遠元・甲斐四郎大中臣秋家・藤判官代邦通等為寄人参上、邦通先書吉書、広元披覧御前、次相模国中神領・仏物[等]㋭㋛㋲㋮事沙汰之、其後行椀飯、武衛〔源頼朝〕出御、千葉介〔常胤〕経営、公私有引出物、上分御馬一疋、下各御剣一柄云々、」

(44オ)十二日、丁酉〔卯〕、参州〔源範頼〕於安芸国行賞於有勲功之輩、是依武衛仰也、其中、当国住人山方介為綱殊[被]㋭㋛㋲㋮抽賞、軍忠越人之故也云々、

十五日、庚午、辰剋地震、今日武衛令歴覧山家紅葉給、若宮別当法眼〔円暁〕参会、

廿日、乙亥、諸人訴論対決事、相具俊兼〔藤原〕・盛時〔平〕等[且]㋮㋚㋝召決之、且令注其詞、可申沙汰之由被仰大夫〔三善康信〕[属]㋝㋮㋚入道善信云々、仍点御亭東面廂二ケ間、為其所、号問注所、打額云々、

○㋮は「善信云々」で改行する。

椀飯㋭㋲㋮垸飯㋛埦飯

御剣㋭㋛㋲㋮野釼

酉㋲酉『卯』

剋㋭㋛㋲時

乙亥㋚ナシ

注㋛㋲註

点㋭㋛㋲㋮㋚㋝就

注㋛㋲註

云々…十八日源㋝ナシ

広元義経の叙留昇殿の儀を報ず

廿四日、己卯、因幡守広元九月十八日任、申云、去月十八日源廷尉(義経)叙留、今(44ウ)月十一日聴院・内昇殿云々、其儀、駕八葉車、扈」従衛府三人・共侍廿人、各騎馬、於庭上舞蹈、撥剣笏参殿上云々、

仲資王梶原景時郎従の淡路国広田荘乱入を訴う
頼朝景時への下知を約す

廿七日、壬午、淡路国広田庄者先日被寄附広田社之処、梶原平三景時為追討平氏、当時在彼国之間、郎従等乱入彼庄、妨乃貢歟、仍仲資任〔王〕被(マ)申子細、更非改変儀、且可下知景時之由、今日被遣御報云々、

石清水八幡宮別当の申請により興行を後白河院に申し入る

廿八日、癸未、石清水別当成清法印申興行両条、所被申京都也、俊兼奉行之、

源頼朝書状

成清法印申、
弥勒寺庄々事、
宝塔院庄々事、」
(45オ)右両条、任道理可有御沙汰之由被仰下候畢、神社之事、殊可被行善政候也、自然黙止不便事候、以此旨可令披露給候、恐惶謹言、

府[ホ][セ][マ]符
蹈[マ][セ]踏
剣笏[ホ][シ][モ][マ]釼笏[セ]笏
仲資任[ホ][シ][モ]仲資主
庄々事[ホ]庄之事[マ]事
宝塔院庄々事[ホ][シ][モ]ナシ
神社之事[ホ][シ][モ][マ]神社事
黙止[ホ]「・被」黙止

十月廿八日　　　　　　　　　　頼朝

進上　大蔵卿(高階泰経)殿

○底本は「弥勒寺庄々事」と「宝塔院庄々事」を一行に記す。[マ]により二行に分けて示した。

十一月大

頼朝鶴岡八幡宮神楽に参る別当坊に入る

六日、辛卯、於鶴岳八幡宮有神楽、武衛(源頼朝)参給、御神楽以後入御別当(円暁)坊、依奉請也、別当自京都招請児童、号捴持王、去比下着、是郢曲達者也、

児童御家人楽を奏す

以之為媒介、所勧申盃酒也、垂髪吹横笛、梶原平次(景高)付之、又唱歌、畠(45ウ)山次郎(重忠)歌今様、武衛入興給、及晩令還給云々、

常陸国住人を御家人と為す

十二日、丁酉、常陸国住人等為御家人、可存其旨之由被仰下云々、

西国の御家人所領の沙汰付を義経に命ず

十四日、己亥、左衛門尉朝綱(宇都宮)・刑部丞成綱(小野)以下、宛賜所領於西国之輩多之、仍存其旨、面々可被沙汰付之由、武衛今日被遣御書於源廷尉(義経)之

岳[ホ][シ][モ]岡
捴[ホ][シ][マ]惣[モ]摠
成[ホ][シ][モ]盛
以下宛[ホ][シ][モ][マ]已下充

許云々、

廿一日、丙午、今朝武衛有御要、召筑後権守俊兼(藤原)、々々参進御前、而本自為事花美者也、只今殊刷行粧、着小袖十余領、其袖妻重色々、武衛覧之、召俊兼之刀、即進之、自取彼刀、令切俊兼之小袖[々](マサ)妻給(46オ)後、被仰曰、汝」富才翰也、盍存倹約哉、如常胤(千葉)・実平(土肥)者不分清濁之武士也、謂所領者又不可双俊兼、而各衣服以下用麁品、不好美服、故(麗ホシモ)其家有富有之聞、令扶持数輩郎従、[欲](ホシモマサ)励勲功、汝不知産財之所費、(マサ)太過分也云々、俊兼無所于述申、垂面敬屈、武衛向後被仰可停止花美否之由、俊兼申可停止之旨、広元(中原)・邦通(藤原)折節候傍、皆銷魂云々、

廿三日、戊申、園城寺専当法師下着関東、所持参衆徒牒状也、武衛則召出御前、被令因幡守広元読之、其状云、

園城寺牒　右兵衛佐[家衙](ホシマ)

(46ウ)

応被以平家領没官地寄進当寺」仏法事、

藤原俊兼を召す

華美により頼朝小袖の妻を切り俊兼を諭す

倹約を重んじ華美を停む

園城寺僧衆徒牒状を持参す

御前に召し広元に牒状を読ます

園城寺牒

丙午㋚ナシ

色々㋭㋛㋲色之

即㋮則

オ㋮ナシ

盍存倹約㋚盍存×給検約

以㋭㋛㋲㋮已

麁㋚庶

費㋚貴

云々㋭㋛㋲ナシ

屈㋭㋛㋲㋮㋚崛

可停㋮停

家〈衙〉㋲〈衙〉

園城寺の由緒

内乱期の園城寺の動向と被害

（47オ）

右、当伽藍者、弥勒慈尊利生之地、智証(円珍)大師興隆之庭、所学者中道上乗之教法、所祈者天長地久之御願、法皇(後白河)之列門侶、崇吾寺致八埏之静謐、筌宰之輔朝政、帰此地祈一家之繁昌、誠知、崇我仏法之聖主、宝祚延長、蔑我仏法之人臣、門族滅亡事見縁起、誰貽疑滞者乎、爰故入道(平清盛)太政大臣忽背皇憲、恣犯悪罪、幽閇射山之禅居、配流博陸(藤原基房)之重臣、其後又追捕親王(以仁王)宮、兼[擬](㋭㋛㋲㋮)伐頼(源)政卿之間、各逃虎口之難、来此烏瑟之影、衆徒等慈愍稟性、救護在心、随皇子之令旨、伴」源氏之謀略、廻国家鎮護之秘策、専逆臣降伏之懇祈、依之、引卒〔率㋭㋲㋮〕千万騎之軍兵、焼失数百宇之房舎、仏像・経論化烟炎而昇天、学徒・行人溺涕涙而投地、計其夭亡者、行学合五百人、思其離散者、老少揔千余輩、哀哉三百余歳之法燈、為平家永滅、痛哉四十九院之仏閣、為逆賊忽失、過唐土会昌天子(武宗)、超我朝守屋(物部)大臣、而去七月廿五日北陸道之武将(源義仲)且以入洛、六波羅之凶徒永以退散、四海悦之、況

元暦元年十一月

吾㋛五　埏㋲×挻『埏』

祚㋭祚『位歟』

閇㋲×閇『閉』

宮㋭㋛㋲㋮亭

房㋮坊　烟㋭㋛㋮煙

計㋲討

揔㋭㋮惣㋲摠

洛㋮路　永以㋮永「・以」

於三井乎、一天感之、況於吾寺乎、然而所行之旨、已過先輩、焼落
禅定法皇之仙洞、殺害天台両門之貫首、（明雲・円恵法親王）事絶常篇、例在非常、」（47ウ）以
誰力命伏之、只仰大菩薩之冥鑑、以何人征伐之、専待当将軍之進　鑑[ホ][シ][モ][マ]鑒　伐[モ]代
発、爰貴下出重代勲功之家、為万民倚頼之器、遂廻思於辺城之間、
忽決勝於上都之内、即於当寺之領、〔頭[ホ][シ][モ][マ]〕自獲義仲之首、今各成安堵之
思、雖可企止宿之計、末寺・庄薗、武士之妨不静、法侶・禅徒帰住　計[モ]×討『計』　薗[ホ][シ][モ]園　妨[モ]×如『妨』
之便既闕、纔止纔住、如存如亡、春蕨烟老、一鉢之貯惟空、秋桂嵐　烟[ホ][シ][マ]煙
疎、三衣之衫易破、法之衰弊、処之陵遅、見者掩面、行者反袖、若　行者[マ]者
無哀憐者、争企住持乎、然則、平家領之内、没官地之間、雖両三　企[モ]×企『全』

平家没官領数箇所の寄進を求む

所、就当寺者、且挑欲消之法燈、且続欲断之仏種、倩考先例、聖徳（厩戸王）　欲断[マ]断　考[モ]×孝『考』

寺領寄進の先例

太子降伏守屋」（48オ）大臣之後、以彼家宅而為仏寺、以彼田薗而寄堂舎、　薗[ホ][シ][モ]園
自厥以来、王法安穏、仏法繁昌、此時尤可追彼例、今代［必］（マ）可守其

源氏の園城寺信仰

蹤、又貴下先祖伊予入道（源頼義）蒙承詔命、征伐貞任（安倍）之刻、先詣園城之仁

（48ウ）

祠、殊祈新羅之霊社、依其効験、伏彼夷狄、伝梟首於洛中、施虎威
於関東、曩祖已如此、子孫豈不帰乎、以之思之、源家与当寺因縁和
合、風雨感会者歟、然則当寺之興隆可任当家之扶持、当家之安穏可
依当寺之祈念、仍毎月限七ケ日、〔崛㋭㋛㋲㋮〕屈百口僧綱・大[法]㋭㋛㋲師、修百壇不
動供、即注交名、聞達先乎、〔畢㋭㋛㋲㋮〕抑大師記文云、予之法可付属国王・大
臣、於此法門、王臣若忽緒者、国土」衰弊、王法減少、天神捨離、
地祇忿怒、内外驚乱、遐邇騒動、相当彼時、王臣恭敬、祈予仏法
矣、忽緒我仏法者洛中騒動、帰依此法文者、天下安穏、彼平氏者、
破滅当寺、自亡門葉、此源家者、恭敬当寺、宜招栄花、衆徒之丹祈
元無貳、三宝之冥助弥有恃、於戯山重江復、〔湛㋭㋛㋲〕縦隔面於万里之晩雲、
朝祈夕念、将通情於両郷之暁月、志合者胡越為昆弟、誠此言、〔哉脱カ〕仍以
状、牒到准状、故牒、

元暦元年十月日　　小寺主法師成賀

元暦元年十一月

依㋮ナシ
当家之㋭㋛㋲㋮当家
当寺㋭㋛㋲㋮専寺
ケ㋭㋛箇
矣㋭（小書）
動㋭㋛㋲㋮乱
安穏㋮可安穏
源家㋭㋛㋲源氏
衆徒之㋮衆徒
毘㋲昆
誠㋭誠「哉」㋛誠㋲誠『哉』

権都維那大法師慶俊
権都維那大法師仁慶」

(49オ)
検校(公顕)権僧正法印大和尚位在判、
別当大僧都法印大和尚位　上座法橋上人位
大学頭阿闍梨大法師　権上座伝灯大法師

灯㋛㋲㋮燈

頼朝伽藍草創の地を鎌倉中に求め造営を始む

廿六日、[辛亥](マ)、武衛為草創伽藍鎌倉中之求勝地給、当于営東南、有一霊崛、仍被企梵宇営作於彼所、是報謝父(源義朝)徳之素願也、但大嘗会御禊已後、可有地曳始之由被定之処、去月廿五日被遂其儀大夫判官義経供奉也、[之](マ)〔云々㋭㋛㋲〕間、今日有犯土、因幡守・筑後権守等奉行之、武衛監臨給云々、〔マ〕

頼朝監臨す

辛亥㋲『辛亥』　営㋮栄
崛㋭㋮堀　被企㋮欲被企　於㋭出㋲『・出』於
儀㋭㋛㋲議
権守㋮権

十二月小

園城寺の使者を召し下文を給う

(49ウ)
一日、丙辰、武衛(源頼朝)召園城寺使者、賜御下文二通、所令寄」附両村於一寺伽藍給也、其状云、

源頼朝寄進状

平家没官領若狭国玉置領を寄進す

奉寄　三井寺御領事、

在若狭国玉並〔置ホシモマ〕領壹所、

右件所、依為平家没官之領、自院〔後白河法皇〕所給預也、而今為崇当寺仏法、所令寄進也、但於下司職者従鎌倉所沙汰付也、不可有相違之状如件、

元暦元年十一月廿八日

前右兵衛佐源朝臣

在シ右
壹所ホシモマ壹処

但マナシ

源頼朝寄進状

近江国横山若狭国玉置領を寄進す

（50オ）

奉寄　寺領貳箇所事、

右、為平家之逆徒、及寺院之破壊、自爾以降、未」知住侶之有無、不達蓄懐〔旧マ〕[之]ホシモマ案内、期上洛之時、暫送日之処、牒状忽到来、旨趣[尤]ホシモマ甚深也、仍寺領二箇所近江国横上〔山ホシモマ〕、若狭国玉並〔置ホシモマ〕領、相副寄文、所令寄進也、為無事之妨、撰便宜[之]ホシモマ地也、但世間落居者、此上重可被沙汰之由存且給也〔思ホシモマ〕、仍勒状如件、

十二月一日

前兵衛佐

箇所ホシモケ所マ箇
所内
寄進ホシモマ奉進
撰便マ「・撰」便
地ホシモマ村
被ホシモマ計

勒シモ勤

元暦元年十一月―十二月

頼朝御馬を佐々木盛綱に遣わす

二日、丁巳、武衛被遣御馬一疋葦毛、於佐々木三郎盛綱、々々為追討平家、当時在西海、而折節無乗馬之由、依令言上、態立雑色、被送遣之云々、

被送㋮送

園城寺僧帰洛す
北条時政書状を義経に遣わす
北条時政書状
頼朝の寺領寄進を報ず
粗略無き対応を求むる頼朝の意を伝う

（50ウ）
三日、戊午、園城寺専当帰洛、而北条殿（時政）殊令帰依当寺給之間、相副慇懃御書、被申彼寺事於源廷尉（義経）、其詞曰、

園城寺衆徒、殊勒牒状、[被]（ホシモマ）申于鎌倉殿事候歟之間、平家領一両所、別以所令寄進給候也、此次第尤厳重思食候之故也、而自彼衆徒之御中、令触申給事候者、殊入御心、御沙汰可有候也、更御疎略不可候者歟、且又依御気色、所令申上候也、凡可申上候事等雖多之候、忩々之間、不能心事候、恐々謹言、

十二月三日　平［　］

（51オ）
進上　判官殿

衆徒㋭㋛㋲㋮之衆徒
勒㋛勤
候歟㋮歟
別㋭㋛㋲前
給候㋭㋛㋲㋮御候
候之故㋭㋛㋲㋮候故
可有候也㋭㋛㋲㋮可
候者也
忩々㋭㋛㋲急々㋮忩
々候

平行盛備前国児島に城郭を構う

七日、壬戌、平氏左馬頭行盛朝臣引卒〔率㋭㋛㋮〕五百余騎軍兵、構城墎於備前国

墎㋭㋛㋲郭
国㋭㋛㋲ナシ

佐々木盛綱主従馬に乗り藤戸の海路を渡る

児島之[間][ホ][シ][モ][マ]、佐々木三郎盛綱為武衛御使、為責落之雖行向、更難凌波濤之間、浜潟安轡之処、行盛朝臣頻招之、仍盛綱励武意、不能尋乗船、乍乗馬渡藤戸海路、三丁余、所相具之郎従六騎也、所謂志賀九郎・熊（熊谷）

盛綱行盛を追い落とす

〔[ホ][シ][モ]〕四郎・高山三郎・与野大（太[ホ][シ][マ]）郎・橘三・日五等也、遂令着向岸、追落行盛云々、

備前国吉備津宮宮仕供僧の解状を持参す

仏事料田の回復を求む

十六日、辛未、吉備津宮（備前国）々仕[等][マ]今日参着鎌倉、供僧行実所捧解状也、其趣、本宮長日法花経免田并二季彼」(51ウ)岸仏聖田等、依西海合戦事没倒、為関東御沙汰如元可被寄之由也、

頼朝備前国在駐の実平に執行を命ず

武衛相尋子細、可成敗之由、相副御消息於件解状、被遣実平之許云々、実平（土肥）当時在備前国云々、

去月十四日の書状に対する義経の請文到着す

廿日、乙亥、今日源廷尉請文自京都参着、是西国賜所領之輩事、任仰之旨、沙汰付之由云々、

公文所に雑仕女を置く

廿四日、己卯、於公文所被置雑仕女三人、為因幡守（中原広元）沙汰今日定其輩云々、

安[ホ][シ][モ]案

三丁[ホ]三『十』丁

与[モ]×与『輿歟』
日五[ホ]日「橘歟」五
[シ]橘五[モ]×日『吉』

本宮[シ]本官[モ]本×官『宮』
花[ホ][シ][モ]華
并[ホ][シ][モ]並
聖[シ][モ]餉
倒[ホ][モ]例
寄[ホ][シ][モ]奉寄

事[シ][モ]ナシ

付[シ][モ]ナシ

公文所[ホ]公『・文』所

鹿島社神主を召し禄を給い寄進所領の神主管領を命ず

廿五日、庚辰、鹿島社神主中臣親広・親盛等、依召参上、今日参営
(52オ)中、賜金銀禄物、剰当社御寄進之地、永」停止地頭非法、一向可令神
主管領之旨被仰含、是日来捧御願書、抽丹祈給之処、去春之比、現厳
重神変給之後、義仲(源)朝臣伏誅、平内府(宗盛)又出一谷城墎敗北、越〔赴㋭㋛㋲〕四国訖、
弥依催御信心、令〔今㋛〕及此儀云々、

変給㋭㋛㋲変御
府㋭符
墎㋭㋛㋲郭

頼朝盛綱の戦功に感じ御書を送る

廿六日、辛巳、佐々木三郎盛綱自馬渡備前児島追伐左馬頭平行盛朝臣
事、今日以御書蒙御感之仰、其詞曰、

備前㋭㋛㋲備前国

源頼朝書状

自昔雖有渡河水之類、未聞以馬凌海浪之例、盛綱振舞希代勝事也
云々、

鹿島社司良景所領の万雑事を免除す

廿九日、甲申、常陸国鹿島社司宮介良景(藤原カ)所領事、且准地主全富名、且
(52ウ)任御且任〔御且任㋭㋛㋲ナシ〕御物忌千富」名例、可停止万雑事之由被仰云々、

社司㋭㋛㋲祠司
全㋭㋛㋲企
千㋭㋛㋲拝

○㋭㋛㋲は巻末に「吾妻鏡三終」の尾題あり。

参　考

北条本　吾妻鏡　一　巻首目録
島津本・毛利本　吾妻鏡目録

北条本　吾妻鏡　一　巻首目録

所収年次目録

安徳天皇
頼朝将軍記

後鳥羽天皇

（1オ）

目録

一巻　治承四年庚子

『人王八十一代』『●』安徳天皇高倉第一、『●』基通（藤原）近衛殿、『●』頼朝（源）正二位大納言右大将、治廿年、自治承正治元、

『●』時政北条四郎大夫時家一男、号北条四郎、治代自治承四至于元久二、

二巻　治承五年、辛丑、七月十四日為養和元年、寿永元年、壬寅、

三巻　寿永三年、甲辰、四月十六日為元暦元年、私云、寿永二癸卯、無之、

『八十二代』『●』後鳥羽院高倉第四、

四巻　元暦二年、乙巳、自正月至八月、々々十四日為文治元年、

五巻　文治元年、自九月至十二月、」

（1ウ）

六巻　文治二年、丙午、自正月至十二月、

七巻　文治三年、丁未、同、

八巻　文治四年、戊申、同、

九巻　文治五年、己酉、同、

十巻　文治六年、庚戌、為建久元年、

十一巻　建久二年、辛亥、

十二巻　建久三年、壬子、

十三巻　建久四年、癸丑、

十四巻　建久五年、甲寅、

十五巻　建久六年、乙卯、　私云、建久七八九三ケ年無之、

（2オ）

十六巻　建久十年、己未、改正治元年、四月廿七日改元、正月十三日頼朝薨、

『第八十三代』
『●』土御門院後鳥羽第一、　『●』頼家左中将頼朝一男、十万、（源）治五年正治元正廿六以来、自正治元至建仁三、　時政正治二四一任遠江守、于時六十三、

十七巻　正治三年、辛酉、為建仁元年、同二年、同三年、

十八巻　建仁三年、癸亥、十七巻末在之、同四年甲子、為元久元年、同二年、同三年為建永元年、建永二年丁卯、為承元々年、　頼家建仁三七廿七受病、八廿七譲跡於長子一万、六才、九七出家、元久元七十八於修禅寺被誅、

土御門天皇
頼家将軍記

実朝将軍記

右大臣
『●』実朝（源）頼朝次男、字銭幡公、治十七年自建仁三至承久元、　時政元久二閏七廿出家、六十八、　義時（北条）時政次男、治廿年、

十九巻　承元二年、同三年、同四年、建暦元年、」

（2ウ）

順徳天皇

『第八十四』
『●』順徳院後鳥羽第二、

廿巻　建暦二年、壬申、

廿一巻　建暦三年、癸酉、十二月為建保元年、

廿二巻　自建保二年甲戌、至于同四年、丙子、

廿三巻　自建保五年丁丑、至于同六年、戊寅、

廿四巻　建保七年、己卯、四月十二日為承久元、同二年、庚辰、

廿五巻　承久三年、辛巳、

後堀河天皇

『第八十五』
『●』後堀河院高倉第二守貞親王御子、　実朝承久元正廿七戊時於八幡宮被誅、廿八、以上三代将軍合四十ケ年、　頼家息字善哉別当公暁所行、

廿六巻　承久四年、壬午、貞応元、同三年、甲申、元仁元年、」

（3オ）

頼経将軍記

『●』頼経（藤原）道家公息、五才、下向二才、　平政子時政女、治八年、自承久元至于嘉禄二、　義時元仁元六十三死去、六十才、武蔵守泰時（北条）、義時男、時房（北条）、時政男、右京権大夫、

廿七巻　安貞二年、戊子、同三年、己丑、為寛喜元年、寛喜二年、庚寅、

『●』頼経自安貞元至寛元二、治十八年、

廿八巻　自寛喜三年辛卯、至于同四年、壬辰、為貞応（押紙『永』）元年、

廿九巻　貞永二年、癸巳、為天福元年、同二年甲午、為文暦元年、

四条天皇

『第八十六』
『●』四条院後堀河院御子、

三十巻　文暦二年、乙未、八月十九日為嘉禎元年、

卅一巻　嘉禎二年、丙申、同三年、丁酉、

卅二巻　嘉禎四年、戊戌、為暦仁元年、

（3ウ）

卅三巻　暦仁二年、己亥、二月為延応元年、同二年七月為仁治元、

卅四巻　仁治二年、辛丑、『●』経時（北条）時氏一男左近将監、武蔵守、代五年、自仁治三至寛元四、

卅五巻　仁治四年、癸卯、二月為寛元々年、

後嵯峨天皇

『第八十七』
『●』後嵯峨院土御門第七御子、

卅六巻　寛元二年、甲辰、同三年乙巳、

頼嗣将軍記

冊七巻　『●』頼嗣（藤原）頼経次男、治九年、自寛元二至建長四、

寛元四年、丙午、『・』時頼（相模守）（北条）時氏次男、代十一年、自寛元四至康元々、

冊八巻　寛元五年、丁未、為宝治元年、

後深草天皇

『第八十八』
『●』後深草院

時頼、重時、義時息、陸奥守（北条）、合判、自宝治元至康元々、

（4オ）

冊九巻　宝治二年、戊申、同三年、三月十八日為建長元年、

四十巻　建長二年、庚戌、

四十一巻　建長三年、辛亥、同四年、自正月至二月、

四十二巻　建長四年、壬子、

宗尊将軍記

『後嵯峨院王子』
『●』宗尊親王

四十三巻　建長五年、癸丑、建長寺供養在之、

四十四巻　建長六年、甲寅、

四十五巻　建長七年、乙卯、

四十六巻　建長八年、丙辰、為康元々年、八月十五日、自康元々至文永元、

（4ウ）

右京権大夫政村（北条）、義時四男、代十八年、自康元々年至文永十年、
武蔵守長時（北条）、重時次男、代九年、自康元々年至文永元、

四十七巻　康元二年、丁巳、三月十四日為正嘉元年、

四十八巻　正嘉二年、戊午、

四十九巻　正元二年、庚申、四月十四日為文応元年、

亀山天皇
『第八十九』『●』亀山院後嵯峨第三御子、

五十巻　文応二年、辛酉、二月廿日改為弘長元年、

五十一巻　弘長三年、癸亥、『・』時宗（北条）時頼三男、自文永元年至弘安七年、

五十二巻　文永二年、乙丑、同三年、丙寅、自正月至七月、

惟康将軍
宗尊御子『●』惟康親王、治廿四年、自文永三至正応二年、

已上自治承四年迄于文永三年、八十七年也、

（5オ）

識語摺消
（摺消痕）

帝王系図
後白河院（朱線）―惟康親王
―後醍醐院―後村上天王―成良親王

二条院―六条院
後二条院―邦良
以仁
高倉院
宗尊親王
亀山院
後宇多院
久明親王―守邦親王
安徳天皇
後深草院―伏見院―後伏見院
光厳院―崇光院
後光厳院
後円融院
栄仁親王
守貞親王―後堀河院―四条院
花園院―光明院
惟明親王
順徳院―後廃帝
後小松院―称光院
後鳥羽院―土御門院―後嵯峨院
後花園院―後土御門院
（5ウ）
（後柏原天皇）当今

執柄系図

執柄

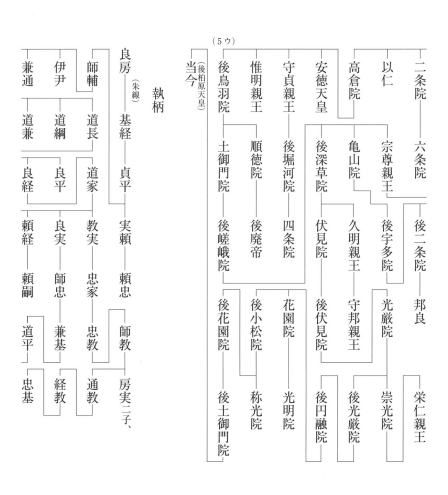

良房（朱線）―基経―貞平―実頼―頼忠―師教―房実二子、
師輔
伊尹
兼通
道長
道綱
道兼
道家
良平
良経
教実―忠家―忠教
良実―師忠―兼基
頼経―頼嗣
道平
通教
経教
忠基

（6オ）

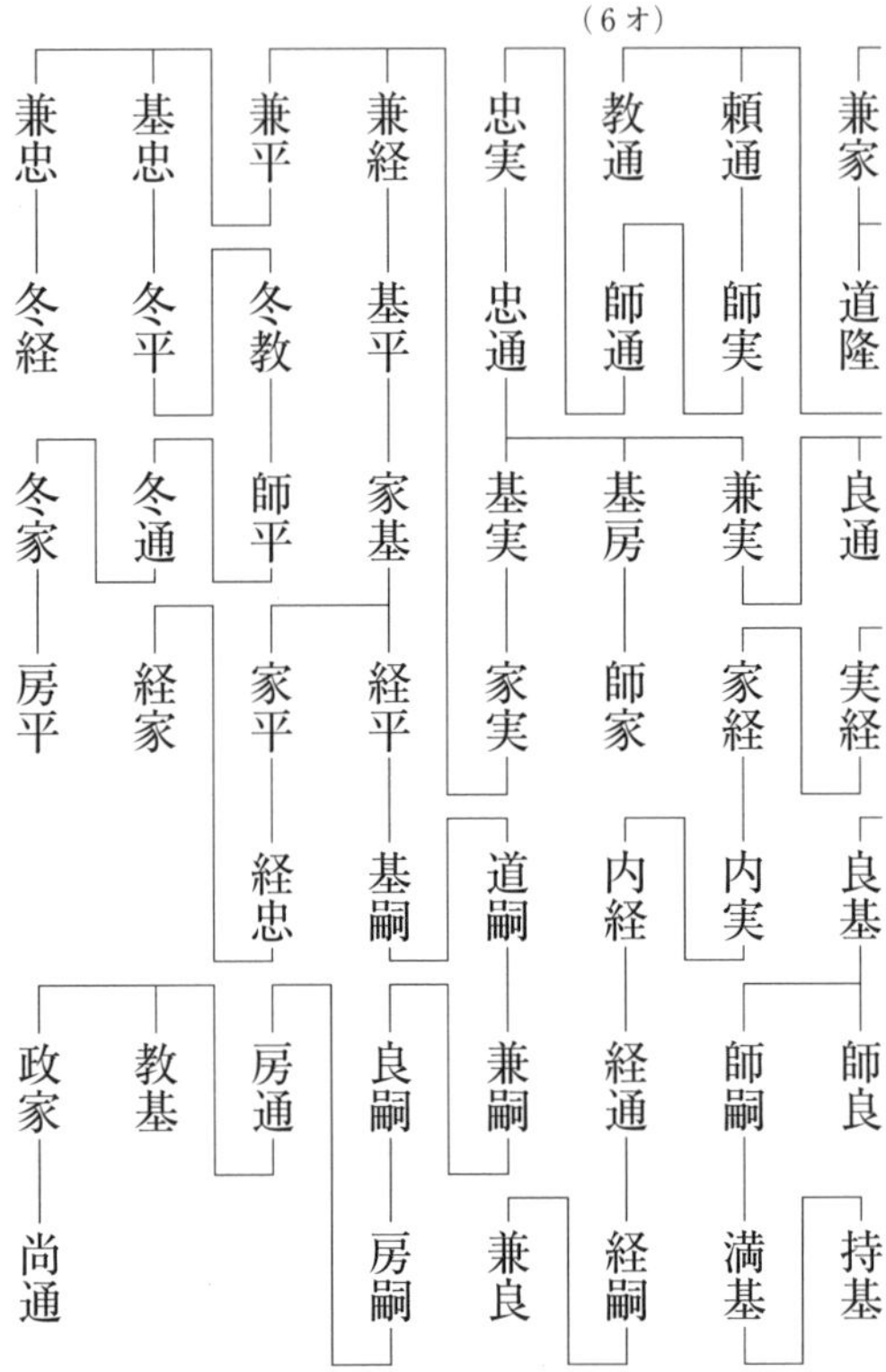

関東将軍次第

『・』頼朝治廿年、五十三才、　自治承四年至正治元正十三薨、

『・』頼家治五年、廿三才、　自正治元年至建仁三年、

『・』実朝治十七年、廿八才、　自建仁三年至承久元年、

已上、三代将軍合四十ケ年、

（6ウ）

『・』平政子治八年、六十九才、　自承久元年至嘉禄二年、

『・』頼経治十八年、三十九才、　自安貞元年至寛元二年、

『・』頼嗣治九年、十八才、　自寛元二年至建長四年、

『・』宗尊親王治十五年、自建長四年
卅三才、至文永三年、

『・』惟康親王治廿四年、自文永三年
廿六才、至正応二年、

『・』久明親王治廿年、自正応二年
卅四才、至延慶元年、

『・』守邦親王治廿五年、自延慶二年
卅二才、至元弘三年、

已上、自治承四年庚子、至元弘三年癸酉、百五十四年、

清和天皇—(朱線)貞純親王—経基—満仲—頼行—仲綱—頼氏
頼光—頼国—頼綱—仲政—頼政—兼綱—頼茂
頼信—頼義—義家—泰氏—頼氏—頼兼—義政号慈照院
義国—義重—義兼—義氏—家時—義教号普広院—義勝号慶雲院
為義—義朝—義康—義兼—貞氏—義持号勝定院—義量号長徳院
頼朝—頼家—一万丸—尊氏号等持院殿—義詮号宝篋院—義満号鹿苑院—義尚号常徳院
範頼—実朝—公暁—直義—基氏号瑞泉寺—氏満—義材
義経—満兼—持氏—成氏—政氏—高基—義高
晴氏
義尹御治世二度、義材之御事也、

(7オ)

関東執権次第

『・』時政治廿六年、自治承四年
七十八才、至元久二年、

『・』義時治廿年、自元久二年
六十二才、至元仁元年、

泰時　治十九年、六十才、自元仁元年至仁治三年、
時房　治十七年、六十六才、自元仁元年至仁治元年、

『・』泰時前武蔵守、　　義晴

『・』経時治五年、自仁治三年
廿二才、至寛元四年、

『・』時頼相模守時氏二男、
号最明寺入道、

時頼　治十一年、卅七才、自寛元四年至康元々年、
重時　治九年、六十才、自宝治元年至康元々年、

長時　治九年、卅五才、自康元々年至文永元年、
時宗　相模守、号宝光寺殿、

（欄外補書）
「政村」

政村　右京権大夫

義政（北条）　治五年、自文永十年至建治三年、
時宗
業時（北条）　治五年、自弘安六年至同十年、

（7ウ）

『・』時宗

業時
貞時（北条）　治十八年、自弘安七年至正安三年、

貞時
宣時（北条）　相模守、
治十五年、自弘安十年至正安三年、

師時（北条）
時村（北条）　治十一年、三十七才、自正安三年至応長元年、
治五年、自正安三年至嘉元三年、四月廿三夜被誅、

師時　相模守、
宗宣（北条）　陸奥守、治八年、自嘉元三年至正和元年、

宗宣
熙時（北条）　治五年、廿七才、自長応〔応長〕元年至正和四年、

『・』熙時正和元六月宗宣卒、
依之自二年一、

基時（北条）　正和四年七月十一日御後見事被仰下、同十九日任相模守、
貞顕（北条）　嘉暦元年四月十六日出家、号金沢被〔殿〕、

高時（北条）　治十一年、自正和五年至嘉暦元年、
貞顕（北条）

『・』高時相模守、
『・』守時相模守、武蔵守、号亦(赤)橋殿、

(北条)守時　治八年、自嘉暦元年至元弘三年、
(北条)維貞　治二年、自嘉暦元年至同二年、
守時
(北条)茂時　治四年、自元徳二年至元弘三年、

」

(8オ)

桓武天皇(朱線)—葛原親王—高見王—高望王—国香—貞盛—維盛
維衡—正度—正衡—正盛—忠盛—清盛—重盛
維将—維時—直方—維方—時方—時家—宗盛
知盛
清宗
時政—時氏—経時—宗政—師時—泰家
義時—泰時—時頼—時宗—貞時—高時—邦時
時行
時房—重時—長時—義宗—久時—守時
政子(系線マヽ)—政村—時村—為時—熙時—義政
朝直—実泰—実時—顕時—茂時—業時—々々
時直—宣時—宗宣—維貞—貞顕—時兼—基時

或記

(8ウ)

『或記云』元弘三年三月三日隠岐国早馬来云、去閏二月廿五日先帝(後醍醐天皇)御逐」電、四月一日足利高氏上

洛、即奉随先帝云々、
五月七日六波羅被打落云々、『其夜南方左近将監時益（北条）当矢死、』当今（光厳天皇）并持明院殿（後伏見上皇）指関東令落給、八日於馬場宿〔番〕六波羅北方越後守仲時（北条）以下各自害、主上・上皇奉生捕之、奉入長講堂（長光寺カ）云々、五月十四日将監入道恵性（北条）泰家、『高時舎弟、』為大将軍向武州関戸合戦、新田義貞多勢之間、将監入道引退入鎌倉、同十七日相模守守時・南条左衛門尉（高直）以下各向武州、於山内離山合戦、十八日守時以下自害畢、武蔵・上野軍勢如雲霞山野云々、五月廿二日鎌倉方被打落殿中以下懸火、悉焼払之、一族等或自害『茂時右馬権守〔頭〕五月廿二日於殿中自害、』或落畢、」

（9オ）

五月廿七日鎮西修理亮英時（北条）被打畢、六月五日先帝御入内云々、十二月廿八日宮（成良親王）御下向関東、左馬頭（足利直義）・城入道〔山脱〕以下御共、〔二脱〕階堂小路以山城美作入道（二階堂貞綱）屋形為御所、

建武元年甲戌、二月日　改元、

上野太守　成良親王後醍醐院第六御子、　左馬頭　直義尊氏弟、　鎌倉代

三月九日本間・渋谷一族各打入鎌倉、於聖福寺合戦、鎌倉大将軍渋河刑部大輔義季、或虜、或打死畢、政所執事参河入道（二階堂時綱）行証〔謹〕自此合戦場遂〔逐〕電、不知行方云々、

『已上之記為後代之眉目之間、書加畢、』

島津本・毛利本　吾妻鏡目録

（表紙題簽）
「東鑑　目録」　　東鑑〈目録〉[モ]　東鏡目録

（1オ）
吾妻鏡目録　　鏡[モ]鑒

所収年次目録
安徳天皇　頼朝将軍記
後鳥羽天皇

第一　治承四年庚子　　庚子[モ]（小書）

人王八十一代
安徳天皇高倉第一、（藤原）基通近衛殿、（源）頼朝正二位大納言右大将、治廿年、
自治承四至正治元、　時政北条四郎大夫時家一男、号北条四郎、治代自治承四至于元久二、

第二　治承五年辛丑、七月十四日為養和元年、　　辛丑[モ]（小書）

寿永元年壬寅、　　壬寅[モ]（小書）

第三　寿永三年甲辰、四月十六日為元暦元年、私云、寿永二年癸卯脱之、　　甲辰[モ]（小書）　癸卯[モ]（小書）

［八十二代[モ]］
後鳥羽院高倉第四、

第四　元暦二年乙巳、八月十四日為文治元年、　　乙巳[モ]（小書）

第五　文治元年乙巳、自九月至于十二月、　　乙巳[モ]（小書）

第六　文治二年丙午、　」丙午㋲（小書）

（1ウ）

第七　文治三年丁未、　丁未㋲（小書）

第八　文治四年戊申、　戊申㋲（小書）

第九　文治五年己酉、　己酉㋲（小書）

第十　文治六年庚戌、四月十一日為建久元年、　庚戌㋲（小書）

十一　建久二年辛亥、　辛亥㋲（小書）

十二　建久三年壬子、　壬子㋲（小書）

十三　建久四年癸丑、　癸丑㋲（小書）

十四　建久五年甲寅、　甲寅㋲（小書）

十五　建久六年乙卯、　私云、建久七八九三箇年脱之、　乙卯㋲（小書）三箇㋲ケ

十六　建久十年己未、四月廿七日為正治元年、正月十三日頼朝薨、　己未㋲（小書）

土御門天皇　頼家将軍記

八十三代
土御門院後鳥羽第一、　（源）頼家頼朝一男、字十万、治五年、自正治元正月廿六日至建仁三年、　」

（2オ）

時政　正治二年四月一日任遠江守、于時六十三歳、　私云、正治二年庚申脱之、

十七　正治三年辛酉、二月十三日為建仁元年、

建仁二年壬戌、建仁三年癸亥、自正月至九月十五日、

十八　建仁三年癸亥、自九月十五日至十二月、

建仁四年、甲子、正月廿日為元久元年、元久二年乙丑、

元久三年、丙寅、四月廿七日為建永元年、

建永二年、丁卯、十月廿五日為承元元年、

実朝将軍記

頼家建仁三年七月廿七日受病、八月廿七日譲跡於長子一万六歳、
同年九月七日出家、元久元[年]㋲七月十八日於修善寺被誅云々、

右大臣
（源）実朝〔朝〕頼家次男、字銭幡公、治十七年、自建仁三至承久元、　時政元久二年閏七月廿日出家、六十八歳、
（北条）義時時政次男、治二十年、

十九　承元二年、戊辰、承元三年、己巳、承元四年、庚午、」

（2ウ）

承元五年、辛未、三月九日為建暦元年、

順徳天皇

八十四代
順徳院後鳥羽第二、

二十　建暦二年、壬申、

辛酉㋲（小書）
壬戌㋲（小書）
癸亥㋲（小書）
自正月…十五日㋲（大書）
癸亥㋲（小書）
自九月…十二月㋲（大書）
乙丑㋲（小書）
元元㋲元々
六歳㋲（細字）
辛未㋲辛午

廿一　建暦三年、癸酉、十二月六日為建保元年、

廿二　建保二年、甲戌、建保三年、乙亥、建保四年、丙子、

廿三　建保五年、丁丑、建保六年、戊寅、

廿四　建保七年、己卯、四月十二日為承久元[年]㋲、

承久二年、庚辰、

廿五　承久三年、辛巳、

後堀河天皇

八十五代
後堀河院高倉第二守貞親王御子、　実朝承久元年正月廿七日戌時於八幡宮被誅、二十八歳、

（〇位置マヽ）頼家、以上三代将軍合四十箇年、息字善哉別当〔暁脱〕公所行、

（3オ）

廿六　承久四年、壬午、四月十三日為貞応元年、

頼経将軍記

貞応二年、癸未、貞応三年、甲申、十一月廿日為元仁元年、

（藤原）
頼経道家公息、五歳、下向二歳、　平政子時政女、治八年、自承久元年至于嘉禄二年、

義時元仁元年六月十三日死去、六十歳、武蔵守泰時（北条）、義時男、時房（北条）、時政男、右京権大夫、

廿七　安貞二年、戊子、私云、自乙酉至丁亥三箇年脱之、　安貞三年、己丑、

二十八歳㋲（細字）

箇㋲ケ

箇㋲ケ

頼経自安貞元年至寛元二年、治十八年、

廿八　寛喜三年、辛卯、寛喜四年、壬辰、四月二日為貞永元年、

廿九　貞永二年、癸巳、四月十五日為天福元年、

天福二年、甲午、十一月五日為文暦元年、

十一月…元年㋲ナシ

四条天皇

八十六代
四条院後堀河院御子

（3ウ）

三十　文暦二年、乙未、八月十九日為嘉禎元年、

卅一　嘉禎二年、丙申、嘉禎三年、丁酉、

卅二　嘉禎四年、戊戌、十一月廿三日為暦仁元年、

卅三　暦仁二年、己亥、二月七日為延応元年、

延応二年、庚子、七月十六日為仁治元年、

卅四　仁治二年、辛丑、経時（北条）時氏一男、左近将監、武蔵守、代五年、自仁治三至寛元三、

卅五　仁治四年、癸卯、二月廿六日為寛元元年、私云、仁治三年壬寅欠之、

元元㋲元々

後嵯峨天皇

八十七代
後嵯峨院土御門院第七御子、寛元二年甲辰、

頼嗣将軍記

卅六　寛元二年、甲辰、自五月五日至十二月、寛元三年、乙巳、

（藤原）頼嗣頼経次男、治九年、自寛元二至建長四、

卅七　寛元四年、丙午、（北条）時頼時氏次男、代十一年、自寛元四至康元々、

後深草天皇

（4オ）

卅八　寛元五年、丁未、二月廿八日為宝治元年、

八十八代
後深草院　時頼、重時、（北条）義時息、合判、自宝治元至康元元、

卅九　宝治二年、戊申、宝治三年、己酉、三月十八日為建長元年、

四十　建長二年、庚戌、

四十一　建長三年、辛亥、

四十二　建長四年、壬子、

宗尊将軍記

宗尊親王後嵯峨院王子

四十三　建長五年、癸丑、建長寺供養在之、

四十四　建長六年、甲寅、（押紙）「四十五　闕本　但以前ヨリ闕本トミヘ伊地知季安ガ旧藩中別勤座見合書籍付ニモ四十五闕ト有之候、明治廿六年九月宗高記之、」

四十五　建長七年、乙卯、

丙午㋲丙子
十一年㋲十一月

義時息…康元元㋲（大書）元元㋲元々

四十五…記之㋲ナシ

（4ウ）

四十六　建長八年、丙辰、八月十五日為康元々年、

(北条)政村右京権大夫義時四男、代十八年、自康元元年至于文永十年、　　元元㋲元々

(北条)長時武蔵守重時次男、代九年、自康元元年至于文永元年、　　元元㋲元々

四十七　康元二年、丁巳、三月十四日為正嘉元年、

四十八　正嘉二年、戊午、

四十九　正元二年、庚申、四月十三日為文応元年、

亀山天皇

八十九代
亀山院後嵯峨院第三御子、

五十　文応二年、辛酉、二月廿日為弘長元年、

五十一　弘長三年、癸亥、

(北条)時宗時頼三男、自文永元年至弘安七年、

五十二　文永二年、乙丑、文永三年、丙寅、自正月至七月、

惟康将軍

（5オ）

惟康親王宗尊御子、治廿四年、自文永三年至正応二年、

已上自治承四年迄于文永三年、八十七年也、

帝王系図

以金沢文庫御本書之、

『∴』後白河院（朱線）
六条院
二条院
高倉院—安徳天王〔皇㋲〕
守貞親王—後堀河院—四条院
惟明親王
後鳥羽院—土御門院—後嵯峨院
順徳院—廃帝
以仁

（5ウ）
征夷将軍
宗尊親王—征夷将軍
惟康親王
後深草院—伏見院—後伏見院—光厳院—崇光院—栄仁親王
後光厳院—〔円㋲〕後園融院—後小松院—称光院
光明院
花園院
征夷将軍
久明親王—征夷将軍
守邦親王
亀山院—後宇多院—後二条院—邦良
後醍醐院於吉野崩御、」—「尊良親王於越前金崎城御自害、
後花園院—後土御門院」

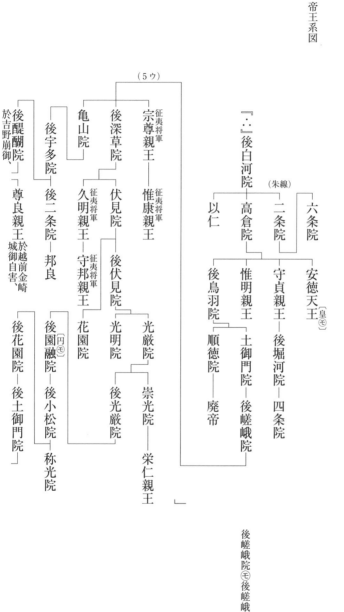

後嵯峨院㋲後嵯峨

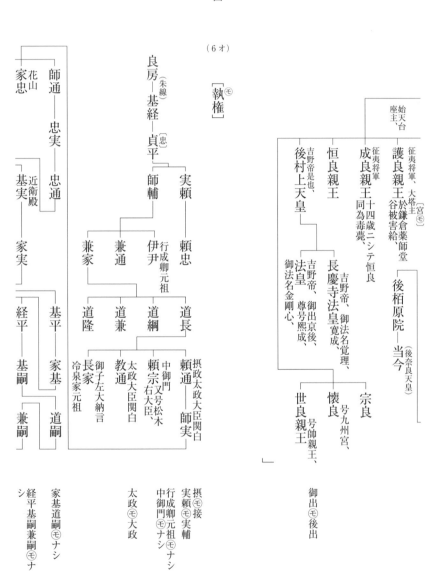

- 始天台座主、
- 護良親王　征夷将軍、大塔主〔宮[モ]〕於鎌倉薬師堂谷被害給、
- 成良親王　征夷将軍　十四歳ニシテ恒良同為毒甍、
- 恒良親王
- 後村上天皇　吉野帝是也、
  - 長慶寺法皇　吉野帝、御法名覚理、寛成、
  - 法皇　吉野帝、御出京後、尊号熙成、御法名金剛心、
- 後栢原院―当今（後奈良天皇）
- 宗良
- 懐良　号九州宮、
- 世良親王　号師親王、

」

御出[モ]後出

執権系図

（6オ）

〔執権[モ]〕

良房―（朱線）基経―貞平〔忠〕
- 実頼―頼忠
- 師輔
  - 伊尹　行成卿元祖
  - 兼通
  - 兼家
    - 道長
      - 頼通　摂政太政大臣関白―師実
      - 頼宗　中御門　又号松木　右大臣、
      - 教通　太政大臣関白
      - 長家　御子左大納言　冷泉家元祖
    - 道綱
    - 道兼
    - 道隆

師実
- 師通―忠実―忠通
  - 基実　近衛殿―家実
  - 基平―家基―道嗣
  - 経平―基嗣―兼嗣
- 家忠　花山

摂[モ]接
実頼[モ]実輔
行成卿元祖[モ]ナシ
中御門[モ]ナシ
太政[モ]大政
家基道嗣[モ]ナシ
経平基嗣兼嗣[モ]ナシ

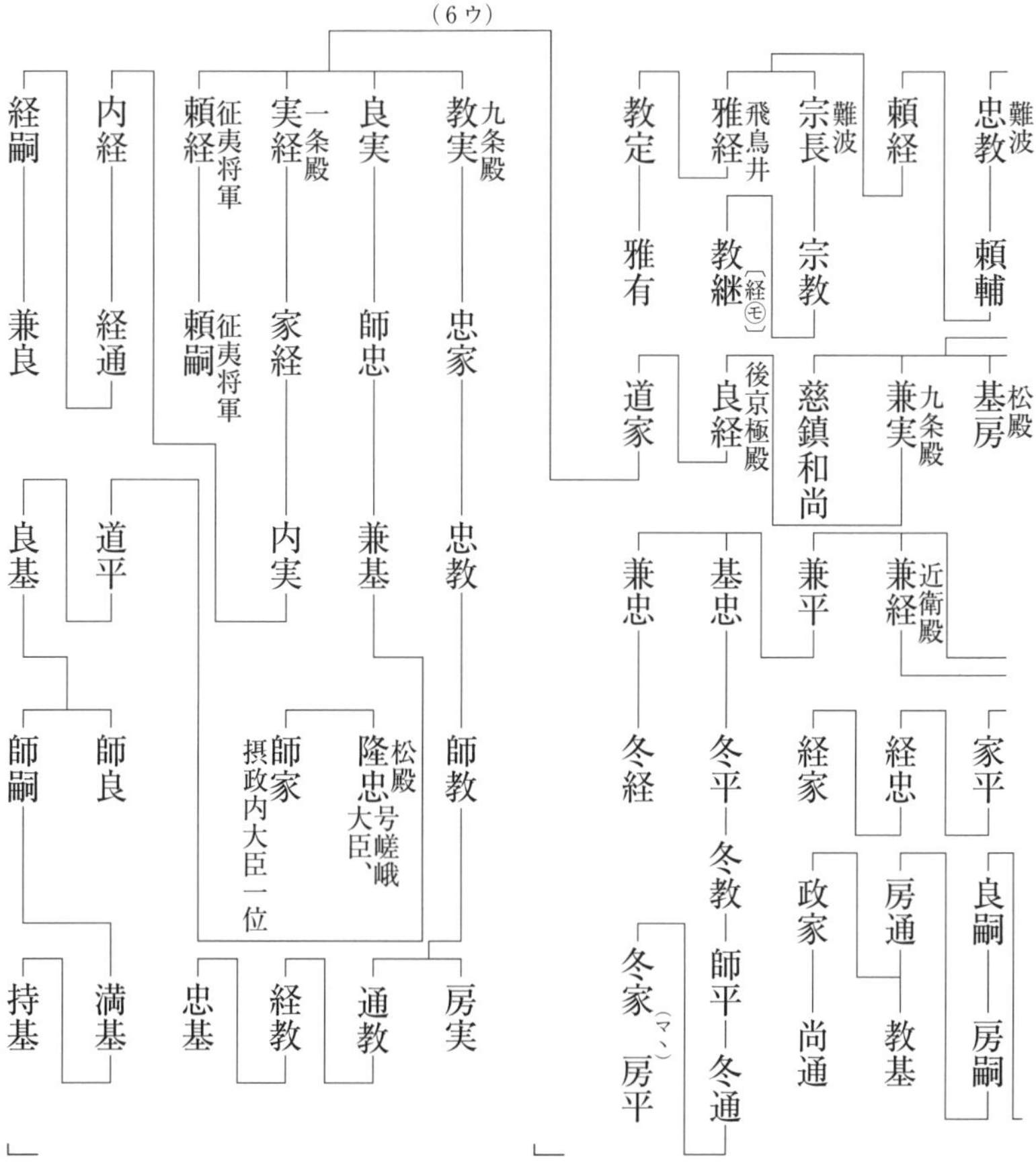
（6ウ）
難波 忠教
頼輔
頼経
難波 宗長
宗教
飛鳥井 雅経
教継〔経㋲〕
教定
雅有
松殿 基房
九条殿 兼実
慈鎮和尚
後京極殿 良経
道家
近衛殿 兼経
兼平
基忠
兼忠
家平
良嗣
房嗣
経忠
房通
教基
経家
政家
尚通
冬平
冬教
師平
冬通
冬経
冬家（マヽ）
房平
九条殿 教実
忠家
忠教
師教
房実
通教
良実
師忠
兼基
松殿 隆忠 号嵯峨大臣、
師家 摂政内大臣一位
一条殿 実経
家経
内実
経教
征夷将軍 頼経
征夷将軍 頼嗣
忠基
内経
経通
道平
師良
満基
経嗣
兼良
良基
師嗣
持基

家平良嗣房嗣㋲ナシ
経忠房通教基㋲ナシ
経家政家尚通㋲ナシ
冬平冬教師平冬通㋲ナシ
兼忠冬経冬家房平㋲ナシ
房実㋲ナシ
通教㋲ナシ
内実㋲実
経教㋲ナシ
忠基㋲ナシ
内経経通道平師良
満基㋲ナシ
経嗣兼良良基師嗣
持基㋲ナシ

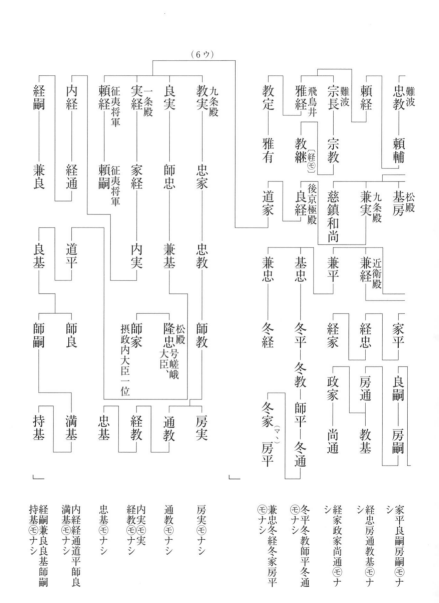

関東将軍次第

（7オ）

関東将軍次第

頼朝 治二十年、五十三歳、 自治承四年至于正治元、正月十三薨、
頼家 治五年、二十三歳、 自正治元年至建仁三年、 二十三㋲廿三
実朝 治十七年、二十八歳、 自建仁三年至承久元年、 二十八㋲廿八
已上、三大〔代カ〕将軍合四十箇年、 箇㋲ケ
平政子 治八年、六十九歳、 自承久元年至嘉禄二年、 六十九歳㋲ナシ
頼経 治十八年、三十九歳、 自安貞元年至寛元二年、
頼嗣 治九年、十八歳、 自寛元三年至建長四年、
宗尊親王 治十五年、三十三歳、 自建長四年至文永三年、
惟康親王 治廿四年、二十六歳、 自文永三年至正応二年、
久明親王 治二十年、二十四歳、 自正応二年至延慶元年、 二十四㋲廿四
守邦親王 治廿五年、三十二歳、 自延慶二年至元弘三年、 三十二㋲卅二
已上、自治承四年庚子、至元弘三年癸酉、百五十四年、」

清和源氏系図

（7ウ）

『∴』清和天皇—（朱線）貞純親王—経基—満仲
満仲—頼光—頼国—頼綱—仲政
　　　　仲政—頼行
　　　　仲政—頼政—仲綱
　　　　　　　頼政—兼綱
　　　　　　　頼政—頼兼—頼茂—頼氏
満仲—頼信—頼義—義家」

義国─義重─義兼
　└義康─義兼─義氏─泰氏─頼氏（利氏後改頼氏）─家時─貞氏
為義─義朝
　├頼朝─頼家─一万丸
　│　│　└公暁
　│　└実朝
　├範頼
　└義経

貞氏
　├尊氏（等持院殿）─義詮（宝篋院殿）─義満（鹿苑院）─義持（勝定院）─義量（長徳院）
　│　│　　　　　　　　　　　　　　└義教
　│　└基氏（鎌倉殿）─氏満─満兼─持氏─成氏─政氏─高氏（基イ）─晴氏
　└直義

義教
　├義勝
　└義政（慈照院[モ]）［─］義尚（常徳院）
　　　├義尹（御治世二度義材之御事也、）
　　　└義澄─義晴─義藤（マヽ）

等持院殿宝篋院殿鹿苑院勝定院長徳院[モ]ナシ
御治世二度義材之御事也[モ]ナシ
慈照院常徳院[モ]ナシ
基イ[モ]ナシ

（8オ）

関東執権次第

時政　治二十六年、七十八歳、自治承四年至元久二年、

義時　治二十年、六十二歳、自元久二年至元仁元年、

泰時　前武蔵守、相模守、時氏一男、（マヽ）

泰時
時房　治十九年、六十歳、自元仁元至仁治三、治十七年、六十六歳、自元仁元至仁治元、

経時　治五年、二十二歳、
自仁治三至寛元四、

時頼　正五位下、相模守、時氏二男、建長八年十一月廿三日落髪、年三十歳、号
最明寺、法名道崇、又号覚了房、弘安三年十一月廿二日卒、年三十七歳、

時頼　治十一年、［三十七歳］㋲、自寛元四至康元元、　　元元㋲元々
重時　治九年、六十四歳、自宝治元至康元元、建長八年三月十一日落髪、法名観覚、　　元元㋲元々
政時〔村〕　治十八年、六十九歳、自康元元至文永十、　　元元㋲元々
長時　治九年、三十五歳、自康元元至文永元、　　元元㋲元々
時宗
政村　治二十一年、三十四歳、自文永元至弘安七、
右京権大夫、
時宗
義政（北条）　治五年、自弘安六至弘安十、

時宗　相模守、号宝光寺殿、

時宗
業時（北条）　治五年、自弘安六至弘安十、

（8ウ）

業時
貞時（北条）　治十八年、自弘安七至正安三、
貞時（北条）　相模守、
宣時（北条）　治十五年、自弘安十至正安三、
師時（北条）　治十一年、三十七歳、自正安三至応長元、
時村（北条）　治五年、自正安三至嘉元三、四月廿三夜被誅、
師時　相模守、
宗宣　陸奥守、治八年、自嘉元三至正和元、
宗宣（北条）
熙時（北条）　治五年、廿七歳、自長慶〔応長〕元至正和四、　　慶㋲応

熙時　正和元六月宗宣卒、依之、

基時（北条）　正和四年七月十一日御後見事被仰下、同十九日任相模守、
貞顕（北条）　嘉暦元年四月十六日出家、号金沢殿、

（北条）高時／貞顕　治十一年、自正和五至嘉暦元、
高時　相模守、
守時　相模守、武蔵守、号赤橋殿、
（北条）守時／（北条）維時〔貞〕　治八年、自嘉暦元至元弘三、　治二年、自嘉暦元至嘉暦二、
守時／茂時（北条）　治四年、自元徳二至元弘三、
」

（9オ）

『∴』桓武天皇—（朱線）葛原親王—高見王—高望王—国香—貞盛
貞盛—維衡—正度—正衡—正盛—忠盛—清盛
清盛—重盛—維盛
清盛—宗盛—清宗
清盛—知盛
貞盛—維将—維時—直方—維方—時方—時家—時政
時政—義時
時政—時房
時政—政子
義時—泰時—時氏
時氏—維〔経〕時
時氏—時頼
時頼—宗政—師時
時頼—時宗—貞時
時頼—時利改時輔、
貞時—高時—時行
高時—邦時
貞時—泰家
義時—朝時
義時—重時
重時—長時—義宗—久時」
重時—義政
重時—業時—〻—時兼—基時
義時—政村—時村—為時—熙時—茂時
義時—実泰」

武蔵㋲蔵武
家㋲時
義宗㋲ナシ
久時㋲ナシ

朝直―実時―顕時―貞顕
　　　　　　　　―守時　　守時㊦ナシ
時直―宣時―宗宣―維貞

或記

（9ウ）或記云、元弘三年三月三日隠岐国早馬来云、去閏二月廿五日先帝（後醍醐天皇）御逐
電、四月一日足利高氏上洛、即奉随先帝云云、五月七日六波羅被打落〈其夜南方左近将監時益（北条）当矢死、〉　云云㊦云々
云云、当今（光厳天皇）并（後伏見上皇）持明院殿指関東令落給、八日於馬場宿六波羅北方越後守　云云㊦云々
仲時（北条）以下各自害、主上・上皇奉生捕之、奉入長講堂（長光寺カ）云云、五月十四日　上皇㊦々皇　云云㊦云々
〈高時舎弟、〉将監入道恵性〈泰家、〉（北条）為大将軍向武州関戸合戦、新田義貞多勢之間、将監
入道引退入鎌倉、同十七日相模守守時・南条左衛門尉（高直）以下各向武州、　守時㊦々時
於山内離山合戦、十八日守時以下自害畢、武蔵・上野軍勢如雲霞山
（10オ）野云云、五月廿二日鎌倉方被打落殿中」以下懸火、悉焼払之、一族等　云云㊦云々
〈茂時右馬権頭五月廿二日於殿中自害、〉或自害或落畢、
五月廿七日鎮西修理亮英時（北条）被打畢、六月五日先帝御入内云云、十二月　云云㊦云々
廿八日宮（成良親王）御下向関東、左馬頭（足利直義）・城（山脱）入道以下御共、二階堂小路以山城（二階堂

美作入道屋形為御所、〔貞綱〕
建武元年甲戌、二月日改元、
上野太守成良親王後醍醐院第六御子、〔左馬頭㊀〕直義尊氏第、〔弟㊀〕鎌倉代
三月九日本間・渋谷一族各打入鎌倉、於聖福寺合戦、鎌倉大将軍渋
河形〔刑〕部大輔義季、或虜、或打死畢、政所執事参河入道行証〔二階堂時綱〕〔譚〕自此合戦
場逐電、不知行方云云、

証㊀澄
云云㊀云々

人名索引

【凡例】

1．本冊所収の年譜・治承４年～元暦元年の校訂本文の人名を対象として採録した。
2．人名は原則として名（諱）により採録した。実名不明の人物は通称、〇〇の女などの関係名称、または用例により採録した。天皇は諡により、上皇・法皇は〇〇天皇で採録した。女院については諱で採った。異称・通称のまま採録した人物には＊を付した。
3．人名の配列は名（諱）の頭文字の音読みによる五十音順とし、同音異字の場合は画数の少ないものを先として配列し、２字目以降もそれに倣った。異称・通称のままの人物も同様に配列した。
4．人名の次に貴族・官人・神職の場合はウジ名、武士の場合は苗字を示し、僧侶については（僧）と記した。ウジ名と苗字を並記した場合もある。
5．各項目には掲載年月日、本書頁数、用例を掲げた。閏月は丸囲み数字で示した。官職名・苗字などが同前という理由で省略されている場合には［　］で省略部分を補い、あるいは（　）で説明を加えた。
6．同一日の同一頁の記載中に同一人が複数箇所表われ、かつ一方が他方の表記をすべて包摂するような場合、短い表記を採らなかった。
7．参照すべき項目は、→で示した。
8．可能な限り各人物に（注）を付し、出自や比定の根拠などを記した。『尊卑分脈』に掲載されている人物については、『新訂増補国史大系』（吉川弘文館）の巻数・頁数を付した。ほかの引用史料についても必要に応じて巻数・頁数を付したものがある。父母については『尊卑分脈』の記載を含めて代表的な系図史料の記載などに基づいて示したが、伝承や偽作であることも多く、確定的なものでない。なお、注記については安田元久編『吾妻鏡人名総覧』（吉川弘文館）を参照した箇所も少なくない。引用史料の略称および史料の典拠は以下の通りである。

　　延慶…『延慶本平家物語　本文編』（勉誠出版）
　　覚一本…『日本古典文学大系　平家物語』（岩波書店）
　　加藤遠山系図…『日本中世史料学の課題』（弘文堂）
　　角川地名…『角川日本地名大辞典』（角川書店）
　　鎌遺…『鎌倉遺文』（東京堂出版）
　　吉記…『新訂吉記』（和泉書院）
　　局中宝…『尊経閣善本影印集成』（八木書店）

玉葉…『図書寮叢刊　九条家本玉葉』（明治書院）
金輪寺本豊島家系図…『豊島・宮城文書』（豊島区教育委員会）
愚管抄…『日本古典文学大系　愚管抄』（岩波書店）
公卿補任…『新訂増補国史大系　公卿補任』（吉川弘文館）
現代語訳…『現代語訳吾妻鏡』（吉川弘文館）
元徳度注進度会系図…『神宮古典籍影印叢刊』（八木書店）
考訂度会系図別系…『神宮古典籍影印叢刊』（八木書店）
古本佐竹系図…『中世武家系図の史料論　下巻』（高志書院）
今昔物語集…『日本古典文学大系　今昔物語集』（岩波書店）
埼玉…『新編埼玉県史　別編４』（埼玉県）
山槐記…『増補史料大成』（臨川書店）
纂要…『系図纂要』（名著出版）
史記…『史記』（中華書局）
紹運録…『本朝皇胤紹運録』（新校群書類従）
将門記…『日本思想大系　古代政治社会思想』（岩波書店）
盛衰記…『中世の文学　源平盛衰記』（三弥井書店）
書陵部本中原氏系図…『書陵部紀要』第27号
人名索引…『吾妻鏡人名索引』（吉川弘文館）
人名総覧…『吾妻鏡人名総覧』（吉川弘文館）
続群…『続群書類従』（八木書店）
姓氏…『姓氏家系大辞典』（角川書店）
先代旧事本紀…『新訂増補国史大系』（吉川弘文館）
僧綱補任残闕…『大日本仏教全書　伝記叢書』（名著普及会）
鶴岡八幡宮寺社務職次第…『新校群書類従』（名著普及会）
伝法灌頂血脈譜…『園城寺文書　第７巻』（園城寺）
都甲文書…『大分県史料』（大分県立教育研究所）
豊受太神宮禰宜補任次第…『神道大系　神宮編４　太神宮補任集成』（神道大系編纂会）
分脈…『新訂増補国史大系　尊卑分脈』（吉川弘文館）
平遺…『平安遺文』（東京堂出版）
平氏諸流系図…『中条町史　資料編１』（中条町）
保元物語…『新日本古典文学大系　保元物語・平治物語・承久記』（岩波書店）
北条時政以来後見次第…尊経閣文庫所蔵
前田本北条系図…『続国史大系　第五巻』（経済雑誌社）
真名本曾我物語…『妙本寺本曾我物語』（角川書店）
妙本寺本平家系図…『千葉県の歴史　資料編中世３』（千葉県）
陸奥話記…『日本思想大系　古代政治社会思想』（岩波書店）
類聚大補任…『新校群書類従』（名著普及会）

あ

安資　大屋
養和1.03.19　105 尾張国住人大屋中三安資
元暦1.04.03　179 尾張国住人大屋中三安資/和田小太郎義盛之聟

安徳天皇
年譜治承4　3 安徳天皇言仁、三歳
年譜文治1.03.24　4 安徳天皇、八歳
巻一天皇摂関　19 安徳天皇諱言仁、高倉院第一皇子
元暦1.02.20　164 旧主，165・167 主上，167 公家
(注)言仁。高倉天皇の皇子，母は平清盛の女建礼門院徳子(紹運録)。

い

以仁王
治承4.04.09　22 一院第二宮
治承4.04.27　23 高倉宮，24 最勝王/吾/一院第二皇子
治承4.05.15　25 高倉宮
治承4.05.16　25 宮
治承4.05.19　26 高倉宮/宮御方
治承4.05.26　26・27 宮
治承4.06.19　27 高倉宮
治承4.08.09　32 高倉宮
治承4.08.19　38 親王
治承4.10.18　68 新皇
治承4.12.11　83 三条宮
養和1.②.23　98 高倉宮
養和1.05.08　108 高倉宮
元暦1.11.23　213 親王宮
(注)後白河天皇の皇子，母は藤原季成の女成子(紹運録)。

以仁王の児
治承4.05.16　26 宮御息若宮八条院女房三位局盛章女腹
(注)盛章の女を母とすることから後の道尊(紹運録)か。

以通　大中臣
寿永1.05.19　133 当国目代大中臣蔵人以通，134 三河御目代大中臣以通

伊豆江四郎*
養和1.01.05　89 伊豆江四郎，90 江四郎

伊豆江四郎の男*
養和1.01.05　90 江四郎之子息

伊藤次*
養和1.01.21　91 伊藤次

為安　片切
元暦1.06.23　196 片切太郎為安
(注)景重の男。分脈③103は為遠の男為康として載せる。

為遠　藤原
元暦1.01.22　156 豊前守為遠
(注)画師為久の父。

為義　源
治承4.04.09　22 廷尉為義
治承4.08.24　45 六条廷尉禅室
治承4.09.11　56 廷尉禅門
治承4.11.26　81 廷尉禅室
治承4.12.19　85 六条廷尉禅室
(注)義家の男，母は藤原有綱の女(分脈③289)。

為久　石田
元暦1.01.20　155 相模国住人石田次郎
(注)為景の男(続群 三浦系図)。延慶㊦219は「相模国住人石田小太郎為久」とする。

為久　藤原
元暦1.01.22　156 下総権守藤原為久/豊前守為遠三男
元暦1.04.18　183 下総権守為久
元暦1.08.19　203 絵師下総権守為久

為康　度会
寿永1.05.16　133 豊受太神宮禰宜為保

（注）高康の男，母は遠江国の遊女もしくは鎌田の女（豊受太神宮禰宜補任次第）。

為綱　山方
元暦1.10.12　209 当国住人山方介為綱
（注）安芸国住人。

為重　平佐古
治承4.08.20　40 平佐古太郎為重
元暦1.02.05　160 平佐古太郎為重

為成　鎌田
養和1.②.23　100 鎌田七郎為成
（注）［姓氏］所引の鎌田系図は通清の男とする。

為宗　長尾
治承4.08.23　41 長尾新五為宗
治承4.10.23　74 長尾新五為宗
（注）景行の男（［続群］長尾系図）。同系図は為景とする。

為貞
治承4.09.22　59 御厩案主兵衛志為貞
（注）藤原基通家の御厩案主。

為保　度会
→為康

惟安　宇治（阿蘇）
養和1.02.29　95 南郷大宮司惟安
（注）資長の男（［続群］阿蘇三社大宮司系図）。同系図は惟泰と表記する。

惟栄　緒方
養和1.02.29　95 豊後国住人緒方三郎惟能
（注）惟用の男（都甲文書豊後大神氏系図）。

惟義　大内
元暦1.02.05　160 大内右衛門尉惟義
元暦1.03.20　177 大内冠者惟義
元暦1.05.15　191 大内右衛門尉惟義
元暦1.07.05　198 大内冠者惟義
元暦1.07.18　199 大内冠者
元暦1.08.02　200 大内冠者
元暦1.08.03　200 大内冠者
（注）義信の男（［分脈］③354）。

惟広　塩谷
元暦1.02.05　160 塩谷五郎惟広
（注）家遠の男（［埼玉］党家系図児玉）。同系図は維弘と表記する。

惟康親王
年譜文永3　17 惟康三歳
（注）宗尊親王の子，母は藤原兼経の女（紹運録）。

惟重　中原
治承4.08.20　40 中四郎惟重
治承4.08.23　41 中四郎惟重
治承4.09.29　60 中四郎惟重
寿永1.02.08　126 中四郎維重

惟盛　平
→維盛

惟能　緒方
→惟栄

惟平　中原
治承4.08.20　40 中八惟平
養和1.03.06　102 中八惟平

維時　平
養和1.03.10　103［平氏大将軍］讃岐守
（注）盛衰記⑤83，玉葉治承3.11.18による。

維重　中原
→惟重

維盛　平
治承4.05.26　26 権亮少将維盛朝臣
治承4.09.22　59 左近少将惟盛朝臣/羽林
治承4.09.29　61 小松少将
治承4.10.16　66 平氏大将軍小松少将惟盛朝臣
治承4.10.19　70 小松羽林
治承4.10.20　71 左少将惟盛/羽林
治承4.10.21　71 小松羽林
治承4.11.02　75 小松少将惟盛朝臣
養和1.02.27　94［平氏大将軍］左少将維盛朝臣
養和1.03.10　103［平氏大将軍］左少将

維盛朝臣
養和1.10.03　120 頭中将維盛朝臣
養和1.11.05　122 維盛朝臣，123 件羽林
(注)重盛の男，母は官女(分脈④34)。

一万　源
年譜建仁2.08.27　6 一万公
(注)頼家の男，母は比企能員の女(分脈③296)。

印景　(僧)
養和1.01.18　91 相模国毛利庄住人僧印景

胤信　大須賀
治承4.09.17　57 [子息]四郎胤信大須賀
寿永1.08.18　144 四男胤信
(注)常胤の男，母は秩父重広の女(平氏諸流系図)。

胤正　千葉
治承4.09.09　54 子息胤正
治承4.09.17　57 子息太郎胤正
治承4.10.03　63 千葉小太郎胤正
治承4.12.12　83 同(千葉)太郎胤正
養和1.04.07　106 千葉太郎胤正
寿永1.03.09　130 孫子小太郎胤政
寿永1.07.12　140 千葉小太郎胤正
寿永1.08.11　142 千葉小太郎
寿永1.08.18　143 嫡男胤正
(注)常胤の男，母は秩父重広の女(平氏諸流系図)。

胤成　武石
→胤盛

胤政　千葉
→胤正

胤盛　武石
治承4.09.17　57 [子息]三郎胤成武石
寿永1.08.18　144 三男胤盛
(注)常胤の男，母は秩父重広の女(平氏諸流系図)。

胤道　国分
治承4.09.17　57 [子息]五郎胤道国分
寿永1.08.18　144 五男胤道
元暦1.02.05　159 国分五郎胤道
(注)常胤の男，母は秩父重広の女(平氏諸流系図)。

胤頼　千葉・東
治承4.06.27　28 千葉六郎大夫胤頼常胤六男
治承4.09.09　54 [子息]胤頼
治承4.09.13　57 東六郎大夫胤頼
治承4.09.17　58 [子息]六郎大夫胤頼東
治承4.12.12　83 同(千葉)六郎大夫胤頼
寿永1.07.12　140 同(千葉)六郎胤頼
寿永1.08.18　144 六男胤頼
元暦1.02.05　159 東六郎胤頼
(注)常胤の男，母は秩父重広の女(平氏諸流系図)。

蔭沢二郎*　蔭沢
養和1.②.23　99 [朝政郎従]蔭沢二郎

う

禹
寿永1.02.08　128 禹王
(注)夏の始祖。

え

永実　(僧)
治承4.08.24　45 弟僧永実
治承4.08.25　47 永実

永用　城
→長茂

栄光　(僧)
寿永1.12.07　150 宮寺承仕法師栄光
(注)鶴岡八幡宮承仕。

円暁　(僧)
寿永1.09.20　144 中納言法眼円暁号宮法眼
寿永1.09.23　145 中納言法眼坊
寿永1.09.26　146 宮寺別当
元暦1.01.01　151 別当法眼

元暦1.10.15　209 若宮別当法眼
元暦1.11.06　211 別当
（注）行恵の男（鶴岡八幡宮寺社務職次第，分脈③568）。園城寺僧。

円恵法親王　（僧）
元暦1.11.23　214 天台両門之貫首
（注）後白河天皇の皇子，母は平信業の女（紹運録）。円城寺僧。

円浄房　（僧）
寿永1.04.20　132 円浄房

円珍　（僧）
元暦1.11.23　213 智証大師
（注）和気宅成の男（続群 智証大師伝）。

遠景　天野
治承4.08.06　31 天野藤内遠景
治承4.08.20　40 天野藤内遠景
治承4.08.24　43 天野藤内遠景
治承4.10.19　70 天野藤内遠景
治承4.10.23　74 遠景
元暦1.06.16　194 天野藤内遠景
元暦1.08.08　202 天野藤内遠景
（注）景光の男（分脈②501，続群 天野系図）。

遠景の郎従＊
元暦1.06.16　195 遠景郎従

遠元　足立
治承4.10.02　62 足立右馬允遠元
治承4.10.08　64 足立右馬允遠元
寿永1.04.05　131 足立右馬允
元暦1.06.01　193 足立右馬允遠元
元暦1.08.28　204 足立右馬允
元暦1.10.06　209 足立右馬允藤原遠元
（注）遠兼の男（分脈②288）。母は豊島泰家の女（埼玉 足立系図）。

遠藤武者＊　遠藤
養和1.07.21　114 遠藤武者

遠平　土肥
治承4.08.20　39 同（土肥）弥太郎遠平
治承4.08.28　50 土肥弥太郎遠平
治承4.09.02　51 土肥弥太郎遠平
寿永1.08.11　142 土肥弥太郎
（注）実平の男（平氏諸流系図）。

遠茂　橘
治承4.08.25　46 駿河国目代橘遠茂
治承4.10.01　61 当国目代橘遠茂
治承4.10.13　65 駿河目代
治承4.10.14　66 駿河目代/遠茂
治承4.10.18　69 駿河目代/目代遠茂

か

加賀
→仲光の女

加賀竪者＊　（僧）
養和1.11.11　123 加賀竪者

家基　大野
養和1.02.29　95 大野六郎家基
（注）盛基の男（都甲文書豊後大神氏系図）。

家義　飯田
治承4.08.23　41 飯田五郎家義
治承4.08.24　44 家義
治承4.10.20　71 飯田五郎家義
治承4.10.22　73 飯田五郎家義

家義の男　飯田
治承4.10.20　71 同（飯田五郎家義）子息太郎/飯田太郎
治承4.10.22　73 子息太郎

家継　平田
元暦1.08.02　200 平田太郎家継入道
（注）家貞の男（分脈④24）。分脈は家次と表記する。

家康
治承4.08.23　42 郎従豊三家康
（注）佐那田義忠の郎従。盛衰記④62は治承4年に57歳であったとする。

家綱　足利
養和1.09.07　117 散位家綱
（注）成行の男（分脈②406）。

家綱　蓮池

寿永1.09.25　145 故小松内府家人蓮池権守家綱
寿永1.11.20　148 土佐国住人家綱
(注)延慶㊤557は「彼国住人蓮池二郎清経」とする。
家衡　清原
治承4.10.21　72 同(将軍)四郎家衡
(注)武則の男(平氏諸流系図)。
家国　庄
→家長
家秀　大見
治承4.08.20　40 大見平次家秀
治承4.10.23　74 家秀
家助　富田
元暦1.08.02　200 富田進士家助
(注)玉葉元暦1.07.21は家資とする。
家成　藤原
元暦1.02.14　163 故中御門中納言家成卿
(注)家保の男，母は藤原隆宗の女(分脈②363)。
家清
元暦1.08.02　200 家清入道
家忠　伊庭
養和1.02.12　94 伊庭冠者家忠
家長　庄
元暦1.02.07　162 家長
(注)延慶㊦234による。広高の男(埼玉庄系図)。
家長　中条
元暦1.02.05　159 中条藤次家長
元暦1.08.08　202 中条藤次家長
(注)義勝房盛尋の男(埼玉党家系図横山)。
家能
元暦1.08.02　200 前兵衛尉家能
家輔　藤原
元暦1.02.23　169 散位家輔
(注)範綱の男(分脈②181)。藤原基通の侍所別当か(吉記元暦1.11.23)。
吾妻八郎*
寿永1.01.28　125 吾妻八郎
会昌天子
→武宗
戒光　(僧)
養和1.01.21　91 戒光字大頭八郎房
噲　樊
元暦1.02.07　161 樊噲
(注)前漢の武将。
覚淵　(僧)
治承4.07.05　28 走湯山住侶文陽房覚淵，29 覚淵
治承4.08.19　39 走湯山文陽房覚淵
鶴太郎
治承4.10.16　66 雑色鶴太郎
元暦1.05.21　192 雑色鶴太郎
桓武天皇
元暦1.01.10　153 桓武天皇
(注)山部。光仁天皇の皇子，母は和乙継の女御笠(紹運録)。
寒河尼
→宗綱の女
菅冠者*
治承4.09.10　55 菅冠者
治承4.10.18　69 菅冠者
(注)姓氏菅の項，角川地名長野県の大田切の項は友則に比定するが，『長野県史』はこの説を採っていない。また，『駒ヶ根市誌』は平家基(平遺2343)ないしその関係者の可能性を強く打ち出す。
寛雅の女　源
元暦1.04.06　179 [池前大納言]室家/女房
(注)公卿補任元久二年光盛項の母の記載による。分脈③525は寛雅(仁和寺僧)の孫(俊寛の女)として載せる。
幹重　豊田
寿永1.01.28　125 豊田太郎
(注)政幹の男(続群常陸大掾系図)。

観海　　（僧）
治承4.11.19　80 慈音房観海
（注）武蔵国長尾寺住侶。
観修　　（僧）
寿永1.08.12　142 大法師観修
岩瀬与一太郎*
治承4.11.08　79 岩瀬与一太郎

き

希義　　源
寿永1.09.25　145 土佐冠者希義/武衛弟母季範女
寿永1.11.20　148 土佐冠者
（注）義朝の男，母は藤原季範の女（分脈③298）。
季久　　海老名
元暦1.02.05　160 海老名太郎
（注）季貞の男（続群 海老名荻野系図）。
季弘　　安倍
元暦1.08.20　203 掃部頭安倍季弘朝臣木曾祈師
元暦1.09.28　208 季弘朝臣
（注）泰親の男（分脈④188）。
季光　　毛呂
治承4.12.12　83 毛呂冠者季光
（注）藤原季仲の孫（文治2.02.02）。分脈②6は仲経の男とする。
季高　　藤原
元暦1.02.23　169 前右馬助季高
（注）清頼の男，母は藤原清兼の女（分脈②462）。
季重　　平山
治承4.11.04　76 平山武者所季重
治承4.11.07　78 平山武者所季重
元暦1.02.05　160 平山武者所季重
元暦1.02.07　161 ［武蔵国住人］平山武者所季重
（注）直季の男（埼玉 党家系図西）。
季重の郎従
元暦1.02.07　161 季重郎従
季宗　　平
元暦1.06.01　193 左衛門尉季宗
（注）季房の男（分脈④24）。
季貞　　海老名
治承4.08.23　41 海老名源八季貞
（注）季兼の男（続群 海老名荻野系図，埼玉 党家系図横山）。
季範　　藤原
巻一天皇摂関　22 熱田大宮司散位藤原季範
寿永1.09.25　145 季範
（注）季兼の男，母は熱田神主真基の女（分脈②470）。
季範の女　　藤原
巻一天皇摂関　母熱田大宮司散位藤原季範女
養和1.03.01　102 御母儀
寿永1.09.25　145 季範女
（注）源頼朝の母（分脈②476）。
季隆　　愛甲
治承4.12.20　86 愛甲三郎季隆
寿永1.04.05　131 愛甲三郎
寿永1.06.07　139 愛甲三郎
元暦1.03.18　177 愛甲三郎季隆
元暦1.04.01　179 季隆
（注）季兼の男（埼玉 党家系図横山）。
基広　　中原
養和1.02.09　93 ［検非違使］右衛門少尉中原基広
（注）兼成の男（書陵部本中原氏系図）。
基綱　　佐野
養和1.②.23　99 同（足利七郎有綱）嫡男佐野太郎基綱
寿永1.04.05　131 佐野太郎
寿永1.08.11　142 佐野太郎
（注）有綱の男（分脈②406）。
基実　　藤原
巻一天皇摂関　19 六条摂政

(注)忠通の男，母は源国信の女(分脈①67)。

基清　後藤

元暦1.06.01　193 後藤新兵衛尉基清

(注)実基の男，実父は藤原仲清(分脈②393)。

基通　藤原

巻一天皇摂関　19 摂政内大臣基通公六条摂政一男，20 摂政前内大臣基通公，21 関白前内大臣基通公

治承4.09.22　59 摂政家

元暦1.02.11　162 博陸

(注)基実の男，母は藤原忠隆の女(分脈①67)。

基房　藤原

巻一天皇摂関　20 菩提院禅閤

元暦1.11.23　213 博陸之重臣

(注)忠通の男，母は源国信の女(分脈①81)。

亀山天皇

年譜建長1.05.27　14 亀山

年譜正元1.12.28　16 亀山、十一歳

年譜文応1　16 亀山恒仁

(注)恒仁。後嵯峨天皇の皇子，母は藤原実氏の女大宮院姞子(紹運録)。

亀前

寿永1.06.01　138 御寵愛妾女号亀前/妾郎橋太郎入道息女

寿永1.11.10　147 御寵女亀前

寿永1.12.10　150 御寵女

(注)妾郎橋太郎入道の女。源頼朝の妾。

義胤　和田

元暦1.08.08　202 同(和田)四郎義胤

(注)義宗の男(平氏諸流系図)。

義円　(僧)

養和1.03.10　103 僧義円号卿公，104 義円禅師

(注)源義朝の男円成，母は九条院雑仕常磐(分脈③302)。

義家　源

治承4.07.05　29 八幡太郎

治承4.09.30　61 故陸奥守

治承4.10.12　65 陸奥守同(源)朝臣義家

治承4.10.21　72 曾祖父陸奥守源朝臣義家

治承4.11.26　81 八幡殿

寿永1.09.20　144 陸奥守源朝臣義家

(注)頼義の男，母は平直方の女(分脈③224)。

義基　源

養和1.02.09　92 源氏前武蔵権守義基

(注)義時の男(分脈③305)。

義久　大多和

治承4.08.22　41 大多和三郎義久

治承4.08.26　48 大多和三郎義久

寿永1.11.10　147 大多和三郎義久

寿永1.11.12　147 義久

(注)義明の男(平氏諸流系図)。

義経　源

年譜元暦1.09.18　3 九郎義経

年譜文治1.05.24　4 九郎義経

年譜文治5.④.30　4 前与州義経、三十一歳

治承4.10.21　72 弱冠一人/奥州九郎/義経主

養和1.07.20　112 源九郎主

養和1.11.05　122 源九郎義経

元暦1.01.20　155 源九郎義経

元暦1.01.21　156 源九郎義経主

元暦1.01.27　157 源九郎義経

元暦1.01.29　158 関東両将

元暦1.02.02　159 源九郎主

元暦1.02.05　159 源氏両将，160 源九郎義経，161 九郎主

元暦1.02.07　161 源九郎主，162 九郎主/義経

元暦1.02.08　162 関東両将

元暦1.02.09　162 源九郎主

元暦1.02.11　162 源氏両将，163 義経

元暦1.02.13　163 源九郎主

元暦1.02.15　163 源九郎義経

元暦1.02.25　170 義経
元暦1.03.02　173 源九郎
元暦1.04.10　182 源九郎
元暦1.04.22　186 源九郎主
元暦1.06.21　196 源九郎主
元暦1.08.03　200 源九郎主
元暦1.08.17　202 源九郎主，203 此主
元暦1.08.26　203 源廷尉
元暦1.09.09　204 源廷尉，205 義経
元暦1.09.14　205 源廷尉
元暦1.09.28　208 源廷尉義経
元暦1.10.24　210 源廷尉
元暦1.11.14　211 源廷尉
元暦1.11.26　216 大夫判官義経
元暦1.12.03　218 源廷尉/判官殿
元暦1.12.20　219 源廷尉
(注)義朝の男，母は九条院雑仕常磐(分脈③303)。

義経　源(山本)
治承4.12.01　82 源氏山本前兵衛尉義経
治承4.12.10　82 山本兵衛尉義経，83 此義経
養和1.02.12　94 兵衛尉義経
元暦1.01.20　156 伊賀守義経
(注)義定の男(分脈③315)。

義経　波多野
→義常

義景　長江
治承4.08.26　48 長江太郎義景
寿永1.02.08　126 長江太郎義景
(注)景次の男(平氏諸流系図)。

義兼　源(柏木)
治承4.12.01　82 同(義経)弟柏木冠者義兼
(注)義定の男。分脈③316は義経の男とする。

義兼　足利
治承4.12.12　83 足利冠者義兼
養和1.02.01　92 足利三郎義兼
養和1.11.05　122 足利冠者義兼
寿永1.01.03　124 足利冠者
寿永1.04.05　131 足利冠者
元暦1.05.01　189 足利冠者義兼
元暦1.08.06　201 足利蔵人
元暦1.08.08　201 足利蔵人義兼
(注)義康の男，母は藤原季範あるいは範忠の女(分脈③250)。

義賢　源
治承4.09.07　53 帯刀先生義賢
治承4.10.13　65 亡父義賢主
治承4.12.24　87 亡父
元暦1.01.20　155 春宮帯刀長義賢
(注)為義の男，母は藤原重俊の女(分脈③290)。

義広　源(錦織)
元暦1.01.20　155 錦織判官，156 検非違使右衛門権少尉源朝臣義広，伊賀守義経男
(注)義経の男義弘(分脈③316)。

義広　源(紺戸)
養和1.02.09　93［義基弟］紺戸先生義広
(注)義時の男(分脈③307)。分脈は義弘と表記する。

義広　源(志太)
治承4.11.07　78 志太三郎先生義広
養和1.02.28　95 志太三郎先生義広
養和1.②.20　97 武衛伯父志田三郎先生義広
養和1.②.23　98 義広
養和1.②.25　100 義広
養和1.②.27　100 三郎先生，101 義広
養和1.②.28　101 義広/三郎先生
養和1.09.07　118 三郎先生義広
元暦1.01.20　155 三郎先生義広
元暦1.04.23　186 三郎先生義広
元暦1.05.15　191 志太三郎先生義広
(注)為義の男，母は藤原重俊の女(分脈③291)。分脈は義憲とする。

義光　源
治承4.10.21　72 左兵衛尉義光
治承4.12.10　83 刑部丞義光
(注)頼義の男，母は平直方の女(分脈③315)。

義行　原宗
治承4.08.23　41 同(原宗)四郎義行

義行　筑井
治承4.08.22　41 筑井二郎義行
(注)義次の男(平氏諸流系図)。続群 三浦系図は父を義継と表記する。

義高　源
元暦1.04.21　185 志水冠者
元暦1.04.26　187 志水冠者
元暦1.05.01　189 故志水冠者義高
元暦1.05.02　189 志水冠者
元暦1.06.27　196 志水冠者
(注)義仲の男，母は今井兼平の女(分脈③290)。分脈 は義基とする。

義資　源(石河)
養和1.02.09　93 義基弟石河判官代義資
元暦1.01.21　156 石川判官代
元暦1.06.04　193 石河兵衛判官代義資
(注)義時の男(分脈③306)。

義時　北条
年譜元久2　7 義時時政二男、相模守、四十二歳、于時従五位下
年譜承元1.01.05　7 義時
年譜建保1.02.27　8 義時
年譜建保4.01.13　9 義時
年譜建保5.01.28　9 義時
年譜貞応1.08.16　10 義時
年譜元仁1.06.13　10 江馬義時、六十二歳
治承4.08.20　39 同(北条四郎子息)四郎
治承4.08.23　41 北条殿父子
治承4.08.24　43 北条殿父子三人，44 同四郎主
治承4.08.27　49 同(北条)四郎主
治承4.10.13　65 北条殿父子
治承4.10.18　69 北条殿父子
治承4.12.12　83 同(北条)四郎主
養和1.04.07　106 江間四郎
寿永1.11.14　148 江間/江間殿/汝
元暦1.08.08　201 北条小四郎
(注)時政の男(分脈④17)。

義実　岡崎
治承4.08.06　31 岡崎四郎義実
治承4.08.12　33 岡崎四郎義実
治承4.08.20　39 岡崎四郎義実
治承4.08.27　49 岡崎四郎義実
治承4.10.07　64 岡崎四郎義実
治承4.10.21　72 義実
治承4.10.23　74 岡崎四郎義実
治承4.12.12　84 岡崎四郎義実
養和1.06.19　109 岡崎四郎義実，110 義実
養和1.07.05　111 義忠父岡崎四郎義実
(注)義次の男(平氏諸流系図)。

義実の妻　平
→宗平の女

義秀　河村
治承4.08.23　41 河村三郎義秀
治承4.10.23　74 河村三郎義秀
治承4.10.26　75 河村三郎義秀
(注)秀高の男(分脈②398)，母は横山の女(続群 秀郷流系図河村)。

義重　新田
治承4.09.30　61 新田大炊助源義重入道法名上西/故陸奥守嫡孫
治承4.12.22　86 新田大炊助入道上西，87 祖父
養和1.09.07　117 新田冠者義重
寿永1.07.14　140 新田冠者義重/父主
(注)義国の男，母は藤原敦基の女(分脈③238)。義重は治承4には出家しており，養和1.09.07は仁安年中の称だとしても，寿永1.07.14の「新田冠者義重」

の称には混乱がある。寿永1.04.05の「新田冠者」は孫の義成と見なした。

義重の女　源

寿永1.07.14　140 彼息女/悪源太殿武衛舎兄後室/件女子

義常　波多野

治承4.07.10　29 波多野右馬允義常

治承4.07.23　30 波多野右馬允義常/主人

治承4.10.17　67 波多野右馬允義常

治承4.11.20　80 右馬允義常

養和1.01.05　90 右馬允義経

（注）義通の男（分脈②397），母は中河辺清兼の女（続群 秀郷流系図松田）。分脈・秀郷流系図は義経と表記する。

義常の姨母

治承4.10.17　67 義常姨母/中宮大夫進朝長母儀

（注）姨母は母方のオバ。分脈③295は朝長の母を修理大夫範兼女あるいは大膳大夫則兼女とする。

義常の男　波多野

治承4.11.20　80 右馬允義常之子息/景義之外甥

（注）分脈②397は有経，続群 秀郷流系図松田は有経（母は伊東祐継の女）・忠経・時秀・刑部房を載せる。

義信　源

元暦1.05.21　192 義信

元暦1.06.20　195 武蔵守同（源）義信

元暦1.06.21　196 義信

元暦1.07.20　199 武蔵守義信

元暦1.08.17　202 義信[朝臣]

（注）盛義の男（分脈③354）。

義親　源

治承4.09.22　59 対馬守源義親

（注）義家の男，母は源隆長の女（分脈③224）。

義成　大多和

治承4.08.22　41 子息義成

元暦1.08.08　202 大多和次郎義成

（注）義久の男（平氏諸流系図）。

義成　里見

治承4.12.22　86 上西孫子里見太郎義成，87 義成

寿永1.04.05　131 新田冠者

（注）義俊の男（分脈③242）。養和1.09.07などは新田冠者を義重とするが，義重は既に出家しているので，寿永1.04.05は孫の義成とみなした。

義政　佐竹

治承4.10.21　72 常陸国佐竹太郎義政

治承4.11.04　75 太郎義政

治承4.11.08　78 故佐竹

（注）昌義の男（分脈③317）。続群 佐竹系図は隆義の男とする。分脈は忠義と記す。

義清　佐々木

治承4.08.26　49 外孫佐々木五郎義清

治承4.12.26　88 佐々木五郎義清

元暦1.08.02　200 五郎義清

（注）秀義の男，母は渋谷重国の女（分脈③442）。

義清　土屋

治承4.08.20　39 同（土屋）次郎義清

養和1.02.28　95 土屋次郎義清

養和1.②.17　96 義清

養和1.03.01　102 土屋次郎義清

寿永1.08.13　143 土屋兵衛尉義清

（注）義実の男（平氏諸流系図）。寿永1.08.13の兵衛尉は誤り。

義盛　源

→行家

義盛　和田

年譜建保1.05.03　8 和田義盛

治承4.08.22　41 和田太郎義盛

治承4.08.26　48 和田太郎義盛

治承4.09.04　52 和田小太郎義盛

治承4.09.06　53 義盛
治承4.10.23　74 義盛
治承4.11.04　76 和田太郎義盛
治承4.11.08　78 義盛
治承4.11.17　80 和田小太郎義盛
治承4.12.12　83 和田小太郎義盛，84 義盛
治承4.12.20　86 和田太郎義盛
養和1.01.06　90 義盛
養和1.02.28　95 和田小太郎義盛
養和1.②.17　96 義盛
養和1.07.21　114 和田太郎義盛
養和1.11.05　122 和田小太郎義盛
寿永1.01.03　124 和田小太郎義盛
寿永1.04.05　131 和田小太郎
寿永1.06.07　139 和田太郎
寿永1.08.13　143 和田太郎義盛
元暦1.04.03　179 和田小太郎義盛
元暦1.05.01　189 義盛
元暦1.08.08　202 和田太郎義盛
(注)義宗の男(平氏諸流系図)，母は遊女(続群 和田系図)。

義村　三浦
寿永1.08.11　142 三浦平六
元暦1.08.08　201 (義澄)男平六義村
(注)義澄の男(平氏諸流系図)。母は伊東祐親の女(真名本曾我物語109)。

義仲　源
年譜元暦1.01.06　3 義仲
治承4.09.07　53 源氏木曾冠者義仲主/帯刀先生義賢二男
治承4.10.13　65 木曾冠者義仲
治承4.12.24　87 木曾冠者義仲
養和1.08.13　115 木曾次郎義仲
養和1.08.15　115 木曾冠者
養和1.08.16　115 木曾冠者
養和1.09.03　117 木曾冠者義仲
養和1.09.04　117 木曾冠者
寿永1.09.15　144 木曾冠者義仲主
寿永1.10.09　146 木曾冠者義仲
元暦1.01.10　153 伊与守義仲
元暦1.01.20　155 義仲/木曾/征夷大将軍従四位下行伊与守源朝臣義仲年卅一/春宮帯刀長義賢男
元暦1.01.21　156 義仲/木曾/主人
元暦1.01.23　157 義仲
元暦1.01.26　157 伊予守義仲
元暦1.01.27　157 義仲
元暦1.02.01　158 木曾
元暦1.02.20　165 源義仲
元暦1.02.21　168 義仲朝臣/木曾殿
元暦1.02.23　169 義仲朝臣
元暦1.03.01　172 左馬頭義仲朝臣
元暦1.04.10　182 義仲
元暦1.04.21　185 亡父
元暦1.05.15　191 義仲
元暦1.06.04　193 義仲
元暦1.08.20　203 木曾
元暦1.11.23　213 北陸道之武将，214 義仲
元暦1.12.25　220 義仲朝臣
(注)義賢の男，母は遊女(分脈 ③290)。

義忠　岡崎・佐那田
治承4.08.12　33 同(岡崎)与一義忠
治承4.08.20　39 同(岡崎)余一義忠
治承4.08.23　42 佐那田余一義忠
治承4.09.29　60 佐那田余一義忠
養和1.07.05　111 佐奈田余一義忠/愚息
(注)義実の男(平氏諸流系図)，母は中村宗平の女(続群 三浦系図)。

義忠の息　佐那田
治承4.09.29　61 幼息
(注)平氏諸流系図は実忠，続群 三浦系図は実忠・盛実・実久を載せる。

義忠の母　平
→宗平の女

義長　河内
治承4.10.13　65 河内五郎義長

（注）清光の男（分脈③350）。分脈は長義とする。

義朝　源
年譜治承4　3 頼朝左馬頭義朝三男、前右兵衛佐、卅四歳
巻一天皇摂関　22 従四位下行左馬頭兼播磨守義朝
治承4.08.09　32 左典厩
治承4.08.24　45 左典厩
治承4.09.11　56 左典厩
治承4.09.17　58 故左典厩
治承4.10.07　63 故左典厩
治承4.10.17　68 左典厩
治承4.10.21　72 父
寿永1.04.20　132 左典厩
寿永1.09.25　145 故左典厩
元暦1.02.20　167 義朝々臣
元暦1.02.21　168 左典厩
元暦1.03.28　178 父
元暦1.06.23　196 故左典厩
元暦1.11.26　216 父
（注）為義の男，母は藤原忠清の女（分脈③290）。

義澄　三浦
治承4.06.27　28 三浦次郎義澄義明二男
治承4.08.22　41 三浦二郎義澄
治承4.08.24　46 義澄
治承4.08.26　48 次郎義澄
治承4.08.27　49 義澄
治承4.09.03　52 三浦次郎義澄
治承4.10.04　63 義澄
治承4.10.19　70 祐親法師聟三浦次郎義澄
治承4.10.21　71 義澄
治承4.10.23　74 義澄/三浦介
治承4.11.04　75 義澄
治承4.12.20　85 三浦介義澄
養和1.01.01　89 三浦介義澄
養和1.02.18　94 義澄
養和1.②.27　101 三浦介義澄
養和1.03.07　103 義澄
養和1.06.19　109 彼司馬/義澄，110 義澄
養和1.06.21　110 義澄
寿永1.01.03　124 三浦介義澄
寿永1.02.14　129 三浦介義澄
寿永1.02.15　129 義澄
元暦1.06.01　192 三浦介義澄
元暦1.08.08　201 三浦介義澄
（注）義明の男（平氏諸流系図）。

義直　村山
治承4.09.07　53 木曾方人村山七郎義直
養和1.05.16　108 村山七郎源頼直/村山殿
（注）忠義の男（分脈③206）。分脈は村上とする。

義通　波多野
治承4.10.17　67 父義通
養和1.01.05　90 故波多野次郎義通
（注）遠義の男（続群 秀郷流系図波多野）。

義定　源（安田）
治承4.08.25　46 安田三郎義定
治承4.10.13　65 安田三郎義定
治承4.10.21　72 安田三郎義定
治承4.10.23　74 義定
養和1.02.27　94 安田三郎義定
養和1.②.17　96 安田三郎義定
養和1.03.13　104 安田三郎
養和1.03.14　105 義定主
養和1.04.30　107 安田三郎義定
寿永1.05.12　132 安田三郎
寿永1.05.16　133 安田三郎義定
元暦1.01.27　157 遠江守義定
元暦1.02.05　160 遠江守義定
元暦1.02.07　162 遠江守義定
元暦1.02.15　164 遠江守義定
元暦1.03.01　172 遠江守義定朝臣
（注）清光の男（分脈③348），母は進士判

官義基の女(続群 小笠原系図)。

義定　波多野

養和1.01.05　90 同(波多野)三郎義定義通孫

元暦1.05.15　191 波多野三郎

(注)義職の男(続群 秀郷流系図松田)。人名索引 人名総覧 は元暦1.05.15を盛通とする。

義範　山名

治承4.12.12　83 山名冠者義範

元暦1.02.05　160 山名三郎義範

(注)義重の男(分脈 ③238)。

義平　源

治承4.09.07　53 鎌倉悪源太義平主

寿永1.07.14　140 悪源太殿武衛舎兄

(注)義朝の男，母は遊女あるいは範兼の女あるいは則兼の女(分脈 ③295)。

義房　源(足利)

治承4.05.26　26 足利判官代義房

(注)分脈 ③274は義清の男義房(矢田蔵人三郎)を載せるが，「足利判官代」の通称からすると，義康の男義清(分脈 ③274)か。

義明　三浦

治承4.06.27　28 義明

治承4.08.20　39 三浦介義明

治承4.08.26　48 義明/吾

治承4.08.27　49 三浦介義明

治承4.10.04　63 三浦介義明

養和1.02.18　94 三浦介義明

養和1.06.19　109 故義明

(注)義次の男(平氏諸流系図)。続群 三浦系図は父を義継と表記する。

義明　蓑浦

養和1.02.12　94 蓑浦冠者義明兵衛尉義経男

(注)義経の男(分脈 ③315)。

義茂　和田

治承4.08.22　41 同(和田)次郎義茂

養和1.04.07　106 和田次郎義茂

養和1.09.07　118 和田次郎義茂

養和1.09.13　118 和田次郎義茂

養和1.09.18　119 和田次郎義茂

養和1.09.28　120 和田次郎義茂

寿永1.06.07　139 同(和田)次郎

寿永1.12.07　150 和田次郎

(注)義宗の男(平氏諸流系図)。

義隆　源

治承4.09.17　58 陸奥六郎義隆

(注)義家の男(分脈 ③307)。

義連　三浦・佐原

治承4.08.22　41 同(三浦)十郎義連

治承4.08.26　48 十郎義連

養和1.04.07　106 三浦十郎義連

養和1.06.19　109 三浦十郎義連

養和1.09.07　118 三浦十郎義連

寿永1.04.05　131 三浦十郎

寿永1.06.07　139 三浦十郎

寿永1.08.11　142 佐原十郎

元暦1.02.05　160 三浦十郎義連

元暦1.02.07　162 三浦十郎義連

(注)義明の男(平氏諸流系図)。

橘三＊　橘

元暦1.12.07　219 橘三

(注)盛綱(佐々木)の郎従。

九条廃帝

年譜承久3　10 九条廃帝懐成

年譜文暦1.05.20　12 廃帝

(注)懐成。順徳天皇の皇子，母は藤原良経の女東一条院立子(紹運録)。

久経　中原

治承4.10.17　67 典膳大夫久経

養和1.02.28　95 散位久経

(注)文治2.02.05による。

久重　平井

治承4.08.24　44 小平井名主紀六久重

養和1.01.06　90 平井紀六

養和1.04.19　106 平井紀六

厩戸王

治承4.04.27　24 上宮太子
元暦1.11.23　214 聖徳太子
（注）用明天皇の皇子，母は穴穂部間人皇女（紹運録）。

教経　　平
元暦1.02.07　162 能登守教経
元暦1.02.13　163 教経
元暦1.02.15　164 教経
（注）教盛の男（分脈 ④36），母は藤原資憲の女（分脈 ②213）。

業盛　　平
元暦1.02.07　162［大夫］業盛
元暦1.02.13　163 業盛
元暦1.02.15　164 業盛
（注）教盛の男（分脈 ④36）。

近藤太*
寿永1.05.25　134 古庄近藤太，135 古庄郷司近藤太

金石丸
養和1.03.10　103 重衡朝臣舎人金石丸

く

空海　　（僧）
元暦1.07.02　197 大師
（注）俗姓佐伯氏（続群 空海僧都伝）。

け

下総国御厩別当*
養和1.07.20　113 下総国御厩別当

経基王
寿永1.02.08　127 清和天皇乃第三乃孫
（注）貞純親王の男，母は源能有の女（分脈 ③62）。

経広　　大江
養和1.02.09　93［検非違使］左衛門府生大江経広

経高　　佐々木
治承4.08.17　34 同（佐々木）次郎経高
治承4.08.20　40 同（佐々木）次郎経高
治承4.08.26　48 佐々木太郎定綱兄弟四人，49 次郎経高
治承4.10.23　74 経高
寿永1.10.17　146 同（佐々木）次郎経高
（注）秀義の男（分脈 ③438）。

経時　　北条
年譜仁治3　13 経時十九歳、左近大夫将監
年譜寛元4.④.01　14 経時、廿三歳
（注）時氏の男（分脈 ④17）。

経俊　　山内
治承4.07.10　29 山内首藤瀧口三郎経俊
治承4.08.23　41 瀧口三郎経俊
治承4.10.23　74 瀧口三郎経俊
治承4.11.26　80 山内瀧口三郎経俊，81 瀧口三郎藤原経俊
元暦1.05.15　191 山内瀧口三郎
元暦1.07.18　199 瀧口三郎経俊
（注）俊通の男（分脈 ②392），母は山内尼（治承4.11.26）。

経俊　　平
元暦1.02.07　162 若狭守経俊
元暦1.02.13　163 経俊
元暦1.02.15　164 経俊
（注）経盛の男（分脈 ④35）。

経俊の母
治承4.11.26　80 彼老母武衛御乳母，81 山内尼

経正　　平
養和1.08.15　115 平氏但馬守経正朝臣
養和1.11.21　123 但馬守経正朝臣
元暦1.02.07　162 但馬前司経正
元暦1.02.13　163 経正
元暦1.02.15　164 経正
（注）経盛の男（分脈 ④35）。

経宗　　藤原
元暦1.02.11　162 三公
（注）経実の男，母は藤原公実の女（分脈 ①207）。

景員　　加藤

治承4.08.20　40 加藤五景員
治承4.08.24　42 景廉父加藤五景員，43 景員
治承4.08.27　50 加藤五景員
治承4.10.23　74 景員入道
元暦1.07.18　199 加藤五景員入道父子
(注)景道の男(分脈②315)。ただし分脈は景清と記す。纂要③665は景清の男とする。

景員の男　加藤
元暦1.07.18　199 加藤五景員入道父子

景益　安西
治承4.09.01　51 安房国住人安西三郎景益
治承4.09.04　52 安西三郎景益
寿永1.08.11　142 安西三郎
元暦1.08.08　202 安西三郎景益

景季　梶原
養和1.04.07　106 梶原源太景季
寿永1.07.12　140 梶原源太景季
寿永1.08.13　143 同(梶原)源太景季
寿永1.11.14　148 梶原源太/景季
元暦1.01.20　155 梶原源太景季
元暦1.02.05　159 同(梶原)源太景季
(注)景時の男(平氏諸流系図)。

景義　大庭
治承4.08.20　40 大庭平太景義
治承4.10.09　64 大庭平太景義
治承4.10.11　64 景義
治承4.10.12　64 景義
治承4.10.15　66 景義
治承4.10.17　67 景義
治承4.10.23　74 景義
治承4.10.26　75 大庭平太景義
治承4.11.20　80 大庭平太景義
治承4.12.12　83 景義
養和1.01.01　89 大庭平太景義
養和1.04.01　106 大庭平太景能
養和1.05.13　108 大庭平太景能
養和1.05.24　109 景能
養和1.07.08　112 景能
寿永1.04.24　132 景義
寿永1.08.12　142 大庭平太景義
寿永1.09.26　146 大庭平太景義
元暦1.08.28　204 大庭平太景能
(注)景宗の男(平氏諸流系図)。分脈④14は景忠の男とする。

景久　俣野
治承4.08.23　41 俣野五郎景久
治承4.08.25　46 俣野五郎景久
治承4.10.18　69 景久
治承4.10.26　75 弟五郎景久
(注)景宗の男(纂要⑧230)。続群三浦系図は景義の男とする。景親の弟(治承4.10.26)ならば景宗の男で，景義とは兄弟。ただし平氏諸流系図には見えない。

景光　工藤
治承4.08.25　46 工藤庄司景光
治承4.10.18　69 工藤庄司景光
治承4.10.23　74 景光
治承4.12.12　84 工藤庄司景光
養和1.01.06　90 工藤庄司景光
養和1.07.20　112 工藤庄司景光
(注)景澄の男(続群工藤二階堂系図)。

景行　毛利
治承4.08.23　41 毛利太郎景行

景高　梶原
寿永1.08.11　142 梶原平次
元暦1.02.05　159 同(梶原)平次景高
元暦1.11.06　211 梶原平次
(注)景時の男(平氏諸流系図)。

景高　平
養和1.②.10　96 家人大夫判官景高
(注)景家の男(山槐記治承4.5.26)。纂要③587は藤原とする。平宗盛の家人。

景綱　平
元暦1.02.07　161 飛驒三郎左衛門尉景

綱
（注）延慶 は飛騨三郎左衛門景行（㊦155），飛騨三郎左衛門尉景経（㊦247）とする。飛騨三郎の称からすると，飛騨守景高の男か。

景綱の男　伊藤
治承4.10.20　71 伊藤武者次郎
治承4.10.22　73 伊藤武者次郎
（注）「伊藤武者」は保元物語43に「旧市ノ住人伊藤武者景綱」と見える。纂要 ③586は景綱を基信もしくは季綱の男とし，忠清・景高の父に位置づける。

景時　梶原
年譜正治2.01.20　6 梶原景時
治承4.08.24　44 梶原平三景時
養和1.01.11　90 梶原平三景時
養和1.03.07　103 景時
養和1.05.24　109 景時
養和1.07.20　113 梶原平三景時
養和1.07.21　114 梶原平三景時
養和1.09.16　118 梶原平三
養和1.09.18　119 梶原平三/景時
寿永1.07.12　140 梶原平三景時
寿永1.08.13　143 梶原平三景時
元暦1.01.27　157 景時
元暦1.02.05　159 梶原平三景時
元暦1.02.07　162 景時
元暦1.02.18　164 景時
元暦1.03.10　175 梶原平三景時
元暦1.03.27　177 景時
元暦1.04.29　188 梶原平三景時
元暦1.10.27　210 梶原平三景時
（注）景長の男（平氏諸流系図）。続群 三浦系図は景清の男とする。

景重　片切
治承4.12.19　85 片切小八郎大夫
元暦1.06.23　196 父小八郎大夫
（注）為行の男（分脈 ③104）。

景俊　豊田
治承4.08.20　40 豊田五郎景俊
（注）景宗の男（平氏諸流系図）。同系図・延慶 ㊤501は「豊田次郎」とする。同系図によれば景親の兄弟に当たる。

景親　大庭
治承4.08.02　30 相模国住人大庭三郎景親
治承4.08.09　32 大庭三郎景親
治承4.08.10　33 景親
治承4.08.11　33 景親
治承4.08.23　41 同（相模）国住人大庭三郎景親，42 景親
治承4.08.24　42 大庭三郎景親，43・44・45 景親
治承4.08.25　46 大庭三郎景親，47 景親
治承4.08.26　48・49 景親
治承4.08.27　50 景親
治承4.09.03　51 景親
治承4.09.28　60 景親
治承4.09.29　60・61 景親
治承4.10.18　68 大庭三郎景親，69 景親
治承4.10.22　73 景親
治承4.10.23　74 大庭三郎景親
治承4.10.26　75 景親
治承4.11.12　79 景親
治承4.11.26　81 景親
（注）景宗の男（平氏諸流系図）。分脈 ④14は景忠の男とする。

景政　鎌倉
寿永1.02.08　126 義景先祖権五郎景政
（注）忠道の男（平氏諸流系図）。続群 三浦系図は景成の男とする。

景清　藤原
元暦1.02.07　161 悪七兵衛尉景清
（注）忠清の男（纂要 ③586）。延慶 ㊦387は「越中前司盛俊ガ次男」とするが，同㊦21では忠清の子息と見られる表記をしている。人名総覧 は父盛俊説を採り平とする。

景澄　湊河
養和1.②.23　100 湊河庄司太郎景澄
景能　大庭
→景義
景平　中村
治承4.08.20　40 中村太郎景平
(注)続群 千葉上総系図は宗平の男として「中村太郎」を載せるが実名を記していない。
景房　原宗
治承4.08.23　41 原宗三郎景房
景廉　加藤
治承4.08.06　31 加藤次景廉
治承4.08.17　35 景廉，36 加藤次景廉
治承4.08.20　40 同(加)藤次景廉
治承4.08.24　42 加藤次景廉，43 景廉
治承4.08.27　50 [子息]景廉
治承4.08.28　50 景廉
治承4.10.13　65 同(加)藤次景廉
治承4.10.14　66 景廉
治承4.10.18　69 藤次景廉
寿永1.06.07　139 加藤次景廉
寿永1.06.08　140 景廉
(注)景員の男(加藤遠山系図)。分脈 ②315は景清の男とする。
継信　佐藤
治承4.10.21　73 継信
(注)元治の男(続群 佐藤系図)，母は藤原清綱の女(分脈 ②388)。
慶俊　(僧)
元暦1.11.23　216 権都維那大法師慶俊
(注)園城寺僧。
黥布
→布
建礼門院　平
→徳子
兼遠　中原
治承4.09.07　53 乳母夫中三権守兼遠
(注)源義仲の乳母夫。人名総覧 は盛衰記によるとして父を兼経とするが，盛衰記の記事は未確認。
兼光　藤原
養和1.09.07　117 鎮守府将軍兼阿波守兼光
(注)文修の男，母は藤原利仁の女(分脈 ②399)。
兼光　樋口
元暦1.01.21　156 木曾専一者樋口次郎兼光
元暦1.01.26　157 囚人兼光
元暦1.02.02　158 樋口次郎兼光
(注)兼遠の男(延慶 ㊦223)。
兼康　紀
養和1.02.09　93 [検非違使]右衛門府生紀兼康
兼綱　源
治承4.05.15　25 検非違使兼綱
治承4.05.26　26 [同(三位入道)子息]兼綱
(注)頼行の男，頼政の養子(分脈 ③130)。
兼衡　平
元暦1.08.26　203 信兼子息左衛門尉兼衡
(注)信兼の男(分脈 ④24)。
兼時　平
元暦1.08.26　204 [信兼子息]三郎兼時
(注)信兼の男(分脈 ④24)。
兼実　藤原
巻一天皇摂関　20 摂政右大臣兼実公法性寺関白三男，21 法名円証
元暦1.02.11　162 三公
(注)忠通の男，母は藤原仲光の女(分脈 ①84)。
兼重
元暦1.01.08　153 上総国一宮神主
元暦1.01.17　153 神主兼重
兼信　板垣
治承4.10.13　65 三郎兼頼
元暦1.02.05　159 板垣三郎兼信

元暦1.03.17　176 板垣三郎兼信
（注）信義の男（分脈 ③325）。

兼道
治承4.10.09　64 知家事兼道

兼平　今井
元暦1.01.20　155 今井四郎兼平
元暦1.01.26　157 兼平
（注）兼遠の男（延慶 ㊦219）。

兼頼　板垣
→兼信

兼隆　平（山木）
年譜治承4.08.17　3 山木
治承4.08.04　30 散位平兼隆前廷尉、号山木判官，31 兼隆
治承4.08.06　31 兼隆
治承4.08.12　33 兼隆
治承4.08.13　33 兼隆
治承4.08.16　34 兼隆
治承4.08.17　35 兼隆
治承4.08.19　38 兼隆
治承4.08.25　47 故前廷尉兼隆
（注）信兼の男（分脈 ④24）。

兼隆の雑色
治承4.08.17　35 兼隆雑色男

権上座伝灯大法師＊　（僧）
元暦1.11.23　216 権上座伝灯大法師
（注）園城寺僧。

玄信　（僧）
養和1.10.06　120 玄信大法師，121 大法師玄信

源藤太＊
治承4.08.17　36 北条殿雑色、字源藤太

こ

公業　橘（小鹿島）
治承4.12.19　84 [子息]橘二公成
治承4.12.20　85 公長両息，86 橘次公成
元暦1.09.19　206 橘次公業/橘公業
（注）公長の男。

公顕　（僧）
元暦1.11.23　216 検校権僧正法印大和尚位
（注）源顕康の男，母は藤原基忠の女（分脈 ③550）。園城寺僧。

公成　橘
→公業

公忠　橘
治承4.12.19　84 子息橘太公忠
治承4.12.20　85 公長両息，86 橘太公忠
（注）公長の男。

公長　橘
治承4.12.19　84 右馬允橘公長
治承4.12.20　85 公長
元暦1.06.01　193 橘右馬允公長
（注）姓氏 所引の小鹿島橘系図は光綱の男とし，纂要 ⑭347所引一本楠氏系図は盛仲の男とする。人名総覧 は延慶 によるとして父公重を掲げるが，延慶 の記事は未確認。

広経　長田
→実経

広元　中原
元暦1.06.01　193 安芸介
元暦1.08.20　203 安芸介広元
元暦1.08.28　204 安芸介
元暦1.10.06　208 安芸介中原広元，209 広元
元暦1.10.24　210 因幡守広元
元暦1.11.21　212 広元
元暦1.11.23　212 因幡守広元
元暦1.11.26　216 因幡守
元暦1.12.24　219 因幡守
（注）大江維光の男，中原広季の養子（分脈 ④97）。のちに大江に復する。

広行　大河戸
養和1.02.18　94 大河戸太郎広行
元暦1.02.05　160 大河戸太郎広行
元暦1.08.08　202 大河戸太郎広行

（注）重行の男。[分脈]②400は父を行方とする。

広綱　阿曾沼
養和1.②.23　100 四男阿曾沼四郎広綱
元暦1.08.08　201 阿曾沼四郎広綱
（注）有綱の男（[分脈]②406）。

広綱　源
元暦1.05.21　192 広綱
元暦1.06.20　195 駿河守同（源）広綱
元暦1.06.21　196 広綱
元暦1.07.20　199 駿河守広綱
（注）頼政の男（[分脈]③131）。

広綱　佐貫
養和1.07.20　112 佐貫四郎広綱
元暦1.02.05　159 佐貫四郎広綱
（注）広光の男（[分脈]②407）。

広綱　藤原
寿永1.05.12　132 伏見冠者藤原広綱
寿永1.07.14　140 伏見冠者広綱
寿永1.11.10　147 伏見冠者広綱
寿永1.11.12　147 広綱
寿永1.12.16　150 伏見冠者広綱

広常　上総介
治承4.08.24　46 上総権介広常
治承4.09.01　51 上総介広常
治承4.09.04　52 広常
治承4.09.06　53 広常
治承4.09.13　56 広常
治承4.09.17　57 広常
治承4.09.19　58 上総権介広常
治承4.10.02　62 広常
治承4.10.21　72 広常
治承4.10.23　74 上総権介広常
治承4.11.04　75 上総権介広常
治承4.11.05　77 広常
治承4.11.06　77 広常
治承4.11.07　77 広常
治承4.11.08　78・79 広常
治承4.12.04　82 広常
治承4.12.12　83 上総権介広常
養和1.02.01　92 上総権介広常
養和1.06.19　109 上総権介広常，110 広常
寿永1.01.23　125 司馬/広常
寿永1.04.05　131 上総権介
寿永1.08.12　142 上総権介広常
寿永1.08.16　143 上総介広常
元暦1.01.01　151 広常
元暦1.01.08　153 故介広常
元暦1.01.17　153・154 広常，155 上総権介平朝臣広常
元暦1.02.14　163 広常
元暦1.03.13　175 故上総介広常，176 広常
（注）常澄の男（平氏諸流系図）。

広親　瀬下
治承4.12.22　87 瀬下四郎広親

広忠　甘糟
元暦1.08.18　203 武蔵国住人甘糟野次広忠

広方　庄司
元暦1.02.05　160 同（庄司）五郎広方
（注）家弘の男（[埼玉]党家系図児玉）。同系図は弘方と表記する。

弘詮　右田
巻首識語　18 弘詮

弘貞
養和1.04.20　107 平太弘貞

江太*
治承4.08.17　36 御厩舎人江太
（注）[人名索引]は江太新平次を一人の人物と見なす。

光員　加藤
治承4.08.20　40 同（加）藤太光員
治承4.08.24　42 加藤太光員，43 光員
治承4.08.27　50 子息光員
治承4.08.28　50 光員
治承4.10.13　65 加藤太光員

治承4.10.18　69 加藤太光員
（注）景員の男（加藤遠山系図）。分脈②315は景清の男とする。

光家　源
養和1.03.10　103 子息蔵人太郎光家
（注）行家の男（分脈③293）。分脈は家光とする。

光家　中原（岩手）
治承4.06.24　28 小中太光家
治承4.08.20　40 小中太光家
寿永1.06.01　138 小中太光家
寿永1.06.08　140 小中太
寿永1.12.10　150 小中太光家
（注）建久2.01.15による。

光家　天野
治承4.08.20　40 天野平内光家
治承4.08.24　43 同（天野）平内光家
養和1.07.21　114 天野平内光家
（注）大日本史料4-9，714所引の幕府諸家系譜は景光の男とする。

光雅　藤原
元暦1.01.26　157 頭弁光雅朝臣
元暦1.03.09　175 蔵人頭左中弁兼皇后宮亮藤原光雅
（注）光頼の男，母は藤原親隆の女（分脈②104）。

光季　伊賀
年譜承久3.05.15　10 光季
（注）朝光の男（分脈②398）。

光季　源
元暦1.04.14　183 豊前々司光季
元暦1.04.22　186［民部大夫光行］父豊前々司
（注）季遠の男光遠（分脈③77），分脈は養子とする。

光行　源
元暦1.04.14　183 源民部大夫光行
元暦1.04.15　183 光行
元暦1.04.22　186 民部大夫光行
（注）光季の男（分脈③78）。

光高　大野
元暦1.09.19　207 藤新大夫光高
（注）有高の男（続群綾氏系図）。田中稔『鎌倉幕府御家人制度の研究』（吉川弘文館/1991）参照。

光親　度会
元暦1.01.03　152 権禰宜光親神主/権神主光親
（注）光忠の男（元徳注進度会系図）。

光生　度会
→光倫

光盛　井上
元暦1.07.10　198 井上太郎光盛
元暦1.07.25　199 故井上太郎光盛
（注）光長あるいは遠光の男（分脈③204）。

光盛　平
元暦1.05.21　192 同（池前大納言）息男
元暦1.06.20　195 侍従同（平）光盛
（注）頼盛の男（分脈④38）。

光長　逸見
治承4.10.13　65 逸見冠者光長
（注）清光の男（分脈③320）。

光長　源
治承4.05.15　25［検非違使］光長
（注）光信の男，母は清俊の女（分脈③144）。

光朝　秋山
治承4.10.19　70 兄秋山太郎
（注）遠光の男（分脈③332）。

光澄
元暦1.04.26　187 堀藤次親家郎従藤内光澄
元暦1.06.27　196 堀藤次親家郎従

光倫　度会
養和1.10.20　122 大神宮権禰宜度会光倫号相鹿二郎大夫
寿永1.01.28　125 光倫神主
寿永1.02.02　126 光倫神主
寿永1.02.08　126 光倫

寿永1.05.25　134 相鹿大夫光倫
寿永1.12.01　149 光倫神主
寿永1.12.02　149 光倫/次郎大夫殿
元暦1.05.03　190 会賀次郎大夫光倫
(注)生光の男(元徳注進度会系図)。

行家　源
治承4.04.09　22 陸奥十郎義盛廷尉為義末子，23 義盛/行家
治承4.04.27　23 八条院蔵人行家
治承4.11.07　78 十郎蔵人行家
養和1.03.10　103 十郎蔵人行家武衛叔父/侍中
養和1.03.19　105 侍中
養和1.11.05　123 十郎蔵人
寿永1.05.19　133 十郎蔵人行家，134 蔵人殿
寿永1.05.29　136 十郎蔵人，137 侍中
(注)為義の男(分脈 ③293)。

行元　大河戸・高柳
養和1.02.18　94 同(大河戸太郎広行弟)三郎行元号高柳
元暦1.08.08　202 同(大河戸)三郎
(注)行方の男(分脈 ②400)。分脈 は行基と表記する。

行光　工藤
治承4.08.25　46 同(工藤庄司景光)子息小次郎行光
治承4.12.20　86 工藤小次郎行光
(注)景光の男(続群 工藤二階堂系図)。

行康　藤田
元暦1.03.05　174 武蔵国住人藤田三郎行康
(注)政行の男(埼玉 党家系図猪俣)。同系図は行保と表記する。

行実　(僧)
治承4.08.24　45 筥根山別当行実
治承4.08.25　47 行実
治承4.10.16　67 別当行実/筥根別当
養和1.03.01　102 箱根山別当行実

行実　(僧)
元暦1.12.16　219 供僧行実
(注)備前国吉備津宮供僧。人名総覧 は前項と同一人かと注記するが，別人と見るのが適切。

行重　稲毛
元暦1.02.05　159 同(稲毛)五郎行重
(注)有重の男。平氏諸流系図には見えない。

行親　根井
養和1.09.04　117 根井太郎
元暦1.01.26　157 行親
(注)国親の男(続群 信州滋野氏三家系図)。延慶 ㊦164は幸親と表記する。

行政　藤原
元暦1.08.24　203 主計允
元暦1.10.06　209 主計允藤原行政
(注)行遠の男，母は藤原季範の妹(分脈 ②502)。

行盛　平
養和1.02.12　93 左馬頭行盛
養和1.11.21　123 左馬頭行盛
元暦1.12.07　218 平氏左馬頭行盛朝臣
元暦1.12.26　220 左馬頭平行盛朝臣
(注)基盛の男(分脈 ④34)。

行宗　夜須
寿永1.09.25　145 夜須七郎行宗土州住人
寿永1.11.20　148 夜須七郎行宗

行朝　大田
養和1.②.23　100 大田小権守行朝
(注)行弘の男(埼玉 太田系図)。

行平　葛浜
養和1.02.18　94 四郎行平号葛浜
(注)行方の男(分脈 ②400)。

行平　下河辺
治承4.05.10　25 下河辺庄司行平
治承4.09.03　52 下河辺庄司行平
治承4.10.17　67 下河辺庄司行平
治承4.10.23　74 行平/下河辺庄司
治承4.11.04　76 下河辺庄司行平

治承4.12.20　86 下河辺庄司行平
養和1.②.20　97 下河辺庄司行平
養和1.②.23　99 下河辺庄司行平
養和1.②.27　101 行平
養和1.②.28　101 行平
養和1.03.07　103 行平
養和1.04.07　106 下河辺庄司行平
養和1.07.20　113 下河辺庄司行平，114 行平
寿永1.04.05　131 下河辺庄司
寿永1.06.07　139 下河辺庄司
元暦1.02.05　159 下河辺庄司行平
元暦1.03.18　177 下河辺庄司行平
元暦1.04.01　179 行平
元暦1.06.01　192 下河辺庄司行平
(注)行義の男(分脈②404)。

行平　小代
元暦1.02.05　160 小代八郎行平
(注)遠弘の男(埼玉 小代系図)。

行房　市河
治承4.08.25　46 市河別当行房
治承4.10.23　74 行房
(注)真名本曾我物語177は「甲斐国住人一河別当大夫」とする。

行頼　源
養和1.03.10　103 同(十郎蔵人行家子息)次郎，104 蔵人次郎
(注)行家の男(分脈③293)。

行隆　藤原
治承4.05.15　25 蔵人右少弁行隆
(注)顕時の男，母は藤原有業の女(分脈②112)。

孝尚　惟宗
元暦1.04.03　179 筑前三郎
元暦1.08.28　204 筑前三郎
(注)文治1.04.23，同09.05による。

幸氏　海野
元暦1.04.21　185 海野小太郎幸氏
(注)幸広の男(続群 滋野系図)。

後堀河天皇
年譜貞応1　10 後堀河茂仁
年譜文暦1.08.06　12 後堀川
(注)茂仁。後高倉院の子，母は藤原基家の女北白河院陳子(紹運録)。

後嵯峨天皇
年譜寛元1　13 後嵯峨邦仁
年譜寛元4.01.29　14 後嵯峨
(注)邦仁。土御門天皇の皇子，母は源通宗の女通子(紹運録)。

後三条天皇
寿永1.09.20　144 後三条院
(注)尊仁。後朱雀天皇の皇子，母は三条天皇の皇女陽明門院禎子(紹運録)。

後深草天皇
年譜寛元1.08.10　13 後深草、一歳
年譜寛元4.03.11　14 後深草、四歳
年譜宝治1　14 後深草久仁
年譜正元1.11.26　16 後深草院
(注)久仁。後嵯峨天皇の皇子，母は藤原実氏の女大宮院姞子(紹運録)。

後鳥羽天皇
年譜寿永2.08.20　3 尊成
年譜元暦1　3 後鳥羽尊成、五歳
年譜建久9.01.11　6 後鳥羽
年譜承久3.07　10 三院
年譜延応1.02.22　13 後鳥羽
巻一天皇摂関　19 新帝/後鳥羽院諱尊成、同(高倉院)第四皇子，20 顕徳院、後鳥羽院，21 後鳥羽院
(注)尊成。高倉天皇の皇子，母は藤原信隆の女七条院殖子(紹運録)。

後白河天皇
年譜建久3.03.13　5 後白河法皇、六十六歳
巻一天皇摂関　19 法皇
治承4.04.09　22 一院
治承4.04.27　23 上皇，24 一院
寿永1.02.08　128 一院

元暦1.02.20　166 我后/法皇，167 法皇/仙洞
元暦1.03.28　178 君
元暦1.04.06　180 院
元暦1.09.09　205 院
元暦1.09.20　208 院
元暦1.09.28　208 仙洞
元暦1.11.23　213 法皇，214 禅定法皇
元暦1.12.01　217 院
(注)雅仁。鳥羽天皇の皇子，母は藤原公実の女待賢門院璋子(紹運録)。

後冷泉天皇
治承4.10.12　65 後冷泉院
(注)後朱雀天皇の皇子，母は藤原道長の女嬉子(紹運録)。

高綱　　佐々木
治承4.08.17　34 同(佐々木)四郎高綱，36 高綱
治承4.08.20　40 同(佐々木)四郎高綱
治承4.08.24　43 佐々木四郎高綱
治承4.08.26　48 佐々木太郎定綱兄弟四人，49 高綱
治承4.10.23　74 高綱
寿永1.01.03　124 佐々木四郎高綱
寿永1.10.17　146 同(佐々木)四郎高綱
元暦1.01.20　155 佐々木四郎高綱
(注)秀義の男(分脈 ③442)。

高山三郎＊　　高山
元暦1.12.07　219 高山三郎
(注)盛綱(佐々木)の郎従。

高重　　渋谷
養和1.08.27　115 渋谷庄司重国次男高重
元暦1.02.02　158 子息渋谷次郎高重
元暦1.07.16　198 渋谷次郎高重
(注)重国の男(平氏諸流系図)。同系図は重高とする。

高春　　原
元暦1.03.13　175 尾張国住人原大夫高春/故上総介広常外甥/薩摩守平忠度外甥
(注)高成の男，母は上総介広常の妹(続群 良峯系図)。

高場次郎＊　　高場
寿永1.01.28　125 高場次郎
寿永1.02.02　126 高場次郎

高清　　平
→六代

高倉天皇
巻一天皇摂関　19 高倉院
(注)後白河天皇の皇子，母は平時信の女建春門院滋子(紹運録)。

高直　　河原
元暦1.02.05　160 河原太郎高直
(注)成直の男(埼玉 党家系図私市)。同系図は河原太郎を有直，河原次郎を高直とする。

高直　　菊池
→隆直

高包
元暦1.09.19　207 野三郎大夫高包
(注)田中稔『鎌倉幕府御家人制度の研究』(吉川弘文館/1991)参照。北条本は「三」を追筆する。「野」だと小野姓となるが，田中は北条本の追筆を妥当なものと見て三野氏説をとる。

康信　　三善
治承4.06.19　27 散位康信
治承4.06.22　27 康信
治承4.06.24　28 康信
養和1.②.19　97 中宮大夫属康信
養和1.03.07　102 大夫属入道
養和1.08.26　115 散位康信入道
寿永1.02.08　126 大夫属入道善信
元暦1.04.14　183 中宮大夫属入道善信 俗名康信
元暦1.04.15　183 属入道善信
元暦1.05.21　192 大夫属入道
元暦1.08.24　203 大夫属入道
元暦1.08.28　204 大夫属入道

元暦1.10.20　209 大夫属入道善信
(注)母は頼朝乳母の妹。大日本史料5-1，182所引椙杜六郎家譜略は康光の男とする。

康信　　神地
養和1.02.12　94 神地六郎康信上田太郎家子

康信の母
治承4.06.19　27 康信之母/武衛乳母妹

康清　　三善
治承4.06.19　27 弟康清
治承4.06.22　27 康清
(注)大日本史料5-1，182所引椙杜六郎家譜略は康信の父を康光とする。

項羽
→籍

合志太郎＊
養和1.02.29　95 合志太郎

郷司
養和1.07.03　111 武蔵国浅草大工字郷司
養和1.07.08　112 浅草大工
養和1.07.20　112 大工

国延　　戸崎
元暦1.03.18　177 戸崎右馬允国延
元暦1.04.01　179 国延

国元
元暦1.03.01　173［土佐国大名］国元

国信
元暦1.03.01　173 土佐国大名国信

国平　　近藤
治承4.08.20　40 近藤七国平
治承4.08.27　49 近藤七国平
(注)国澄(隆)の男(分脈②388)。

さ

佐竹蔵人＊
治承4.11.05　77 秀義叔父/佐竹蔵人/侍中
治承4.11.07　78 佐竹蔵人
(注)人名索引　人名総覧は義季に比定する。分脈③317～8は昌義の男として「佐竹蔵人義弘」「蔵人、佐竹冠者昌成」を載せ，義季を「佐竹五郎」とするが，古本佐竹系図は義季に「八条蔵人」の注記を付す。

在子　　源
巻一天皇摂関　21 御母承明門院、内大臣通親公女、実法印能円女
(注)通親の女，母は藤原範兼の女，実父は法印能円(分脈③513)。

三位局　　高階
→盛章の女

三野首領次郎＊
元暦1.09.19　207 同(三野首領)次郎
(注)田中稔『鎌倉幕府御家人制度の研究』(吉川弘文館/1991)参照。

三野首領太郎＊
元暦1.09.19　207 三野首領太郎
(注)田中稔『鎌倉幕府御家人制度の研究』(吉川弘文館/1991)参照。

山崎次郎＊
養和1.02.29　95 同(山崎)次郎

山崎六郎＊
養和1.02.29　95 山崎六郎

山村小太郎＊
元暦1.06.16　195 山村小太郎

山内尼＊
→経俊の母

し

四条天皇
年譜寛喜3.02.12　11 四条
年譜天福1　12 四条秀仁
年譜仁治3.01.09　13 四条院
(注)秀仁。後堀河天皇の皇子，母は藤原道家の女藻壁門院竴子(紹運録)。

志賀九郎＊　　志賀
元暦1.12.07　219 志賀九郎

(注)盛綱(佐々木)の郎従。
師家　藤原
巻一天皇摂関　20 摂政内大臣師家公菩提院禅閤三男
(注)基房の男，母は藤原忠雅の女(分脈①81)。
師常　千葉・相馬
治承4.09.17　57［子息］次郎師常号相馬
寿永1.08.18　144 次男師常
元暦1.02.05　159 相馬次郎師常
(注)常胤の男(平氏諸流系図)。
師盛　平
元暦1.02.05　160 備中守師盛
元暦1.02.07　162 備中守師盛
元暦1.02.13　163 師盛
元暦1.02.15　164 師盛
(注)重盛の男，母は藤原家成の女(分脈④35)。
資永　城
養和1.08.13　115 平資永
養和1.09.03　117 越後守資永号城四郎/従五位下行越後守平朝臣資永/城九郎資国男
寿永1.10.09　146 兄資元当国守
(注)資国の男(平氏諸流系図)，母は清原武衡の女。平氏諸流系図は城太郎とし，長茂(助職)の兄とする。寿永1.10.09は混乱あるか。
資家
元暦1.03.10　175 藤七資家
資経　高庭
元暦1.03.10　175 父資経高庭介
資元　城
→資永
資光　新居
元暦1.09.19　207 藤大夫資光
(注)資高の男(続群 綾氏系図)。田中稔『鎌倉幕府御家人制度の研究』(吉川弘文館/1991)参照。
資国　城
養和1.09.03　117 城九郎資国
(注)永家の男(平氏諸流系図)。
資重　玉井
元暦1.09.20　208 玉井四郎資重
資重　新居
元暦1.09.19　207 同(資光)子息新大夫資重
(注)田中稔『鎌倉幕府御家人制度の研究』(吉川弘文館/1991)参照。
資親　藤原
元暦1.03.25　177［備前国］在庁散位藤原資親
資成　安倍
養和1.02.09　93［検非違使右衛門少尉］安倍資成
(注)兄弟に資良・資弘がいる(山槐記平治1.02.19)。
資盛　平
元暦1.02.05　160 新三位中将資盛卿，161 三品羽林
(注)重盛の男，母は藤原親方の女(分脈④34)。
資通　山内
治承4.11.26　81 資通入道
(注)助清の男(分脈②392)。分脈は助道とする。続群 山内首藤系図は父を資清と表記する。
資奉　合志
養和1.02.29　95 太郎資奉
(注)合志太郎の男。
時家　平
寿永1.01.23　125 伯耆守時家/時忠卿息
寿永1.05.16　133 前少将時家/羽林
元暦1.04.04　179 前少将時家
元暦1.06.01　192 前少将時家，193 時家朝臣
(注)時忠の男(分脈④7)。
時経　中村

元暦1.02.05　160 中村小三郎時経
（注）時重の男（埼玉 党家系図丹治）。
時兼　　　横山
寿永1.08.13　143 横山太郎時兼
（注）時広の男（埼玉 党家系図横山）。
時氏　　　北条
年譜寛喜2.06.18　11 時氏、廿八歳
年譜寛元2　13 修理亮時氏、廿八歳
年譜寛元4　14 時頼時氏二男
（注）泰時の男（分脈 ④17），母は三浦義村の女。
時政　　　北条
年譜治承4　3 時政北条四郎、四十二歳
年譜正治2.04.01　6 時政
年譜元久2.⑦.20　7 時政、法名明盛
年譜元久2　7 時政
年譜建保3.01.06　9 北条遠江守時政、七十三歳
治承4.04.27　23 上総介平直方朝臣五代孫北条四郎時政主
治承4.08.04　31 北条殿
治承4.08.06　32 北条殿
治承4.08.09　32 北条四郎
治承4.08.17　35・36 北条殿
治承4.08.20　39 北条四郎
治承4.08.23　41 北条殿父子
治承4.08.24　43 北条殿父子三人，45 北条殿
治承4.08.25　47 北条殿
治承4.08.27　49 北条殿
治承4.08.29　50 北条殿
治承4.09.01　51 北条殿
治承4.09.08　54 北条殿
治承4.09.15　57 北条殿
治承4.09.20　59 北条殿
治承4.09.24　60 北条殿
治承4.10.13　65 北条殿父子
治承4.10.18　69 北条殿
治承4.10.23　74 北条殿
治承4.12.12　83 北条殿
治承4.12.14　84 北条殿
養和1.01.06　90 北条殿
養和1.02.01　92 北条殿
寿永1.01.03　124 北条殿
寿永1.03.15　130 北条殿
寿永1.04.05　131 北条殿
寿永1.08.20　144 外祖
寿永1.11.10　147 北条殿
寿永1.11.14　148 北条殿/父/北条
元暦1.03.01　173 北条殿/平
元暦1.12.03　218 北条殿/平
（注）時方の男（分脈 ④17）。
時政の下女
治承4.08.17　35 殿内下女
時政の女　　　平
年譜承久1　9 尼二位政子
年譜嘉禄1.07.11　10 二位尼政子、六十九歳、法名如実
年譜嘉禄1　10 二位尼
治承4.08.18　37 御台所
治承4.08.19　39 御台所
治承4.08.28　50 御台所
治承4.09.02　51 御台所
治承4.10.11　64 御台所
養和1.12.07　123 御台所
寿永1.02.14　129 御台所
寿永1.03.09　130 御台所
寿永1.03.15　130 御台所
寿永1.07.12　140 御台所
寿永1.07.14　140 御台所
寿永1.08.11　142 御台所
寿永1.08.12　142 御台所
寿永1.10.17　146 御台所
寿永1.11.10　147 御台所
寿永1.11.12　148 御台所
寿永1.12.10　150 御台所
寿永1.12.16　150 御台所
元暦1.04.26　187 御台所

元暦1.06.27　196 御台所
(注)源頼朝室，後の政子(分脈④21)。
時政の女
養和1.02.01　92 北条殿息女
(注)足利義兼の室。
時沢　出雲(浜)
治承4.12.28　88 出雲時沢/雑色長
養和1.07.21　114 雑色浜四郎時沢
元暦1.05.12　191 雑色時沢
時忠　平
寿永1.01.23　125 時忠卿
(注)時信の男(分脈④7)。
時定　北条
治承4.08.20　39 平六時定
(注)時兼の男(建久4.02.25)。
時房　北条
年譜寛喜3.12.30　11 時房
年譜文暦1.01.26　12 時房
年譜嘉禎2.02.30　12 時房
年譜暦仁1.②.27　12 時房
年譜仁治1.01.24　13 時房、六十六歳
(注)時政の男(分脈④21)。
時頼　北条
年譜寛元4　14 時頼号中武州、時氏二男、二十歳、于時左近大夫将監、号最明寺殿
年譜建長1.06.14　14 時頼
年譜建長3.06.27　15 時頼
年譜康元1.11.23　15 時頼、法名道崇
(注)時氏の男(分脈④17)。
七条院　藤原
→殖子
日胤　(僧)
養和1.05.08　107 園城寺律静房日胤/千葉介常胤子息，108 先師
養和1.12.11　124 園城寺律静房日胤/先師
(注)千葉常胤の男。
日恵　(僧)
養和1.05.08　107 園城寺律静房日胤弟子日恵号帥公
養和1.12.07　123 帥公日恵，124 園城寺律静房日胤門弟
日五＊　日奉
元暦1.12.07　219 日五
(注)盛綱(佐々木)の郎従。
実経　長田
元暦1.03.10　175 因幡国住人長田兵衛尉実経後日改広経
実光　安保
元暦1.02.05　160 安保次郎実光
(注)恒房の男(埼玉 党家系図丹治)。
実春　大井
元暦1.03.22　177 大井兵衛次郎実春
元暦1.05.15　191 大井兵衛次郎実春
(注)実直の男(分脈④217)。
実政　宇佐美・大見
治承4.08.20　40 同(宇佐美)平次実政
治承4.08.24　42 大見平次実政
治承4.10.23　74 実政
養和1.04.07　106 宇佐美平次実政
養和1.07.20　112 宇佐美平次実政
養和1.09.07　118 宇佐美平次実政
寿永1.04.05　131 宇佐美平次
実政　河匂
元暦1.07.20　199 河匂三郎実政
(注)政成の男(埼玉 党家系図猪俣)。
実盛　斉藤
治承4.12.19　85 長井斉藤別当
治承4.12.22　87 長井斉藤別当実盛
(注)実直の男、実遠の養子(分脈②337)。
実朝　源
年譜建久3.08.09　5 実朝、号千幡丸
年譜建仁3　7 実朝千幡丸、十二歳、右近衛大将《右大臣》、正二位
年譜元久1.01.05　7 実朝
年譜元久2.01.05　7 実朝
年譜建永1.02.22　7 実朝
年譜承元3.04.10　8 実朝
年譜建暦1.01.05　8 実朝

年譜建暦2.12.10　8 実朝
年譜建保1.02.27　8 実朝
年譜建保2.01　8 実朝
年譜建保4.06.20　9 実朝
年譜建保6.01.13　9 実朝
年譜承久1.01.27　9 実朝
（注）頼朝の男，母は北条時政の女（分脈③297）。

実定　藤原
元暦1.02.11　162 三公
（注）公能の男，母は藤原俊忠の女（分脈①179）。内大臣。

実平　土肥
治承4.08.06　31 土肥次郎実平
治承4.08.12　33 土肥次郎実平
治承4.08.20　39 土肥次郎実平
治承4.08.23　41 実平
治承4.08.24　43・44 実平
治承4.08.25　47 実平
治承4.08.28　50 実平
治承4.08.29　50 実平
治承4.10.18　69 実平
治承4.10.21　72 実平
治承4.10.23　74 実平
治承4.11.04　75 実平，76 土肥次郎実平
治承4.11.05　76 実平
治承4.11.14　79 土肥二郎実平
治承4.11.26　81 実平
治承4.12.10　82 土肥次郎
治承4.12.12　84 土肥二郎実平
治承4.12.14　84 土肥次郎実平
養和1.01.11　90 土肥
養和1.05.13　108 土肥次郎実平
養和1.07.20　112 土肥次郎実平
養和1.11.05　122 土肥次郎実平
寿永1.04.05　131 土肥次郎
元暦1.01.28　158 土肥次郎実平
元暦1.02.05　160 土肥次郎実平
元暦1.02.14　163 土肥次郎実平
元暦1.02.18　164 実平
元暦1.03.02　173 土肥次郎実平
元暦1.03.17　176 実平
元暦1.03.25　177 土肥次郎実平
元暦1.04.29　188 土肥次郎実平
元暦1.11.21　212 実平
元暦1.12.16　219 実平
（注）恒宗の男（平氏諸流系図）。分脈④12は宗平の男とする。

実房　藤原
治承4.05.15　25 三条大納言実房
（注）公教の男，母は藤原清隆の女（分脈①132）。

守屋　物部
元暦1.11.23　213 守屋大臣
（注）尾輿の男（先代旧事本紀）。

朱雀天皇
元暦1.01.10　153 朱雀院
（注）寛明。醍醐天皇の皇子，母は藤原基経の女穏子（紹運録）。

種直　原田
養和1.02.29　95 平家方人原田大夫種直
（注）種平の男（続群 大蔵氏系図）。

秀義　佐々木
治承4.08.09　32 近江国住人佐々木源三秀義，33 秀義
治承4.08.10　33 秀義
治承4.08.11　33 父秀義
養和1.11.05　122 佐々木源三秀能
元暦1.08.02　200 佐々木源三秀能
（注）季定の男（分脈③421）。

秀義　佐竹
治承4.10.21　72 同（佐竹）冠者秀義
治承4.10.27　75 佐竹冠者秀義
治承4.11.04　75 冠者秀義，76 佐竹冠者
治承4.11.05　76 佐竹，77 秀義
治承4.11.06　77 秀義主
治承4.11.07　77 秀義
治承4.11.08　78 秀義

寿永1.06.05　138 佐竹冠者/佐汰毛四郎
(注)隆義の男(分脈③318)。人名索引は寿永1.06.05の佐汰毛四郎を隆義とする。

秀行　清久
養和1.02.18　94 同(大河戸太郎広行)弟次郎秀行号清久
(注)行方の男(分脈②400)。

秀衡　藤原
治承4.08.09　32 秀衡秀義姨母夫
治承4.10.21　73 秀衡
養和1.08.13　115 藤原秀衡
寿永1.04.05　131 鎮守府将軍藤原秀衡
(注)基衡の男(分脈②387)。

秀郷　藤原
治承4.09.19　59 藤原秀郷
養和1.②.23　100 曩祖秀郷朝臣
養和1.09.07　117 武蔵守秀郷朝臣
元暦1.02.21　168 先祖秀郷朝臣
元暦1.04.10　182 藤原秀郷朝臣
(注)村雄の男，母は下野掾鹿島の女(分脈②386)。

秀能　佐々木
→秀義

秋家　甲斐
元暦1.06.18　195 故一条次郎忠頼家人甲斐小四郎秋家
元暦1.10.06　209 甲斐四郎大中臣秋家

修理権大夫*
元暦1.02.20　165 修理権大夫
(注)人名索引 人名総覧は藤原親信に比定する。ただしこの時，親信は修理大夫。

重家　平
養和1.02.12　94 越後次郎重家越後平氏

重義　葦敷
養和1.02.12　94 葦敷三郎重義
(注)重頼の男(分脈③66)。分脈は重能と表記する。

重経　師岡
寿永1.08.12　142 師岳兵衛尉重経

重弘の女　平
寿永1.03.09　130 千葉介常胤之妻
寿永1.08.18　143 胤正母秩父大夫重弘女
(注)秩父重弘(重広)の女(平氏諸流系図)。重弘の父は重綱。

重光　久下
元暦1.02.05　160 久下次郎重光
(注)直光の男(埼玉 久下系図)。

重光　泉
養和1.03.10　103 泉太郎重光，104 泉太郎
(注)重弘の男(分脈③66)。

重行
養和1.02.18　94 下総権守重行
(注)行光の男(分脈②400)。ただし分脈は広行兄弟の父を行方とする。埼玉 太田系図は行方で掲げ，重行に改めたと注記する。

重康　上田
養和1.02.12　94 上田太郎重康
(注)人名総覧は分脈③65の延暦寺上座実宗の男重保に比定する。

重衡　平
治承4.12.02　82 蔵人頭重衡朝臣
治承4.12.11　83 重衡朝臣
治承4.12.19　85 蔵人頭重衡朝臣/大将軍之夕郎
治承4.12.25　88 重衡朝臣
治承4.12.28　88 重衡朝臣
養和1.②.15　96 蔵人頭重衡朝臣
養和1.03.10　103 平氏大将軍頭亮重衡朝臣，104 頭亮
養和1.03.19　105 重衡朝臣
元暦1.02.07　162 本三位中将重衡
元暦1.02.14　163 本三位中将重衡卿/彼卿
元暦1.02.15　164 本三位中将

元暦1.02.16　164 重衡卿
元暦1.02.20　164 本三位中将
元暦1.03.02　173 三位中将重衡卿
元暦1.03.10　175 三位中将重衡
元暦1.03.27　177 三品羽林
元暦1.03.28　178 本三位中将
元暦1.04.08　182 本三位中将
元暦1.04.20　184 本三位中将/羽林, 185 羽林
(注)清盛の男, 母は平時信の女時子(分脈④36)。

重国　渋谷
治承4.08.09　32 渋谷庄司重国
治承4.08.13　33 渋谷庄司重国
治承4.08.16　34 渋谷庄司重国
治承4.08.23　41 渋谷庄司重国
治承4.08.26　48 渋谷庄司重国, 49 重国
治承4.12.26　88 渋谷庄司
養和1.08.27　115 渋谷庄司重国
元暦1.01.20　155 渋谷庄司重国
元暦1.01.28　158 渋谷庄司重国
元暦1.02.02　158 渋谷庄司重国
(注)基家の男(平氏諸流系図)。続群 千葉上総系図は重家の男とする。

重国　平
元暦1.02.20　164 前左衛門尉重国
(注)氏は延慶 ㊦301による。

重資　羽床
元暦1.09.19　207 藤次郎大夫重資
(注)重高の男(続群 綾氏系図)。田中稔『鎌倉幕府御家人制度の研究』(吉川弘文館/1991)参照。

重時　北条
年譜建長1　14 重時、五十一歳
年譜康元1.02.11　15 重時、法名親覚
年譜弘長1.11.3　16 重時
(注)義時の男(分脈④19), 母は比企朝宗の女(前田本北条系図)。

重実　中山
治承4.08.26　48 中山次郎重実

重春　多々良
治承4.08.22　41 多々良三郎重春
治承4.08.24　46 多々良三郎重春
(注)義春の男(続群 三浦系図)。

重信　平
養和1.02.12　94 同(越後)五郎重信同上
(注)「同上」は「越後平氏」を指す。

重親　伊庭
養和1.02.12　94 同(伊庭)彦三郎重親

重成　小山田・稲毛
養和1.04.20　107 小山田三郎重成
寿永1.04.05　131 小山田三郎
元暦1.02.05　159 稲毛三郎重成
元暦1.06.16　194 子息稲毛三郎重成/両息
(注)有重の男(平氏諸流系図)。

重成　小栗
治承4.11.08　79 小栗十郎重成
養和1.②.23　100 小栗十郎重成
養和1.②.28　101 重成
寿永1.01.28　125 小栗十郎
寿永1.08.11　142 小栗十郎
元暦1.04.23　186 小栗十郎重成
(注)重義の男(続群 常陸大掾系図)。

重清　小河
養和1.02.12　94 小河兵衛尉重清
(注)重房の男(分脈③66)。

重盛　平
養和1.09.07　117 小松内府
寿永1.09.25　145 故小松内府
元暦1.04.20　185 小松内府
(注)清盛の男, 母は高階基章の女(分脈④34)。

重忠　畠山
年譜元久2.06.21　7 畠山重忠
治承4.08.24　46 畠山次郎重忠
治承4.08.26　47 武蔵国畠山次郎重忠
治承4.10.04　63 畠山次郎重忠

治承4.10.06　63 畠山次郎重忠
治承4.12.12　84 畠山次郎重忠
養和1.01.01　89 畠山次郎重忠
養和1.07.20　112 畠山次郎重忠
寿永1.01.03　124 畠山次郎重忠
寿永1.04.05　131 畠山次郎
寿永1.08.13　143 畠山次郎重忠
元暦1.01.20　155 畠山次郎重忠
元暦1.02.05　159 畠山次郎重忠
元暦1.06.01　193 畠山次郎重忠
元暦1.11.06　211 畠山次郎
(注)重能の男(平氏諸流系図)。

重長　江戸
治承4.08.26　48 江戸太郎重長
治承4.08.27　49 江戸太郎重長
治承4.09.28　60 江戸太郎重長
治承4.09.29　60 江戸太郎重長
治承4.10.04　63 江戸太郎重長
治承4.10.05　63 江戸太郎重長
寿永1.01.28　125 江戸太郎
(注)重継の男(平氏諸流系図)。

重朝　榛谷・稲毛
養和1.04.07　106 榛谷四郎重朝
寿永1.06.07　139 榛谷四郎
元暦1.02.05　159 同(稲毛)四郎重朝
元暦1.06.16　194 同(稲毛三郎重成)弟榛谷四郎重朝/両息
(注)有重の男(平氏諸流系図)。

重澄　山田
寿永1.03.05　130 山田太郎重澄
元暦1.02.05　160 山田太郎重澄
(注)時成の男重隆(分脈 ③65)の可能性あり。

重能　畠山
治承4.09.28　60 重能
(注)重広の男(平氏諸流系図)。

重房　河越
元暦1.01.20　155 同(河越)小太郎重房
(注)重頼の男(平氏諸流系図)。

重頼　河越
治承4.08.26　47 河越太郎重頼, 48 重頼
治承4.08.27　49 河越太郎重頼
治承4.10.04　63 河越太郎重頼
寿永1.01.28　125 河越太郎
寿永1.08.12　142 河越太郎重頼
元暦1.01.20　155 河越太郎重頼
元暦1.09.14　205 河越太郎重頼
(注)能隆の男(平氏諸流系図)。

重頼の室　藤原
寿永1.08.12　142 河越太郎重頼妻比企尼女

重頼の女　平
元暦1.09.14　205 河越太郎重頼息女
(注)源義経の室。

俊遠　平田
寿永1.09.25　145 [故小松内府家人]平田太郎俊遠
寿永1.11.20　148 [土佐国住人]俊遠

俊兼　藤原
寿永1.01.28　125 俊兼
元暦1.04.23　186 筑後権守俊兼
元暦1.07.02　197 筑後権守俊兼
元暦1.07.20　199 筑後権守俊兼
元暦1.10.20　209 俊兼
元暦1.11.21　212 筑後権守俊兼
元暦1.11.26　216 筑後権守
(注)氏は建久2.01.15による。

俊綱　佐々木
元暦1.02.07　162 源三俊綱
元暦1.02.27　171 子息俊綱
(注)成綱の男。続群 佐々木系図のうち一本は成経の男, 別本は成綱の男とする。

俊綱　足利
治承4.09.30　61 足利太郎俊綱
治承4.10.13　65 俊綱
養和1.09.07　117 従五位下藤原俊綱号足利太郎
養和1.09.13　118 俊綱/主人

養和1.09.16　118 俊綱
養和1.09.18　119 譜代主人/俊綱
（注）家綱の男（分脈②405）。

俊重　荻野
治承4.10.18　69 荻野五郎俊重
治承4.11.12　79 荻野五郎俊重

俊長　藤井（鎌田）
治承4.08.20　40 新藤次俊長
寿永1.05.16　133 新藤次俊長
（注）氏は建久2.01.15による。姓氏所引の鎌田系図は鎌田政家の男とする。

俊通　山内
治承4.11.26　81 俊通
（注）義通の男（分脈②392）。

順徳天皇
年譜承元2.12.25　7 順徳院
年譜建暦1　8 順徳守成
年譜承久3.04.20　10 順徳院
年譜承久3.07　10 三院
年譜仁治3.09.12　13 順徳院
（注）守成。後鳥羽天皇の皇子，母は藤原範季の女修明門院重子（紹運録）。

助光
元暦1.03.01　173［土佐国大名］助光入道

助信　曾我
→祐信

助政　堀
治承4.08.20　40 同（堀）平四郎助政
治承4.08.24　43 同（堀）平四郎助政

助忠　周西
寿永1.12.30　150 上総国御家人周西次郎助忠

助茂　宇佐美
→祐茂

小河原雲藤三郎＊
元暦1.07.25　199［故井上太郎光盛侍］小河原雲藤三郎

承栄　（僧）
養和1.03.01　102 大夫公承栄

承明門院　源
→在子

妾郎橋太郎入道＊
寿永1.06.01　138 妾郎橋太郎入道

昌寛　（僧）
養和1.05.23　109 昌寛
養和1.05.24　109 昌寛
養和1.07.03　111 昌寛
養和1.08.29　116 昌寛
寿永1.05.26　136 昌寛
元暦1.01.08　153 一品房
元暦1.01.17　153 一品房
元暦1.05.03　190 一品房
元暦1.08.08　202 一品房昌寛

昌守　佐伯
治承4.07.23　30 同（筑前国住吉社）祠官昌守

昌俊　（僧）
元暦1.08.08　202 土佐房昌俊
（注）弟に三上家季がいる（文治1.10.09）。

昌助　佐伯
治承4.07.23　29 佐伯昌助/筑前国住吉社神官，30 昌助

昌長　佐伯
治承4.07.23　30 彼昌助弟住吉小大夫昌長
治承4.08.06　31 昌長
治承4.08.16　34 住吉小大夫昌長
治承4.08.17　35 住吉小大夫昌長
治承4.08.19　39 昌長

将門　平
治承4.09.19　59 陸奥鎮守府前将軍従五位下平朝臣良将男将門
養和1.②.23　100 平将門
（注）良将の男（分脈④11）。

章貞　中原
養和1.02.09　92 検非違使左衛門少尉中原章貞

（注）季盛の男（書陵部本中原氏系図）。
暲子内親王
治承4.04.09　23 八条院
治承4.05.16　26 八条院
元暦1.04.06　181 八条院
（注）鳥羽天皇の皇女，母は藤原長実の女美福門院得子（紹運録）。
上座法橋上人位＊　（僧）
元暦1.11.23　216 上座法橋上人位
（注）園城寺僧。
常胤　千葉
治承4.06.27　28 常胤
治承4.09.04　52 千葉介常胤
治承4.09.06　53 千葉介常胤
治承4.09.09　54 常胤
治承4.09.13　56 千葉介常胤
治承4.09.14　57 常胤
治承4.09.17　57 千葉介常胤，58 常胤/司馬
治承4.10.02　62 常胤
治承4.10.03　62 千葉介常胤
治承4.10.06　63 千葉介常胤
治承4.10.21　71 常胤
治承4.10.23　74 常胤
治承4.11.04　75 常胤
治承4.12.12　83 千葉介常胤
養和1.01.01　89 千葉介常胤
養和1.05.08　107 千葉介常胤
養和1.06.13　109 千葉介常胤
寿永1.01.28　125 千葉介常胤
寿永1.03.09　130 千葉介常胤
寿永1.08.18　143 千葉介常胤
元暦1.02.05　159 千葉介常胤
元暦1.08.06　201 常胤
元暦1.08.08　201 千葉介常胤
元暦1.10.06　209 千葉介
元暦1.11.21　212 常胤
（注）常重の男（平氏諸流系図）。
常義　印東
治承4.10.20　71 印東次郎常義
（注）常澄の男（平氏諸流系図）。同系図は常茂とする。
常景　伊南
治承4.10.03　63 伊南新介常景
（注）常澄の男（平氏諸流系図）。
常秀　境
元暦1.08.08　201 境平次常秀
（注）胤正の男（平氏諸流系図）。
常春　片岡
養和1.03.27　105 片岳次郎常春
常清　相馬
元暦1.01.17　154 [広常之弟]相馬九郎常清
（注）常澄の男（平氏諸流系図）。
常仲　伊北
治承4.10.03　63 伊北庄司常仲伊南新介常景男、長佐六郎外甥
（注）常景の男。
常澄
養和1.07.20　113 安房国故長佐六郎郎等左中太常澄
養和1.07.21　114 左中太
常伴　長狭
治承4.09.03　52 当国住人長狭六郎常伴
治承4.09.04　52 長狭六郎
治承4.10.03　63 長佐六郎
養和1.07.20　113 安房国故長佐六郎/主人
常陸目代＊
元暦1.04.23　186 常陸目代，187 常陸御目代殿
殖子　藤原
巻一天皇摂関　19 御母七条女院、修理大夫贈左大臣信隆公女
（注）信隆の女（分脈①324）。母は藤原通基の女（山槐記治承3.02.28）。
信遠　堤
治承4.08.17　35 兼隆後見堤権守信遠，

36 信遠

信義　源(武田)

治承4.08.25　46 武田

治承4.09.10　54 甲斐国源氏武田太郎信義

治承4.09.15　57 武田太郎信義

治承4.09.20　59 武田太郎信義

治承4.09.24　60 武田太郎信義

治承4.10.13　65 武田太郎信義

治承4.10.20　71 武田太郎信義

治承4.10.21　72 武田太郎信義

治承4.10.23　74 信義

養和1.03.07　102 武田太郎信義，103 武田/信義

寿永1.01.28　125 武田太郎

(注)清光の男，母は手輿の遊女(分脈③324)。

信兼　平

治承4.08.04　30 父和泉守信兼

養和1.01.21　91 平氏一族関出羽守信兼

元暦1.08.02　200 前出羽守信兼

元暦1.08.03　200 出羽守信兼

元暦1.08.26　203・204 信兼

元暦1.09.09　204 出羽前司信兼入道

(注)盛兼の男(平氏諸流系図)。

信兼の男　平

元暦1.08.02　200 前出羽守信兼子息

元暦1.08.03　200 出羽守信兼子息等

(注)元暦1.08.26によると兼衡・信衡・兼時がいる。

信光　伊沢

治承4.10.13　65 伊沢五郎信光

治承4.10.14　66 信光主

(注)信義の男(分脈③326)。

信恒

元暦1.03.01　173 御家人信恒

信綱　田代

元暦1.02.05　160 田代冠者信綱

(注)為綱の男，母は狩野茂光の女(延慶㊦235)。分脈②500は宗茂の養子として載せる。

信綱　木村

養和1.②.23　100 五男木村五郎信綱

(注)有綱の男(分脈②406)。

信衡　平

元暦1.08.26　203 [信兼子息]次郎信衡

(注)信兼の男(分脈④24)。

信俊　丸

治承4.09.11　56 丸五郎信俊

信房　宇都宮

養和1.②.23　100 宇津宮所信房

(注)宗房の孫(文治2.02.28)。分脈①361は宗房の男とする。

信頼　藤原

治承4.04.27　23 前右兵衛督信頼

元暦1.02.20　167 信頼卿

(注)忠隆の男，母は藤原顕頼の女(分脈①316)。

信隆　藤原

巻一天皇摂関　19 修理大夫贈左大臣信隆公

(注)信輔の男，母は橘家光の女(分脈①323)。

信隆の女　藤原

→殖子

信連　長谷部

治承4.05.15　25 長兵衛尉信連

(注)為連の男(建保6.10.27)。

新平次*

治承4.08.17　36 [御厩舎人]新平次

(注)人名索引は江太新平次を一人の人物と見る。

新平太*

元暦1.06.16　195 忠頼共侍新平太

親家　堀

治承4.08.17　36 堀藤次親家

治承4.08.20　40 堀藤次親家

治承4.08.24　43 堀藤次親家

寿永1.02.15　129 堀藤次親家
元暦1.04.21　185 堀藤次親家
元暦1.04.26　187 堀藤次親家
元暦1.06.27　196 堀藤次親家

親広　　中臣
元暦1.12.25　220 鹿島社神主中臣親広
(注)則親の男(鹿島大禰宜家文書，鎌遺433)。

親光　　狩野
治承4.08.20　39 子息五郎親光
治承4.10.23　74 親光
養和1.02.28　95 狩野五郎親光
養和1.②.17　96 親光
(注)茂光の男。分脈には見えない。

親政　　藤原
治承4.09.14　57 下総国千田庄領家判官代親政
治承4.09.17　58 千田判官代親政
(注)親盛の男(分脈①396)。分脈は親雅と表記する。

親盛　　中臣
元暦1.12.25　220［鹿島社神主中臣］親盛

親能　　中原
元暦1.02.05　160 斎院次官親能
元暦1.04.28　188 前斎院次官親能
元暦1.04.29　188 前斎院次官親能
元暦1.10.06　209 斎院次官中原親能
(注)広季の男(分脈④163)。続群大友系図は光能の男とする。

親隆　　大中臣
養和1.10.20　122 祭主親隆卿
寿永1.09.20　144 祭主親隆卿
(注)親仲の男(続群大中臣氏系図)。

仁慶　　(僧)
元暦1.11.23　216 権都維那大法師仁慶
(注)園城寺僧。

神武天皇
寿永1.02.08　127 神武天皇

す

水代六次二郎*
養和1.②.23　99［朝政郎従］水代六次二郎

帥六郎*
寿永1.07.14　140 帥六郎

せ

生沢五郎*
寿永1.02.02　126 高場二郎郎従生沢五郎

生倫　　度会
→光倫

正清　　鎌田
治承4.08.18　38 左兵衛尉藤原正清
(注)通清の男(分脈②393)。

正盛　　平
治承4.09.22　59 彼高祖父正盛朝臣于時因幡守
(注)正衡の男(分脈④34)。

成胤　　千葉
治承4.09.13　57 甥小太郎成胤
治承4.09.14　57 常胤孫子小太郎成胤
治承4.09.17　58 嫡孫小太郎成胤
(注)胤正の男(平氏諸流系図)。

成賀　　(僧)
元暦1.11.23　215 小寺主法師成賀
(注)園城寺僧。

成綱　　佐貫
→広綱

成綱　　佐々木
元暦1.02.27　171 近江国住人佐々木三郎成綱
(注)成経の男(続群佐々木系図)。

成綱　　小野
元暦1.11.14　211 刑部丞成綱
(注)成任の男(埼玉党家系図横山)。

成尋　　(僧)

治承4.08.20　40 義勝房成尋
養和1.07.20　113 成尋
（注）小野成任の男（埼玉 党家系図横山）。

成清　（僧）
元暦1.10.28　210 石清水別当成清法印
（注）光清の男（分脈 ④202）。

成長　荒木田
養和1.03.06　102 一禰宜成長神主
寿永1.03.20　130 二宮一禰宜
元暦1.05.03　189 当宮一禰宜荒木田成長神主
（注）忠成の男（荒木田二門氏人系図）。類聚大補任による。

成長　勝田
養和1.②.17　97 ［遠江国住人］勝田平三成長

成良　粟田
養和1.09.27　120 民部大夫成良
（注）氏は五味文彦『院政期社会の研究』による。

政幹　鹿島
養和1.03.12　104 鹿島三郎政幹
（注）成幹の男（続群 鹿島大宮司系図）。

政義　下河辺
治承4.11.04　76 同（下河辺）四郎政義
養和1.②.23　99 同（下河辺庄司行平）弟四郎政義
養和1.09.16　118 下河辺四郎政義
寿永1.01.28　125 下河辺四郎
寿永1.04.05　131 同（下河辺）四郎
元暦1.03.18　177 同（下河辺）四郎政義
元暦1.04.01　179 政義
元暦1.04.23　186 下河辺四郎政義
（注）行義の男（分脈 ②404）。

政景　天野
治承4.08.20　40 同（天野）六郎政景
（注）遠景の男（続群 天野系図）。

政光　宇佐美・大見
治承4.08.20　40 宇佐美平太政光
治承4.08.24　42 実政兄大見平太政光

政光　小山
治承4.10.02　62 小山下野大掾政光
養和1.②.23　98 朝政父政光
（注）行政の男（分脈 ②401）。

政光の妻
→宗綱の女

政子　平
→時政の女

政村　北条
年譜康元1.07.18　15 陸奥守政村
年譜正嘉1.06.22　16 政村
年譜文永1.12.21　17 政村
年譜文永2.03.28　17 政村
（注）義時の男（分脈 ④20），母は伊賀朝光の女（元久2.06.22）。

政平　関
養和1.②.20　97 同（朝政）従父兄関二郎政平
（注）政家の男（続群 秀郷流系図結城）。同系図は太郎四郎と記す。

清益　原
元暦1.02.05　160 原三郎清益
（注）姓氏 所引原氏系図は清行の男とする。

清家　平
元暦1.02.05　160 平内兵衛尉清家

清経　安達
元暦1.08.03　201 安達新三郎
（注）延慶 ㊦17による。

清経　平
養和1.02.12　93 左少将清経朝臣
（注）重盛の男，母は藤原家成の女（分脈 ④35）。

清元　豊島
治承4.09.03　52 豊島権守清元
治承4.10.02　62 豊島権守清元
（注）康家の男（平氏諸流系図）。

清綱　藤原
養和1.08.16　115 伊勢守清綱

(注)氏は玉葉治承3.11.19による。
清氏　　　下妻
養和1.②.23　100 下妻四郎清氏
清重　　　葛西
治承4.09.03　52 葛西三郎清重
治承4.09.29　60 葛西三郎清重
治承4.10.02　62 葛西三郎清重
治承4.11.10　79 葛西三郎清重
養和1.04.07　106 葛西三郎清重
養和1.07.21　115 葛西三郎
養和1.09.07　118 葛西三郎清重
寿永1.01.28　125 葛西三郎
寿永1.08.11　142 葛西三郎
元暦1.08.08　201 葛西三郎清重
(注)清元の男(平氏諸流系図)。
清盛　　　平
年譜養和1.②.04　3 平相国入道
巻一天皇摂関　19 太政大臣清盛公
治承4.04.09　22 平相国禅門清盛
治承4.04.27　23 平相国禅閤，23・24 清盛法師
治承4.05.16　26 入道相国
治承4.05.26　26 入道相国
治承4.07.05　29 八条入道相国
治承4.08.04　30 平相国禅閤
治承4.08.09　32 相国禅閤
治承4.09.14　57 平相国禅閤
治承4.09.19　58 平相国禅閤
治承4.12.01　82 平相国禅閤
治承4.12.11　83 平相国禅閤
治承4.12.25　88 平相国禅閤
養和1.01.21　91 平相国禅門
養和1.②.04　95 入道平相国
養和1.②.19　97 平相国禅門
養和1.②.23　98 平相国
寿永1.02.08　127 前平大相国/平大相国，128 平太相国
元暦1.02.04　159 相国禅閤
元暦1.02.20　165 亡父入道相国
元暦1.03.13　175 平相国
元暦1.11.23　213 故入道太政大臣
(注)忠盛の男(分脈④34)。
清盛の女　　　平
→徳子
清方
治承4.09.22　59 御厩案主兵衛志清方
(注)藤原基通家の御厩案主。
清房　　　平
治承4.12.02　82 淡路守清房
(注)清盛の男(分脈④36)。
清和天皇
寿永1.02.08　127 清和天皇
(注)惟仁。文徳天皇の皇子，母は藤原良房の女明子(紹運録)。
盛久　　　糟谷
治承4.08.23　41 糟谷権守盛久
(注)光綱の男(続群 糟谷系図)。
盛久
養和1.03.10　103 左兵衛尉盛久
(注)西村隆「平家「家人」表」(日本史論叢10)は平とし，角田文衛『平家後抄』は平盛国の男とする。
盛兼　　　埴生
養和1.11.11　123 彼三品禅門近親埴生弥太郎盛兼
盛綱　　　高橋
治承4.10.19　70 高橋判官盛綱
養和1.03.10　103 左衛門尉盛綱号高橋
(注)盛俊の男(盛衰記⑤125)。
盛綱　　　佐々木
治承4.08.06　31 佐々木三郎盛綱
治承4.08.09　32 [子息]盛綱
治承4.08.17　34 同(佐々木)三郎盛綱，35 盛綱，36 佐々木三郎盛綱
治承4.08.20　40 同(佐々木)三郎盛綱
治承4.08.26　48 佐々木太郎定綱兄弟四人，49 盛綱
治承4.10.23　74 盛綱

治承4.11.04　76 同(佐々木)三郎盛綱
治承4.12.12　84 同(佐々木)三郎盛綱
治承4.12.20　86 佐々木三郎盛綱
治承4.12.26　88 兄盛綱
養和1.03.07　103 盛綱
寿永1.04.05　131 同(佐々木)三郎
寿永1.06.07　139 佐々木三郎盛綱
寿永1.10.17　146 同(佐々木)三郎盛綱
寿永1.12.07　150 佐々木三郎
元暦1.12.02　218 佐々木三郎盛綱
元暦1.12.07　219 佐々木三郎盛綱
元暦1.12.26　220 佐々木三郎盛綱
(注)秀義の男(分脈③438)。

盛国　平
養和1.②.04　95 盛国
(注)盛遠の男(延慶㊤121)。

盛資　橘
元暦1.09.19　207 橘大夫盛資
(注)田中稔『鎌倉幕府御家人制度の研究』(吉川弘文館/1991)参照。

盛資　三野
元暦1.09.19　207 三野首領盛資
(注)田中稔『鎌倉幕府御家人制度の研究』(吉川弘文館/1991)参照。

盛次　平
元暦1.02.07　161 越中次郎兵衛尉盛次
(注)盛俊の男(吉記養和1.09.23)。

盛時　平
元暦1.10.20　209 盛時
(注)氏は文治5.07.10による。

盛実　木原
養和1.02.29　95 木原次郎盛実法師

盛俊　平
元暦1.02.07　162 越中前司盛俊
元暦1.02.13　163 盛俊
元暦1.02.15　164 盛俊
(注)盛国の男(愚管抄245)。

盛章　高階
治承4.05.16　26 盛章
(注)宗章の男(分脈④114)。

盛章の女　高階
治承4.05.16　26 八条院女房三位局盛章女
(注)藤原兼実の妾(玉葉文治1.09.20)。

盛長　安達
治承4.06.24　28 藤九郎盛長
治承4.07.10　29 藤九郎盛長
治承4.08.04　31 盛長
治承4.08.17　34・35 藤九郎盛長
治承4.08.20　39 藤九郎盛長
治承4.08.23　41 盛長
治承4.09.04　52 藤九郎盛長
治承4.09.09　54 盛長
治承4.10.23　74 盛長
治承4.12.12　84 藤九郎盛長
治承4.12.20　86 藤九郎盛長
治承4.12.22　86 藤九郎盛長
寿永1.01.03　124 藤九郎盛長
元暦1.04.01　178 藤九郎盛長
元暦1.07.16　198 国奉行人藤九郎盛長
(注)兼盛の男(分脈②286)。氏は正治1.10.28による。

盛長の僮僕
治承4.08.17　35 藤九郎盛長僮僕

盛平　中村
治承4.08.20　40 同(中村)次郎盛平

盛方　恵美
元暦1.02.05　161 恵美次郎盛方

晴明　安倍
治承4.10.09　64 晴明朝臣
(注)益材の男(分脈④187)。

聖禅　(僧)
寿永1.05.25　135 住僧聖禅
(注)相模国金剛寺住僧。

聖徳太子
→厩戸王

聖武天皇
寿永1.02.08　127 聖武天皇

(注)文武天皇の皇子，母は藤原不比等の女宮子(紹運録)。

石井五郎＊
治承4.08.24　46 郎従石井五郎
(注)多々良重春の郎従。

籍　項
元暦1.04.20　184 項羽
(注)秦末の武将(史記)。

千手前
元暦1.04.20　184 官女一人号千手前/女房

泉次郎＊
養和1.03.10　104 同(泉太郎)弟次郎
(注)吉記養和1.3.13は「同弟高田太郎」，盛衰記⑤83は「同弟高田四郎重久」とする。分脈③69〜71は重満の弟として重親(彦坂冠者)・重宗(高田三郎)・重義(白川四郎)・重平(小島五郎)・重長(賀茂六郎)を載せ，重長には「為平家被討了」の注記を付す。

宣親
治承4.08.20　40 七郎武者宣親

全淵　(僧)
養和1.03.01　102 専性房全淵

全成　(僧)
治承4.08.26　49 醍醐禅師全成
治承4.10.01　62 醍醐禅師全成
治承4.11.19　80 弟禅師全成
(注)源義朝の男，母は九条院雑仕常磐(分脈③301)。

善信
→康信

禅睿　(僧)
養和1.10.06　120 走湯山住侶禅睿/大法師禅睿
寿永1.08.05　141 鶴岳供僧禅睿/若宮供僧禅睿

そ

宗遠　土屋
治承4.08.20　39 土屋三郎宗遠
治承4.09.20　59 土屋三郎宗遠
治承4.09.24　60 宗遠
治承4.10.18　69 宗遠
治承4.10.21　72 宗遠
治承4.10.23　74 宗遠
治承4.11.04　76 土屋三郎宗遠
治承4.11.05　76 宗遠
治承4.12.12　84 土屋三郎宗遠
養和1.11.05　122 土屋三郎宗遠
(注)宗平の男(妙本寺本平家系図)。

宗家　鮫島
治承4.08.20　40 鮫島四郎宗家
元暦1.06.17　195 鮫島四郎

宗家　沢
治承4.08.20　40 沢六郎宗家

宗兼の女　藤原
元暦1.04.06　179 故池禅尼
元暦1.06.01　193 池禅尼
(注)分脈①310。平忠盛の室。

宗綱　藤原
養和1.11.11　123 少納言宗綱
(注)季通の男(分脈①273)。分脈は伊長で採り，本の名を宗綱とする。

宗綱　八田
治承4.10.02　62 武衛御乳母子八田武者宗綱
(注)宗円の男(分脈①360)。

宗綱の女
治承4.10.02　62 武衛御乳母子八田武者宗綱息女小山下野大掾政光妻、号寒河尼

宗時　北条
治承4.08.20　39 子息三郎
治承4.08.23　41 北条殿父子
治承4.08.24　43 北条殿父子三人，44 同三郎

養和1.01.06　90 北条三郎主
養和1.04.19　106 北条三郎主
(注)時政の男(続群 北条系図)。

宗実　和田
治承4.08.22　41 同(和田)三郎宗実
元暦1.08.08　202 同(和田)三郎宗実
(注)義宗の男(平氏諸流系図)。

宗重
元暦1.07.18　199 [雑色]宗重

宗信　浅羽
養和1.03.13　104 浅羽庄司宗信
養和1.03.14　105 浅羽庄司/宗信
養和1.04.30　107 遠江国浅羽庄司宗信

宗信　藤原
治承4.04.09　22 散位宗信
(注)宗保の男(分脈 ②364)，延慶 ㊤356による。

宗親　牧
寿永1.11.10　147 牧三郎宗親
寿永1.11.12　147 牧三郎宗親，148 宗親
寿永1.11.14　148 宗親
(注)宗兼の男(分脈 ①310)。

宗親の女
寿永1.11.10　147 北条殿室家牧御方

宗政　小山・長沼
養和1.②.20　97 朝政之弟五郎宗政，98 宗政
養和1.②.23　99 五郎宗政
養和1.②.28　101 宗政
寿永1.10.17　146 小山五郎宗政
元暦1.02.05　159 長沼五郎宗政
元暦1.08.08　201 長沼五郎宗政
(注)政光の男(分脈 ②402)。

宗清　平
元暦1.06.01　193 弥平左衛門尉宗清左衛門尉季宗男、平氏一族也
(注)季宗の男(分脈 ④24)。

宗盛　平
治承4.04.27　24 宗盛
治承4.12.19　85 前右大将宗盛
養和1.②.10　96 前右大将宗盛卿
養和1.11.11　123 前右大将宗盛卿
元暦1.02.15　164 前内府
元暦1.02.20　164 前内府
元暦1.03.28　178 槐門
元暦1.06.01　193 前内府
元暦1.07.03　198 前内府
元暦1.12.25　220 平内府
(注)清盛の男，母は平時信の女時子(分脈 ④35)。

宗尊親王
年譜建長4　15 宗尊十一歳、後嵯峨子、三品
年譜文永2.09.17　17 宗尊
年譜文永3.07.04　17 将軍宗尊
(注)後嵯峨天皇の皇子，母は平棟基の女棟子(紹運録)。

宗朝　小山
→朝光

宗平　中村
治承4.10.18　69 中村庄司宗平
治承4.10.25　74 中村庄司
寿永1.01.28　125 中村庄司
(注)恒宗の男(妙本寺本平家系図)。

宗平の女　平
治承4.09.29　60 佐那田与一義忠母
(注)続群 三浦系図による。

宗茂　狩野
元暦1.03.28　178 狩野介
元暦1.04.08　182 狩野介
(注)茂光の男(分脈 ②500)。文治1.06.09による。

捴持王
元暦1.11.06　211 児童号捴持王/垂髪

増円　(僧)
治承4.11.15　80 [武蔵国威光寺]院主僧増円
治承4.11.19　80 慈教房増円

則綱　猪俣
元暦1.02.05　160 猪俣平六則綱
(注)資綱の男(埼玉 党家系図猪俣)。同系図は「小平太範綱」とする。

た

太神宮政所権神主＊
寿永1.05.29　137 太神宮政所権神主
多和利山七太＊　多和利山
養和1.②.23　99 義広乳母子多和利山七太
泰経　高階
元暦1.02.25　169 泰経朝臣
元暦1.05.21　192 泰経朝臣
元暦1.10.28　211 大蔵卿殿
(注)泰重の男，母は藤原宗兼の女(分脈 ④123)。
泰衡　藤原
年譜文治5.09.03　4 泰衡
(注)秀衡の男，母は藤原基成の女(分脈 ②387)。
泰時　北条
年譜元仁1　10 泰時義時男、四十二歳
年譜貞永1.04.11　11 泰時
年譜嘉禎2.03.04　12 泰時
年譜嘉禎2.12.18　12 泰時
年譜暦仁1.03.18　12 泰時
年譜暦仁1.04.06　12 泰時
年譜暦仁1.09.09　13 泰時
年譜仁治3.06.15　13 江馬小次郎泰時、六十歳
(注)義時の男(分脈 ④17)。
大学頭阿闍梨大法師＊　(僧)
元暦1.11.23　216 大学頭阿闍梨大法師
(注)園城寺僧。
大田冠者＊　大田
養和1.②.23　99 朝政郎従大田冠者
大麻藤太＊
元暦1.09.19　207 大麻藤太
(注)田中稔『鎌倉幕府御家人制度の研究』(吉川弘文館/1991)参照。
大麻藤太の家人＊
元暦1.09.19　207 大麻藤太家人
(注)田中稔『鎌倉幕府御家人制度の研究』(吉川弘文館/1991)参照。
丹後局＊
寿永1.03.09　130 丹後局
(注)鎌倉殿の女房。
湛増　(僧)
養和1.03.06　102 熊野山湛増
(注)湛快の男(続群 熊野別当系図)。

ち

池禅尼
→宗兼の女
知家　八田
養和1.②.23　100 八田武者所知家
養和1.②.28　101 知家
元暦1.06.01　193 八田四郎知家
元暦1.08.08　201 八田四郎武者朝家
(注)宗綱の男(分脈 ①368)。
知重　八田
養和1.04.07　106 八田太郎知重
元暦1.08.08　201 同(八田四郎武者朝家)男太郎朝重
(注)朝家の男(分脈 ①368)。
知章　平
元暦1.02.07　162 武蔵守知章
元暦1.02.13　163 知章
元暦1.02.15　164 知章
(注)知盛の男，母は八条院女房治部卿(分脈 ④36)。
知親　中原
治承4.08.19　38 兼隆親戚史大夫知親
(注)台記久安3.03.27，平遺 3287による。
知盛　平
治承4.05.26　26 左兵衛督知盛朝臣
治承4.10.19　70 知盛卿

治承4.12.01　82 左兵衛督平知盛卿
治承4.12.19　85 左兵衛督知盛卿
養和1.02.12　93 左兵衛督知盛卿
（注）清盛の男，母は平時信の女時子（分脈④36）。

知宣　尾藤
元暦1.02.21　168 尾藤太知宣
（注）知広の男（分脈②395）。

知度　平
治承4.09.29　61 三河守知度
治承4.10.20　71 参河守知度
養和1.03.10　103 ［平氏大将軍］参河守知度
（注）清盛の男（分脈④36）。

仲家　源
治承4.05.26　26 ［同（三位入道）子息］仲家
（注）頼政の男，分脈に見えず。

仲恭天皇
→九条廃帝

仲光の女　藤原
巻一天皇摂関　20 母家女房加賀、大宮大進仲光女
（注）分脈②466。

仲綱　源
治承4.04.09　22 子息伊豆守仲綱
治承4.04.27　24 前伊豆守正五位下源朝臣仲綱
治承4.05.26　26 同（三位入道）子息仲綱
（注）頼政の男，母は源斉頼の女（分脈③128）。

仲資王
元暦1.04.28　188 神祇伯仲資王
元暦1.10.27　210 仲資王
（注）顕広王の男，母は藤原能忠の女（分脈③550）。

仲頼　源
養和1.02.09　92 ［検非違使左衛門少尉］源仲頼
元暦1.02.13　163 大夫判官仲頼
（注）資遠の男，実父は卜部兼仲（分脈③44）。

忠家　河原
元暦1.02.05　160 同（河原）次郎忠家
（注）家景の男（埼玉 党家系図私市）。

忠家　佐野
養和1.07.20　112 佐野太郎忠家
寿永1.01.01　124 佐野太郎忠家
（注）人名索引 現代語訳は「佐野太郎」の通称が同じことから基綱（有綱の男，続群 佐野系図）と同人と見る。

忠家　庄司
元暦1.02.05　160 庄司三郎忠家
（注）家弘の男（埼玉 党家系図児玉）。

忠雅　藤原
巻一天皇摂関　20 前太政大臣忠雅公
（注）忠宗の男，母は藤原家保の女（分脈①197）。

忠雅の女　藤原
巻一天皇摂関　20 母前太政大臣忠雅公御女
（注）忠子（分脈①197）。

忠光　土屋
治承4.08.20　39 同（土屋）弥二郎忠光
（注）延慶㊤501は宗遠の孫とする。

忠光　藤原
元暦1.02.07　161 上総五郎兵衛尉忠光
（注）忠清の男（盛衰記⑤125）。

忠綱　岡部
養和1.02.28　95 岡部次郎忠綱
養和1.②.17　96 忠綱
（注）泰綱の男（分脈②501）。分脈は八郎とする。

忠綱　足利
養和1.②.23　98 足利又太郎忠綱
養和1.②.25　100 足利又太郎忠綱
養和1.09.07　117 嫡男又太郎忠綱
（注）俊綱の男（続群 佐野松田系図）。

忠綱　波多野

養和1.01.05　90 波多野小次郎忠綱義通二男
(注)義通の男，母は宇都宮宗綱の女(続群 秀郷流系図松田)。

忠興　坂上
元暦1.01.10　153 坂上忠興
(注)是重の男(続群 坂上系図)。

忠実　藤原
治承4.09.22　59 殿下
(注)師通の男，母は藤原俊家の女(分脈 ①64)。

忠常　新田
治承4.08.20　40 新田四郎忠常
養和1.01.01　89 新田四郎忠常
養和1.07.20　112 新田四郎忠常
元暦1.03.18　177 新田四郎忠常
元暦1.04.01　179 忠常

忠信　佐藤
治承4.10.21　73 忠信
(注)元治の男(続群 佐藤系図)，母は藤原清綱の女(分脈 ②388)。

忠親　藤原
元暦1.02.11　162 堀川宰相忠親卿
(注)忠宗の男，母は藤原家保の女(分脈 ①205)。

忠清　藤原(伊藤)
治承4.08.09　32 上総介忠清平家侍
治承4.10.20　71 上総介忠清
養和1.08.16　115 上総介忠清
元暦1.08.02　200 忠清法師
(注)景綱の男(纂要 ③586)。

忠盛　平
治承4.09.14　57 刑部卿忠盛朝臣
(注)正盛の男(分脈 ④34)。

忠致　長田
治承4.08.09　32 長田入道
治承4.10.13　65 長田入道
治承4.10.14　66 長田入道
(注)致清の男(平氏諸流系図)。分脈 ④15は致俊の男とする。

忠致の男　長田
治承4.10.14　66 長田入道子息二人
(注)分脈 ④15，平氏諸流系図は忠致の子息として景致を載せる。

忠直　高梨
元暦1.01.26　157 忠直
(注)盛満の男(続群 高梨系図)。

忠通　藤原
巻一天皇摂関　20 法性寺関白
(注)忠実の男，母は源顕房の女師子(分脈 ①64)。

忠度　平
治承4.09.29　61 薩摩守忠度
治承4.10.20　71 薩摩守忠度
養和1.02.27　94 [平氏大将軍]薩摩守忠度朝臣
養和1.03.10　103 [平氏大将軍]薩摩守忠度朝臣
元暦1.02.07　162 薩摩守忠度朝臣
元暦1.02.13　163 忠度
元暦1.02.15　164 忠度朝臣
元暦1.03.13　175 薩摩守平忠度
(注)忠盛の男(分脈 ④37)，母は鳥羽院女房(覚一本㊤89)。

忠文　藤原
元暦1.01.10　153 参議右衛門督藤原忠文朝臣
元暦1.04.10　182 忠文宇治民部卿
(注)枝良の男(分脈 ②526)。

忠頼　源(一条)
治承4.08.25　46 一条
治承4.09.10　54 [甲斐国源氏]一条二郎忠頼/一条次郎忠頼，55 忠頼
治承4.09.15　57 一条次郎忠頼
治承4.09.24　60 一条二郎忠頼
治承4.10.13　65 次郎忠頼
元暦1.01.20　155 一条次郎忠頼
元暦1.01.27　157 一条次郎忠頼

元暦1.06.16　194 一条次郎忠頼，195 忠頼
元暦1.06.18　195 故一条次郎忠頼
元暦1.07.10　198 忠頼
元暦1.07.20　199 一条次郎忠頼
（注）信義の男（分脈③324）。

忠隆の女　藤原
巻一天皇摂関　19 母従三位藤原忠隆卿女
（注）分脈①316は信頼と同母（藤原顕頼の女）とする一方で猶子とも記す。

長栄　（僧）
養和1.01.23　92 僧長栄

長資　羽床
元暦1.09.19　207 同（重資）舎弟六郎長資
（注）重高の男（続群 綾氏系図）。田中稔『鎌倉幕府御家人制度の研究』（吉川弘文館/1991）参照。

長時　北条
年譜康元1.07.18　15 武蔵守長時
年譜正嘉2.12.14　16 長時
年譜文永1.07.02　17 長時、法名専阿
年譜文永1.08.21　17 長時、三十七歳
（注）重時の男（分脈④19）。母は平基親の女（北条時政以来後見次第）。

長重　横地
養和1.②.17　96 遠江国住人横地太郎長重

長成　藤原
治承4.10.21　72 継父一条大蔵卿長成
（注）忠能の男，母は藤原長忠の女（分脈①322）。

長清　加々美・小笠原
治承4.10.19　70 加々美次郎長清
治承4.12.12　83 加々美次郎長清
治承4.12.19　85 加々美二郎長清
養和1.02.01　92 加々美次郎長清
元暦1.05.01　189 小笠原次郎長清
（注）遠光の男（分脈③333），母は和田義盛の女（続群 小笠原系図）。

長茂　城
治承4.09.07　53 城四郎長茂
養和1.05.16　108 城四郎
寿永1.09.28　146 越後国城四郎永用
寿永1.10.09　146 越後国住人城四郎永用
（注）資国の男（平氏諸流系図）。

長野太郎＊　長野
養和1.02.29　95 長野太郎

長頼　相良
養和1.03.13　104 相良三郎
養和1.03.14　105 相良三郎
（注）頼景の男（鎌遺6266）。

朝家　八田
→知家

朝経　豊島
治承4.09.03　52 豊島右馬允朝経
（注）清光の男（金輪寺本豊島家系図）。平氏諸流系図には見えない。

朝経の妻
治承4.09.03　52 豊島右馬允朝経之妻女

朝光　小山・結城
治承4.10.02　62 小山七郎宗朝後改朝光
養和1.②.23　99 七郎朝光
養和1.②.27　101 小山七郎朝光/少冠
養和1.②.28　101 朝光
養和1.04.07　106 結城七郎朝光
寿永1.04.05　131 結城七郎
寿永1.10.17　146 同（小山）七郎朝光
元暦1.06.01　192 結城七郎朝光
元暦1.06.16　195 結城七郎朝光
元暦1.07.20　199 結城七郎朝光
元暦1.08.08　201 結城七郎朝光
（注）政光の男（分脈②403）。母は八田宗綱の女寒河尼。

朝綱　宇都宮
寿永1.08.13　143 宇都宮左衛門尉朝綱
元暦1.05.24　192 左衛門尉藤原朝綱

元暦1.11.14　211 左衛門尉朝綱
(注)宗綱の男(続群 宇都宮系図)。
朝重　八田
→知重
朝政　小山
治承4.09.03　52 小山四郎朝政
養和1.②.20　97 小山小四郎朝政
養和1.②.23　98 小山小四郎朝政, 99・100 朝政
養和1.②.27　101 朝政
養和1.②.28　101 朝政
寿永1.01.28　125 小山小四郎朝政
寿永1.02.02　126 小山小四郎朝政
寿永1.08.14　143 小山四郎朝政
元暦1.01.28　158 小山四郎朝政
元暦1.02.05　159 小山小四郎朝政
元暦1.05.15　191 小山四郎朝政
元暦1.06.01　192 小山小四郎朝政
元暦1.09.02　204 小山小四郎朝政
(注)政光の男(分脈 ②401)。
朝宗　比企
元暦1.07.25　199 藤内朝宗
元暦1.08.08　201 藤内所朝宗
(注)埼玉叢書所収比企氏系図は遠宗(掃部允)の男とする。
朝長　源
治承4.10.17　67 中宮大夫進朝長
治承4.10.18　69 故中宮大夫進
(注)義朝の男, 母は範兼あるいは則兼の女(分脈 ③295)。
朝長の母
→義常の姨母
張良
→良
直胤　天羽
元暦1.01.17　154 広常之弟天羽庄司直胤
(注)常澄の男(続群 千葉上総系図)。
直家　熊谷
元暦1.02.05　160 同(熊谷)小次郎直家
元暦1.02.07　161 熊谷小次郎直家
(注)直実の男(埼玉 熊谷系図)。
直光　久下
寿永1.06.05　138 久下権守直光
(注)季実の男(埼玉 久下系図)。
直実　熊谷
治承4.08.23　41 熊谷二郎直実
治承4.11.04　76 熊谷次郎直実
治承4.11.07　78 熊谷次郎直実
寿永1.06.05　138 熊谷次郎直実/熊谷次郎平直実
元暦1.02.05　160 熊谷次郎直実
元暦1.02.07　161 武蔵国住人熊谷次郎直実
(注)直貞の男(埼玉 熊谷系図)。
直方　平
治承4.04.27　23 上総介平直方朝臣
(注)維時の男(分脈 ④17)。

つ

通綱　小野寺
養和1.②.23　100 小野寺太郎道綱
元暦1.02.05　160 小野寺太郎通綱
元暦1.08.08　202 小野寺太郎道綱
(注)義寛の男(続群 山内首藤系図)。
通親　源
巻一天皇摂関　21 内大臣通親
(注)雅通の男(分脈 ③497), 母は藤原行兼の女(公卿補任)。
通親の女　源
→在子
通清　河野
養和1.②.12　96 伊与国住人河野四郎越智通清
養和1.09.27　120 河野四郎
(注)親清の男(続群 越智系図)。人名索引 人名総覧 は養和1.09.27を通信とする。
通盛　平
養和1.02.27　94 平氏大将軍中宮亮通盛

朝臣
養和1.03.10　103［平氏大将軍］越前守通盛朝臣
養和1.08.16　115 中宮亮通盛朝臣
養和1.09.04　117 通盛朝臣
養和1.11.21　123 中宮亮通盛朝臣
元暦1.02.07　162 越前三位通盛
元暦1.02.13　163 通盛卿
元暦1.02.15　164 通盛卿
元暦1.02.27　171 越前三位通盛
（注）教盛の男（分脈 ④35），母は藤原資憲の女（分脈 ②213）。

て

定景　長尾
治承4.08.23　41 同（長尾）新六定景
治承4.10.23　74 同（長尾）新六定景
養和1.07.05　111 長尾新六定景
（注）景行の男（続群 長尾系図）。

定兼　（僧）
治承4.12.04　82 阿闍梨定兼
（注）鶴岡八幡宮供僧。続群 鶴岡八幡宮寺供僧次第には見えない。

定綱　佐々木
年譜建久4.10.28　5 佐々木定綱
治承4.08.09　32 子息定綱，33 佐々木太郎
治承4.08.10　33 嫡男佐々木太郎定綱
治承4.08.11　33 定綱
治承4.08.13　33 定綱
治承4.08.17　34 佐々木太郎定綱，35・36 定綱
治承4.08.20　40 佐々木太郎定綱
治承4.08.26　48 佐々木太郎定綱兄弟四人，49 定綱
治承4.10.23　74 定綱
治承4.11.04　76 佐々木太郎定綱
治承4.12.12　84 佐々木太郎定綱
養和1.03.07　103 定綱
寿永1.04.05　131 佐々木太郎
寿永1.10.17　146 佐々木太郎定綱
（注）秀義の男（分脈 ③421）。

定長　藤原
元暦1.02.11　163 右衛門権佐定長
元暦1.02.14　163 右衛門権佐定長
元暦1.02.16　164 定長
元暦1.02.20　164 蔵人右佐
（注）光房の男，母は藤原為忠の女（分脈 ②66）。

定遍　（僧）
元暦1.07.02　197 成就院僧正坊
（注）僧綱補任残闕によれば，現任・前官を含めて，真言系の僧正は定遍のみ。定遍は仁和寺成就院の建立者寛助の孫弟子に当たる。

定隆　大中臣
養和1.10.20　122 祭主親隆卿嫡男神祇少副定隆
（注）親隆の男（続群 大中臣氏系図）。

貞義　多々良
寿永1.08.12　142 多々良権守貞義

貞恒
治承4.08.28　50 土肥住人貞恒

貞綱　度会
寿永1.03.20　130 二宮一禰宜
（注）貞任の男（考訂度会系図別系）。類聚大補任による。

貞任　安倍
治承4.10.12　65 安倍貞任
元暦1.11.23　214 貞任
（注）頼時の男（陸奥話記）。

貞能　平
治承4.12.02　82 肥後守貞能
寿永1.04.11　131 貞能
（注）家貞の男（分脈 ④24）。

貞保　館
養和1.08.16　115 館太郎貞保
（注）伊勢国住人（盛衰記⑤165）。盛衰記は

貞康と表記する。
貞房　那珂
元暦1.09.19　207 仲行事貞房
(注)田中稔『鎌倉幕府御家人制度の研究』(吉川弘文館/1991)参照。
天武天皇
治承4.04.27　24 天武天皇帝
(注)舒明天皇の皇子，母は皇極天皇(紹運録)。
田村麻呂　坂上
元暦1.01.10　153 按察使兼陸奥守坂上田村麻呂卿
(注)苅田麻呂の男(公卿補任)。

と

土御門天皇
年譜建久6.12.02　5 土御門
年譜正治1　6 土御門為仁、四歳
年譜元久2.01.03　7 土御門
年譜承久3.07　10 三院
年譜寛喜3.10.11　11 土御門
巻一天皇摂関　21 土御門院諱為仁、後鳥羽院第一皇子
(注)為仁。後鳥羽天皇の皇子，母は源通親の養女承明門院在子(紹運録)。
桐生六郎＊
養和1.②.25　100 郎従桐生六郎
養和1.09.13　118 俊綱専一者桐生六郎
養和1.09.16　118 桐生六郎
養和1.09.18　119 桐生六郎
湯
寿永1.02.08　127 湯王
(注)殷の王。
道家　藤原
年譜承久1　9 頼経、二歳、光明峰寺道家三男
年譜嘉禄1　10 頼経八歳、光明峰寺三男、二位尼養子
(注)良経の男，母は藤原能保の女(分脈①86)。
道綱　小野寺
→通綱
徳子　平
巻一天皇摂関　19 御母建礼門院、太政大臣清盛公御女
元暦1.02.20　165 国母，167 女院
(注)清盛の女(分脈④36)，母は平時信の女時子(群類 女院小伝)。
篤光
治承4.09.10　55 当社大祝篤光/夫
治承4.10.18　69 篤光
篤光の妻
治承4.09.10　55 当社大祝篤光妻/彼妻
敦盛　平
元暦1.02.07　162 大夫敦盛
元暦1.02.13　163 敦盛
元暦1.02.15　164 敦盛
(注)経盛の男(分脈④35)。

な

内外宮政所大夫殿＊
寿永1.05.19　134 内外宮政所大夫殿
南光房　(僧)
治承4.08.25　47 南光房
(注)箱根山の僧。

の

能員　比企
養和1.②.27　101 比企四郎能員
寿永1.10.17　146 比企四郎能員
元暦1.05.01　189 能員
元暦1.08.08　201 比企藤四郎能員
(注)埼玉叢書所収比企氏系図は遠宗(掃部允)の男とする。
能円　(僧)
巻一天皇摂関　21 法印能円
(注)藤原顕憲の男，母は二条大宮半物(分脈②137)あるいは藤原家範の女(分

脈④7)。比叡山僧。

能国　藤田

元暦1.03.05　174 子息能国/男小三郎能国

(注)行康の男。埼玉 藤田系図は父を行保と表記する。

能資　新居

元暦1.09.19　207 同(資光)子息新大夫能資

(注)田中稔『鎌倉幕府御家人制度の研究』(吉川弘文館/1991)参照。

能親　大中臣

養和1.03.06　102 大中臣能親

能盛　平

元暦1.09.20　208 能盛法師

(注)盛景の男(分脈②34)。しかし藤原為房家の厩司の子で平忠盛に仕えたと自称する(局中宝)。

能保　藤原

元暦1.04.04　179 大宮亮能保朝臣

元暦1.04.11　182 新典厩能保

元暦1.05.19　191 右典厩

元暦1.06.01　192 右典厩

元暦1.06.20　195 讃岐守藤能保

(注)通重の男，母は藤原公能の女(分脈①259)。

は

白河天皇

治承4.10.21　72 白河院

(注)後三条天皇の皇子，母は藤原能信の養女茂子(紹運録)。

八条院

→暲子内親王

飯田太郎*

→家義の男

範覚　(僧)

治承4.09.07　53 栗田寺別当大法師範覚

(注)人名総覧は藤原能兼の男とするが，根拠不詳。

範季　藤原

元暦1.01.10　153 藤原範季

(注)範兼の男(分脈②477)，実父は能兼，母は高階為時の女(分脈②480)，あるいは高階為賢の女(公卿補任)。

範頼　源

養和1.②.23　100 蒲冠者範頼

元暦1.01.20　155 蒲冠者範頼

元暦1.01.27　157 蒲冠者範頼

元暦1.01.29　158 関東両将

元暦1.02.01　158 蒲冠者範頼主

元暦1.02.05　159 源氏両将/蒲冠者範頼

元暦1.02.07　161 蒲冠者，162 範頼

元暦1.02.08　162 関東両将

元暦1.02.11　162 源氏両将，163 範頼

元暦1.02.15　163 蒲冠者範頼，164 蒲冠者

元暦1.03.06　174 蒲冠者

元暦1.05.21　192 範頼

元暦1.06.20　195 参河守源範頼

元暦1.06.21　196 範頼/蒲冠者

元暦1.08.06　201 参河守/参州

元暦1.08.08　201 参河守範頼/参州

元暦1.08.17　202 範頼[朝臣]

元暦1.09.02　204 参州

元暦1.09.12　205 参河守範頼朝臣

元暦1.10.12　209 参州

(注)義朝の男，母は遠江国池田宿の遊女(分脈③298)。

樊噲

→噲

繁雅　平

元暦1.02.30　171 式部大夫繁雅

(注)実繁の男(平氏諸流系図)。

ひ

比企掃部允*

治承4.08.09　32 比企掃部允

寿永1.10.17　147 掃部允丶丶
(注)能員のオジ。埼玉叢書所収比企氏系図は遠泰の男遠宗とする。

比企尼

寿永1.08.12　142 比企尼
寿永1.10.17　147 能員姨母号比企尼/武衛乳母

ふ

布　英
寿永1.02.08　127 黥布
(注)漢代の人(史記)。

武衡　清原
治承4.10.21　72 将軍三郎武衡
養和1.09.03　117 将軍三郎清原武衡
(注)武則の男(続群 清原系図)。

武衡の女　清原
養和1.09.03　117 将軍三郎清原武衡女

武宗
元暦1.11.23　213 唐土会昌天子
(注)唐の第15代皇帝。

武則　清原
治承4.10.21　72 将軍
養和1.09.03　117 将軍
(注)光方の男(続群 清原系図)。

武藤五＊　武藤
養和1.03.13　104 武藤五
養和1.03.14　105 武藤五

武藤三郎＊
治承4.08.23　42 武藤三郎

武藤与一＊　武藤
元暦1.06.16　195 同(忠頼)甥武藤与一
(注)忠頼(一条)の甥。

伏見天皇
年譜文永2.07.11　17 伏見
(注)熙仁。後深草天皇の皇子，母は藤原実雄の女玄輝門院愔子(紹運録)。

文覚　(僧)
寿永1.04.05　131 高雄文学上人
寿永1.04.26　132 文学上人
(注)為長の男盛遠(続群 遠藤系図)。延慶㊤449は父を茂遠，盛衰記③191は盛光とする。

文学　(僧)
→文覚

へ

平太＊
元暦1.02.02　158［渋谷庄司重国］郎従平太男

別当大僧都法印大和尚位＊　(僧)
元暦1.11.23　216 別当大僧都法印大和尚位
(注)園城寺僧。僧綱補任残闕によれば，園城寺僧で大僧都法印には定恵・実慶・能慶・行乗・真円がいる。そのうち，伝法灌頂血脈譜で別当の注記を持つのは実慶と真円である。

弁朗　(僧)
治承4.11.19　80 法乗房弁朗

ほ

保科太郎＊　保科
元暦1.07.25　199 故井上太郎光盛侍保科太郎

保業　平
元暦1.06.20　195 河内守同(平)保業

保志秦三郎＊　保志
養和1.②.23　99 七郎朝光郎等保志秦三郎

輔仁親王
寿永1.09.20　144 輔仁親王
(注)後三条天皇の皇子，母は藤原基平の女基子(紹運録)。

輔通　藤原
→邦通

法音尼
治承4.08.18　37 号法音之尼/件禅尼

邦通　　藤原
治承4.06.22　27 大和判官代邦通
治承4.07.05　29 判官代邦通
治承4.08.04　31 邦通
治承4.08.06　31 邦通
治承4.08.19　38 邦通
治承4.12.14　84 邦通
養和1.07.08　112 輔通
寿永1.11.14　148 判官代邦通
元暦1.01.01　151 藤判官代邦通
元暦1.01.08　153 藤判官代
元暦1.01.17　153 藤判官代邦通
元暦1.03.17　176 判官代邦通
元暦1.04.20　184 藤判官代邦通
元暦1.10.06　209 藤判官代邦通
元暦1.11.21　212 邦通

房覚　　（僧）
元暦1.05.12　191 園城寺長吏僧正房覚
（注）源信雅の男（分脈③532）。園城寺僧。

牧の方
→宗親の女

本月　　（僧）
養和1.03.01　102 浄如房本月

ま

摩々
養和1.②.07　96 御乳付之青女今者尼、摩々

万寿　　源
年譜寿永1.08.12　3 頼家
年譜正治1　6 頼家右近衛少将、十八歳
年譜正治2.01.05　6 頼家
年譜建仁2.01.21　6 頼家
年譜建仁2.08.27　6 頼家
年譜建仁2.09.07　6 頼家
年譜建仁3.11.27　7 頼家
年譜元久1.07.18　7 左金吾頼家廿三歳
寿永1.08.12　142 男子
寿永1.08.13　143 若公
寿永1.08.14　143 若公
寿永1.08.16　143 若公
寿永1.08.20　144 若公
寿永1.10.17　146 若公
（注）源頼朝の男，母は北条時政の女（分脈③296）。後の頼家。

め

明雲　　（僧）
元暦1.11.23　214 天台両門之貫首
（注）源顕通の男（分脈③496）。比叡山僧。

明基　　中原
養和1.02.09　93 ［検非違使］右衛門志中原明基
（注）兼成の男（書陵部本中原氏系図）。

明景　　安西
元暦1.08.08　202 同（安西）太郎明景

明宗　　多々良
治承4.08.22　41 同（多々良）四郎明宗
（注）義春の男（続群三浦系図）。

も

茂光　　狩野
治承4.08.06　31 工藤介茂光
治承4.08.20　39 工藤介茂光
治承4.08.23　41 茂光
治承4.08.24　44 茂光
（注）家次の男（分脈②500）。

や

野中次郎*
養和1.02.29　95 野中次郎

ゆ

友行
元暦1.07.18　199 雑色友行

有季　　糟屋
元暦1.02.05　160 糟屋藤太有季
（注）久綱もしくは盛久の男（続群糟谷系

図)。

有義　　武田
治承4.10.13　65 兵衛尉有義
元暦1.02.05　159 武田兵衛尉有義
元暦1.08.06　201 武田兵衛尉
元暦1.08.08　201 武田兵衛尉有義
(注)信義の男(分脈③325)。

有綱　　源
寿永1.11.20　148 伊豆左衛門尉有綱
(注)仲綱の男(分脈③129)。文治2.06.28による。

有綱　　足利・佐野
養和1.②.23　99 足利七郎有綱
養和1.②.28　101 有綱
養和1.09.16　118 佐野七郎
(注)家綱の男(続群 佐野阿曾沼系図)。

有重　　小山田
治承4.09.28　60 有重
元暦1.06.16　194 小山田別当有重
(注)重広の男(平氏諸流系図)。

有常　　松田
治承4.10.17　67 子息有常
(注)義経の男，母は伊藤祐継の女(続群 松田系図)。

有盛　　平
元暦1.02.05　160 小松少将有盛朝臣
(注)重盛の男，母は藤原家成の女(分脈④35)。

有忠　　三野
元暦1.09.19　207 三野九郎有忠
(注)田中稔『鎌倉幕府御家人制度の研究』(吉川弘文館/1991)参照。

祐義　　小河
元暦1.02.05　160 小河小次郎祐義

祐経　　工藤
元暦1.04.20　184 工藤一臈祐経，185 祐経
元暦1.06.16　194 工藤一臈祐経
元暦1.08.08　202 工藤一臈祐経
(注)祐次の男(分脈②499)。

祐信　　曾我
治承4.08.23　41 曾我太郎助信
治承4.10.18　69 曾我太郎祐信
治承4.11.17　80 曾我太郎祐信
元暦1.02.05　160 曾我太郎祐信
(注)狩野前大介の孫，母は伊東祐親の姉(真名本曾我物語31)。

祐親　　伊東
治承4.08.23　42 伊東二郎祐親法師
治承4.08.24　44 祐親法師
治承4.10.19　70 伊東次郎祐親法師
寿永1.02.14　129 伊東次郎祐親法師/禅門
寿永1.02.15　129 祐親法師/父入道
(注)祐家の男(分脈②499)。

祐泰　　伊東
治承4.10.19　70 祐親二男九郎祐泰
寿永1.02.15　129 伊東九郎祐親子
(注)祐親の男(続群 工藤二階堂系図)。建久4.06.01は祐清，分脈②500は祐忠とする。

祐茂　　宇佐美・工藤
治承4.08.06　31 宇佐美三郎助茂
治承4.08.20　39 宇佐美三郎助茂
治承4.08.24　43 祐茂
治承4.10.23　74 祐茂
治承4.12.12　84 宇佐美三郎助茂
養和1.01.01　89 宇佐美三郎祐茂
養和1.02.28　95 宇佐美三郎祐茂
養和1.②.17　96 祐茂
元暦1.08.08　202 同(工藤)三郎祐茂
(注)祐次の男(分脈②499)。

熊谷四郎＊
元暦1.12.07　219 熊谷四郎
(注)佐々木盛綱の郎従。

よ

与野太郎＊

元暦1.12.07　219 与野太郎
（注）佐々木盛綱の郎従。

ら

頼家　　源
→万寿

頼義　　源
治承4.09.11　56 御曩祖予州禅門
治承4.10.12　65 伊与守源朝臣頼義
元暦1.11.23　214 伊予入道
（注）頼信の男，母は修理命婦（分脈③223）。

頼経　　藤原
年譜承久1　9 頼経、二歳、光明峰寺道家三男
年譜嘉禄1　10 頼経八歳、光明峰寺三男、二位尼養子
年譜寛喜3.02.05　11 頼経
年譜貞永1.01.30　11 頼経
年譜天福1.01.28　12 頼経
年譜文暦1.12.21　12 頼経
年譜嘉禎1.10.08　12 頼経
年譜嘉禎2.07.20　12 頼経
年譜暦仁1.02.17　12 頼経
年譜寛元2.04.28　13 父
年譜寛元2　13 頼嗣頼経長男
年譜寛元3.07.05　14 前将軍、法名行智、廿八歳
年譜寛元4.07.11　14 入道大納言
年譜康元1.08.11　15 頼経、卅九歳、法名行智
（注）道家の男，母は藤原公経の女（分脈①101）。

頼嗣　　藤原
年譜寛元2　13 頼嗣頼経長男
年譜寛元3.01.17　14 頼嗣
年譜寛元4.11.23　14 頼嗣
年譜宝治2.08.25　14 頼嗣
年譜建長1.01.12　14 頼嗣
年譜建長2.01.13　14 頼嗣
年譜建長3.01.22　15 頼嗣
年譜建長3.06.23　15 頼嗣
年譜建長4.04.03　15 三位中将頼嗣
（注）頼経の男（分脈①101），母は藤原親能の女大宮局（寛元2.4.21）。

頼次　　金田
治承4.08.24　46 上総権介広常弟金田小大夫頼次
治承4.08.26　48 金田大夫頼次
（注）延慶㊤520は頼経とする。常澄の男（続群 上総千葉系図）。ただし平氏諸流系図には見えない。

頼時　　那古谷
治承4.08.20　40 那古谷橘二頼時

頼実　　藤原
元暦1.01.26　157 藤中納言
（注）経宗の男，母は藤原清隆の女（分脈①207）。比定は吉記元暦1.4.1による。人名索引 人名総覧は「藤中納言」を藤原実家に比定するが，この頃の実家の通称は「別当」であり，該当しない。

頼政　　源
治承4.04.09　22 入道源三位頼政卿
治承4.05.10　25 入道三品
治承4.05.15　25 入道三品
治承4.05.19　26 源三位入道
治承4.05.24　26 入道三品
治承4.05.26　26 三位入道，27 三品禅門
治承4.06.24　28 入道源三品
養和1.②.23　98 入道三品頼政卿
養和1.11.11　123 故入道源三位卿/彼三品禅門
元暦1.11.23　213 頼政卿
（注）仲政の男，母は藤原友実の女（分脈③128）。

頼盛　　平
治承4.05.16　26 池中納言頼盛

元暦1.04.06　179 池前大納言/彼亜相/池大納言，180 池大納言家
元暦1.05.21　192 池前大納言
元暦1.06.01　192 池前亜相，193 亜相
元暦1.06.05　194 池前大納言/亜相
元暦1.06.20　195 権大納言平頼盛
(注)忠盛の男，母は藤原宗兼の女(分脈④37)。

頼朝　源
年譜治承4　3 頼朝左馬頭義朝三男、前右兵衛佐、卅四歳
年譜寿永2.10.09　3 頼朝
年譜元暦1.03.27　3 頼朝
年譜文治1.04.27　4 頼朝
年譜文治5.01.13　4 頼朝
年譜建久1.11　4 頼朝
年譜建久3.07.12　5 頼朝
年譜建久6.03　5 頼朝
年譜正治1.01.13　6 頼朝、五十三歳
巻一天皇摂関　22 征夷大将軍正二位源朝臣頼朝于時前右兵衛佐，従四位下行左馬頭兼播磨守義朝三男
治承4.04.09　22 前右兵衛佐頼朝
治承4.04.27　23 前武衛将軍
治承4.05.10　25 武衛
治承4.06.19　27 武衛/君
治承4.06.22　27 武衛
治承4.06.27　28 武衛
治承4.07.05　28 武衛/吾，29 君/武衛
治承4.07.23　30 武衛
治承4.08.04　31 武衛
治承4.08.09　32 前武衛
治承4.08.10　33 武衛
治承4.08.13　33 武衛
治承4.08.16　34 武衛
治承4.08.17　34・35・36・37 武衛
治承4.08.18　37 武衛
治承4.08.19　38 武衛
治承4.08.20　39 武衛
治承4.08.23　41・42 武衛
治承4.08.24　42・43・44・45 武衛
治承4.08.25　46・47 武衛
治承4.08.26　48・49 武衛
治承4.08.28　50 武衛
治承4.08.29　50 武衛
治承4.09.01　51 武衛
治承4.09.02　51 武衛
治承4.09.07　53 前武衛
治承4.09.09　54 武衛
治承4.09.10　54 武衛，55 前武衛
治承4.09.11　56 武衛
治承4.09.17　58 武衛
治承4.09.19　58 武衛
治承4.09.29　61 将
治承4.09.30　61 武衛
治承4.10.01　62 武衛
治承4.10.02　62 武衛
治承4.10.11　64 武衛
治承4.10.12　64 武衛
治承4.10.15　66 武衛
治承4.10.16　66 武衛，67 前兵衛佐源頼朝
治承4.10.18　68 前武衛/兵衛佐殿，69 武衛
治承4.10.19　70 武衛
治承4.10.20　71 前武衛
治承4.10.21　72 鎌倉殿/武衛，73 武衛/源朝臣
治承4.10.22　73 武衛
治承4.11.04　75・76 武衛
治承4.11.05　76・77 武衛
治承4.11.08　79 武衛
治承4.11.19　80 武衛
治承4.11.26　81 武衛
治承4.12.11　83 前武衛
治承4.12.12　83 前武衛将軍
治承4.12.16　84 武衛
治承4.12.22　87 武衛

治承4.12.24　87 武衛
治承4.12.25　87 武衛
養和1.01.01　89 前武衛
養和1.01.06　90 武衛
養和1.02.12　93 源武衛
養和1.02.18　94 武衛
養和1.②.07　96 武衛
養和1.②.10　96 前武衛
養和1.②.15　96 前武衛
養和1.②.17　97 前武衛
養和1.②.20　97 武衛
養和1.②.23　98 武衛
養和1.②.27　100・101 武衛
養和1.②.28　101 武衛
養和1.03.01　102 武衛
養和1.03.07　103 武衛
養和1.03.10　103 武衛
養和1.03.12　104 武衛
養和1.04.01　106 前武衛
養和1.05.08　107 前武衛，108 武衛
養和1.05.16　108 武衛
養和1.06.19　109・110 武衛
養和1.07.05　111 武衛
養和1.07.08　112 武衛
養和1.07.20　112・113 武衛
養和1.07.21　114 武衛
養和1.08.13　115 武衛
養和1.08.15　115 武衛
養和1.08.16　115 武衛
養和1.09.07　118 武衛
養和1.10.12　121 源頼朝
養和1.10.20　122 武衛
養和1.12.11　123 武衛
寿永1.01.01　124 武衛
寿永1.01.03　124 武衛
寿永1.01.23　125 武衛
寿永1.02.08　128 頼朝，129 前右兵衛佐従五位下源朝臣頼朝
寿永1.02.15　129・130 武衛
寿永1.03.09　130 武衛
寿永1.03.15　130 武衛
寿永1.04.05　131 武衛
寿永1.04.20　132 武衛
寿永1.05.12　132 武衛
寿永1.05.16　133 鎌倉殿/武衛
寿永1.05.25　135 鎌倉殿
寿永1.06.01　138 武衛
寿永1.06.07　139 武衛
寿永1.06.08　140 武衛
寿永1.07.14　140 武衛
寿永1.08.11　142 武衛
寿永1.08.18　144 武衛
寿永1.09.20　144 武衛
寿永1.09.23　145 武衛
寿永1.09.25　145 武衛
寿永1.09.26　146 武衛
寿永1.10.17　147 武衛
寿永1.11.12　147 武衛
寿永1.11.14　148 武衛/吾
寿永1.12.02　149 頼朝
寿永1.12.07　150 武衛/君
元暦1.01.01　151 前武衛
元暦1.01.03　152 武衛/前右兵衛佐源朝臣
元暦1.01.08　153 武衛
元暦1.01.17　154 武衛/前兵衛佐殿下
元暦1.01.20　155 武衛
元暦1.01.23　157 武衛
元暦1.02.14　163 武衛
元暦1.02.18　164 武衛
元暦1.02.20　167 頼朝
元暦1.02.21　168 武衛
元暦1.02.25　169 武衛，170 頼朝，171 源頼朝
元暦1.03.01　171 武衛，172 鎌倉殿，173 前右兵衛佐源朝臣/鎌倉殿
元暦1.03.09　174 武衛，175 散位源朝臣頼朝

元暦1.03.10　175 武衛/二品
元暦1.03.18　177 武衛
元暦1.03.27　177 武衛
元暦1.04.08　182 武衛
元暦1.04.10　182 武衛
元暦1.04.15　183 武衛
元暦1.04.18　183 武衛
元暦1.04.20　184 武衛/吾
元暦1.04.21　185 武衛
元暦1.04.23　187 鎌倉殿
元暦1.04.28　188 正四位下源朝臣
元暦1.05.03　189 武衛，190・191 正四位下前右兵衛佐源朝臣
元暦1.05.12　191 武衛
元暦1.05.15　191 武衛
元暦1.05.19　191 武衛
元暦1.05.21　192 武衛
元暦1.06.01　192・193 武衛
元暦1.06.04　194 武衛
元暦1.06.05　194 武衛
元暦1.06.16　194・195 武衛
元暦1.06.18　195 武衛
元暦1.06.20　195 武衛
元暦1.06.21　196 武衛
元暦1.06.27　196 武衛
元暦1.07.02　197 武衛
元暦1.07.03　198 武衛
元暦1.07.20　199 武衛
元暦1.08.06　201 武衛
元暦1.08.08　202 武衛
元暦1.08.17　202 武衛
元暦1.09.09　204 武衛
元暦1.09.14　205 武衛
元暦1.09.19　207 鎌倉殿
元暦1.09.20　208 武衛/兵衛佐殿
元暦1.10.06　209 武衛
元暦1.10.12　209 武衛
元暦1.10.15　209 武衛
元暦1.10.28　211 頼朝
元暦1.11.06　211 武衛
元暦1.11.14　211 武衛
元暦1.11.21　212 武衛
元暦1.11.23　212 武衛/右兵衛佐
元暦1.11.26　216 武衛
元暦1.12.01　216 武衛，217 前右兵衛佐源朝臣
元暦1.12.02　218 武衛
元暦1.12.03　218 鎌倉殿
元暦1.12.07　219 武衛
元暦1.12.16　219 武衛
(注)義朝の男，母は藤原季範の女(分脈③296)。

頼朝の女　　源
養和1.05.23　108 姫君
元暦1.04.21　185 姫公
元暦1.04.26　187 姫公
元暦1.06.27　196 姫君
(注)大姫。母は北条時政の女。分脈③298は清水冠者義基室とする。

頼朝の乳母
治承4.08.24　44 乳母

頼朝の乳母
→経俊の母

頼直　　村山
→義直

頼直　　笠原
治承4.09.07　53 笠原平五頼直

頼典　　冷水
養和1.02.12　94 冷水冠者頼典

頼隆　　源
治承4.09.17　58 陸奥六郎義隆男、号毛利冠者頼隆
養和1.06.19　109 陸奥冠者
(注)義隆の男(分脈③307)。

頼隆　　大中臣
治承4.07.23　30 永江蔵人大中臣頼隆
治承4.08.16　34 永江蔵人頼隆
治承4.08.23　41 頼隆

り

隆義　佐竹

治承4.10.21　72　秀義父四郎隆義

治承4.11.04　76　父四郎隆義

（注）昌義の男（分脈③317）。

隆澄　高田

養和1.02.29　95　高田次郎隆澄

隆直　菊池

養和1.02.29　95　肥後国住人菊池次郎隆直

寿永1.04.11　131　肥後国住人菊池次郎高直

（注）経直の男（続群 菊池系図）。

良　張

元暦1.02.07　161　張良

（注）平の男（史記）。

良睿　（僧）

養和1.03.01　102　河内公良睿

良景　藤原カ

元暦1.12.29　220　常陸国鹿島社司宮介良景

（注）鹿島大禰宜家文書（鎌遺433）によれば鹿島社の宮介は藤原氏。

良将　平

治承4.09.19　59　陸奥鎮守府前将軍従五位下平朝臣良将

（注）将門の父。高望王の男（分脈④11）。将門記は将門の父を良茂，今昔物語集などは良持とする。

良常　上総介

寿永1.08.11　142　小権介良常

（注）広常の男，能常（平氏諸流系図）。

良尋　（僧）

治承4.08.24　45　父良尋

良暹　（僧）

治承4.08.25　47　行実之弟智蔵房良暹

（注）良尋の男。

良暹　（僧）

治承4.10.11　64　走湯山住侶専光房良暹

治承4.10.12　64　専光房

治承4.12.25　87　専光房

養和1.01.01　89　専光房良暹

養和1.03.01　102　専光坊良暹

寿永1.04.24　132　専光

寿永1.08.12　142　専光房阿闍梨良暹

（注）人名索引　人名総覧 は前項と同一人と見なすが，房名や行動から別人と見なした。

良暹の弟子　（僧）

治承4.12.25　87　専光房弟子僧

領子　藤原

寿永1.01.23　125　継母

（注）藤原顕時の女（分脈②115），平時忠の妻，安徳天皇の乳母（山槐記治承4.03.09）。

ろ

六代　平

年譜建久5.04.21　5　六代禅師

年譜建仁3.11.27　7　平高清、六代事

（注）維盛の男。分脈④34は妙覚（童名六代丸，文覚弟子，母藤原成親女）と載せる。

わ

和田池二郎＊

養和1.②.23　99　[朝政郎従]和田池二郎

■編者紹介

髙橋 秀樹（たかはし ひでき）

一九六四年神奈川県生まれ。

学習院大学大学院人文科学研究科博士後期課程修了。博士（史学）。

日本学術振興会特別研究員、国立歴史民俗博物館歴史研究部非常勤研究員（COE）、東京大学史料編纂所研究機関研究員、青山学院大学非常勤講師などを経て、現在、文部科学省初等中等教育局教科書調査官。

専攻　日本中世史。

主要著書

『日本中世の家と親族』（吉川弘文館）
『中世の家と性』（山川出版社）
『古記録入門』（東京堂出版）
『田中穣氏旧蔵典籍古文書目録　古文書・記録類編』（共著）（国立歴史民俗博物館）
『新訂吉記』全四冊（和泉書院）
『史料纂集　勘仲記』（共編）（八木書店）
『玉葉精読—元暦元年記—』（和泉書院）

新訂吾妻鏡　一
頼朝将軍記1
治承四年（一一八〇）～元暦元年（一一八四）

二〇一五年三月三一日初版第一刷発行

編　者　髙橋秀樹
発行者　廣橋研三
発行所　和泉書院

〒543-0037　大阪市天王寺区上之宮町七—六
電話　〇六—六七七一—一四六七
振替　〇〇九七〇—八—一五〇四三

印刷・製本　亜細亜印刷　装訂　森本良成

ISBN978-4-7576-0730-9 C3321